中国首都发展报告

（2023~2024）

DEVELOPMENT REPORT ON
THE CAPITAL OF CHINA (2023-2024)

主　编／陆小成

副主编／何仁伟　刘小敏　贾　澎　徐　爽

社会科学文献出版社
SOCIAL SCIENCES ACADEMIC PRESS (CHINA)

北京市社会科学院论丛
编辑工作委员会

《中国首都发展报告（2023~2024）》
编 委 会

主要编撰者简介

陆小成　博士，北京市社会科学院市情研究所所长、研究员，日本山梨学院大学公派访问学者，兼任北京世界城市研究基地秘书长、北京城市管理学会副会长、中国行政区划与区域发展促进会理事等。主要研究方向为首都发展、公共管理、城市治理、低碳创新等。先后主持国家社会科学基金、教育部、民政部、北京市社会科学基金等项目50多项。出版专著《区域低碳创新系统》《城市转型与绿色发展》《首都生态文明体制改革》《首都发展核心要义》等15部。在《科学学研究》《中国行政管理》《城市发展研究》等CSSCI期刊、中文核心期刊及其他中文期刊公开发表论文150余篇，发表三报一刊理论文章6篇。获得省部级以上领导批示22项。

何仁伟　博士，中国科学院博士后，北京市社会科学院市情研究中心研究员，中国地理学会人口地理专业委员会委员，北京世界城市研究基地特聘研究员，10余家CSSCI期刊的审稿专家。主要研究方向为乡村振兴、城乡融合发展、生态文明建设。主持国家自然科学基金和国家社会科学基金项目各1项，主持省部级重大项目、重点项目、一般项目10余项。在《旅游学刊》《地理研究》《中国人口·资源与环境》《地理科学》《经济地理》《光明日报》等重要核心期刊和报刊公开发表论文50余篇，其中，SCI检索3篇，EI检索2篇；出版专著1部，多次获得中国地理学会颁发的优秀论文奖。提交咨政报告 10 余篇，获得省部级以上领导批示 7 项。

刘小敏 中国社会科学院数量经济与技术经济研究专业博士，北京市社会科学院市情研究所助理研究员，主要研究方向为区域低碳经济发展、宏观经济模型构建与应用。主持北京市社会科学基金项目 2 项，参与国家青年社会科学基金项目、国家社会科学基金项目以及其他重大项目多项，获北京市调研报告一等奖 1 项，获得省部级领导批示 1 项。

贾 澎 中国人民大学哲学博士，北京市社会科学院市情研究所助理研究员，北京世界城市研究基地专职研究员。主要研究方向为哲学、美学与文化研究。主持省部级项目 3 项，参与国家社会科学基金重大项目、北京市社会科学基金重点项目及其他重大、重点课题 10 余项，获北京市调研报告二等奖。

徐 爽 日本北陆先端科学技术大学院大学（JAIST）博士，清华大学博士后，北京市社会科学院市情研究所助理研究员。主要研究方向为科技创新、服务科学、知识管理。主持北京市社会科学基金一般项目"科技创新政策推动教育、科技、人才一体化发展研究"，参与国家社会科学基金重点项目、省部级重大项目、重点项目多项。公开发表CSSCI 期刊论文《日本科技基本法设立以后科技政策的演变研究》《创建科学城过程中如何防止"筑波病"？——日本筑波科学城发展的历史经验、教训及启示》，公开发表中文期刊、日文期刊、英文期刊和国际会议论文 10 余篇。

摘　要

2023 年是全面贯彻落实党的二十大精神的开局之年，是三年新冠疫情防控转段后经济恢复发展的一年，首都北京各项事业取得新进展新成效。2024 年是新中国成立 75 周年，是实现"十四五"规划目标任务的关键一年，也是京津冀协同发展战略实施 10 周年，北京加快培育和发展新质生产力、推动高质量发展、加快谱写中国式现代化的首都新篇章意义重大。北京作为中国首都和超大城市，以习近平新时代中国特色社会主义思想为指导和总书记多次视察北京的重要讲话精神为指引，贯彻落实首都城市战略定位，加快"四个中心"功能建设和"四个服务"水平提升，紧紧抓住疏解非首都功能这个"牛鼻子"，以更大力度培育和发展新质生产力、推动首都高质量发展、深化"五子"联动服务和融入新发展格局，高水平建设北京城市副中心、现代化首都都市圈与京津冀世界级城市群，北京科技、经济、城市治理、社会、文化、生态等各领域取得了辉煌成就。2023 年，北京全市地区生产总值实现约 4.4 万亿元，同比增长 5.2%，一般公共预算收入突破 6000 亿元，同比增长 8.2%，城镇调查失业率为 4.4%，居民消费价格总体平稳，居民收入增长与经济增长同步，人均地区生产总值、全员劳动生产率、万元地区生产总值能耗水耗等多项指标保持全国省级地区最优水平，北京经受住多种考验，经济整体回升向好，社会大局保持稳定。

　　《中国首都发展报告（2023~2024）》分为总报告、科技创新与产业发展、城市治理与社会建设、文化发展、生态建设与绿色发展等板块，重点研判2023~2024年首都发展的主要成效、基本现状、重点难点，注重学术研究与应用对策研究相结合，基于专业视野从不同维度提出新时代中国首都高质量发展建议。北京以首都发展为统领，以更大力度培育和发展新质生产力，推动首都高质量发展，提升产业发展质量，加速科技创新中心建设，加快构建消费中心城市，提高对外开放水平；推进超大城市精细化治理，提升人民群众幸福感，全力守护社会公共安全；加强首都精神文明建设，推动文化创造性转化和创新性发展，繁荣发展首都文化；持续打好蓝天保卫战，城乡水环境治理成效显著，花园城市建设取得新突破。北京面临的主要挑战与发展难题表现为：技术创新供给能力蓄力不足，产业竞争力有待提升；城市精细化治理水平有待提升，教育、医疗、养老等民生领域存在短板弱项；公共文化服务有待创新，文化产业竞争力有待巩固；环境治理问题仍然突出，区域性大气治理任务依然艰巨。

　　展望未来，北京应以科技创新赋能新质生产力，打造高水平人才高地，以数字经济赋能产业发展，突出国际科技创新中心的创新资源集聚优势，大力发展高精尖产业，大力发展生活性服务业进而带动消费升级，推动大兴国际机场临空经济区高质量发展。创新城市治理模式，切实保障改善民生，面向低生育背景应加强北京户籍人口与流动人口婚育状况调查并制定有针对性的创新政策，推动人口高质量发展，加强社区工作者队伍管理，以老龄科技创新赋能失能失智老人服务保障，推动国际消费中心城市与"美食之都"建设。应弘扬社会主义核心价值观，推动文化领域创造性转化和创新性发展，以文化传承谋文化发展，推动北京博物馆之城建设，构建首都特色现代文化产业体系，助力冰雪体育文化发展。应加强生态环保科技创新，推进能源绿色低碳智慧转型，继续提升环境质量，完善生态产品价值评估机

制、京津冀碳补偿机制,推动全域森林城市高质量发展,全面推进美
丽北京建设。

关键词 中国首都 高质量发展 新质生产力 科技创新 城市治
理 文化发展 绿色发展

目　录

总报告

科技创新与产业发展篇

城市治理与社会建设篇

文化发展篇

生态建设与绿色发展篇

总　报　告

2023~2024年中国首都发展状况与形势分析

陆小成　徐爽　何仁伟　贾澎　刘小敏*

摘　要： 2023年是全面贯彻落实党的二十大精神的开局之年，首都北京各项事业取得新进展新成效。2024年是新中国成立75周年，是实现"十四五"规划目标任务的关键一年，也是京津冀协同发展上升为国家战略十周年，北京加快培育和发展新质生产力、推动高质量发展、谱写中国式现代化的首都新篇章意义重大。2023年，北京以首都发展为统领，更大力度培育和发展新质生产力，推动首都高质量发展，北京科技、经济、城市治理、社会、文化、生态等各领域取得了辉煌成就。北京提升产业发展质量，加速建设科技创新中心，加快构建消费中心城市，提高对外开放水平；推进超大城市精细化治理，提升人民群众幸福感，全力守护社会公共安全；加强首都精神文明建设，推动文化创造性转化和创新性发展，繁荣首都文化发展；持续打好蓝天保卫战，城乡水环境治理成效显著，花园城市建设取得新突破。北京面临的主要挑战与发展难题表现为：技术创新供给能力蓄力不足，产业竞争力有待提

---

* 陆小成，北京市社会科学院市情研究所所长、研究员，北京世界城市研究基地秘书长。徐爽，博士，北京市社会科学院市情研究所助理研究员。何仁伟，博士，北京市社会科学院市情研究所研究员。贾澎，博士，北京市社会科学院市情研究所助理研究员。刘小敏，博士，北京市社会科学院市情研究所助理研究员。

升；城市精细化治理水平有待提升，教育、医疗、养老等民生领域存在短板和弱项；公共文化服务有待创新，文化产业竞争力有待巩固；环境治理问题仍然存在，区域性大气治理任务依然艰巨。展望未来，北京应以科技创新赋能新质生产力发展，打造高水平人才高地，以数字经济赋能产业发展，突出科技创新中心优势，大力发展高精尖产业；创新超大城市治理模式，切实保障和改善民生，构建大安全大应急框架；弘扬社会主义核心价值观，推动文化领域创造性转化和创新性发展，以文化传承谋文化发展；加强生态环保科技创新，推进能源绿色低碳智慧转型，继续提升环境质量，全面推进美丽北京建设。

关键词： 中国首都　高质量发展　科技创新　城市治理　文化传承
生态环保

　　党的十八大以来，习近平总书记多次视察北京并发表重要讲话，作出一系列重要指示批示，深刻阐明了"建设一个什么样的首都，怎样建设首都"这个重大课题，明确了北京全国政治中心、文化中心、国际交往中心、国际科技创新中心的城市战略定位，提出建设国际一流和谐宜居之都的战略目标，亲自为首都高质量发展谋篇布局、领航指路。2014年2月26日，习近平总书记视察北京并发表重要讲话，京津冀协同发展上升为重大国家战略。雄安新区与北京城市副中心一起成为首都北京的新"两翼"，中国式现代化在京华大地形成更多生动实践。首都发展的全部要义，就是牢固确立首都城市战略定位，加强"四个中心"功能建设，提高"四个服务"水平，这也是首都的职责所在。① 北京牢记习近平总书记的嘱托，立足新发展阶段，深入贯彻新发展理念，服务和融入构建新发展格局，把握首都城市战略定位，将大力加强"四个

---

① 蔡奇：《奋力开创首都发展更加美好的明天》，《人民日报》2018年5月14日。

中心"功能建设、提高"四个服务"水平作为首都发展的定向标,积极培育和发展新质生产力,着力推动首都高质量发展,北京各项工作不断取得新进展新成效,以新时代首都发展为统领,书写中国式现代化的北京新篇章。

2023年是全面贯彻落实党的二十大精神的开局之年,是新冠疫情防控转段后经济恢复发展的一年,首都北京各项事业取得新进展新成效。2024年是新中国成立75周年,是实现"十四五"规划目标任务的关键一年,也是京津冀协同发展上升为国家战略十周年,北京加快培育和发展新质生产力、推动高质量发展、加快谱写中国式现代化的首都新篇章意义重大。北京作为中国首都和超大城市,以习近平新时代中国特色社会主义思想为指导,以总书记多次视察北京的重要讲话精神为指引,贯彻落实首都城市战略定位,加快"四个中心"功能建设和"四个服务"水平提升,紧紧抓住疏解非首都功能这个"牛鼻子",以更大力度培育和发展新质生产力、推动首都高质量发展、深化"五子"联动服务和融入新发展格局,高水平建设北京城市副中心、建设现代化首都都市圈、推动京津冀世界级城市群建设。本报告主要从理论与实践方面进行解析,对中国首都科技创新与产业发展、城市治理与社会建设、文化发展、生态建设与绿色发展等领域的发展情况进行分析和研判,提出新征程上北京加快培育和发展新质生产力、推动首都高质量发展的对策建议。

一 发展现状与主要成就

北京科技、经济、城市治理、社会、文化、生态等各领域取得了辉煌成就。2023年,北京出台了《关于进一步推动首都高质量发展取得新突破的行动方案(2023-2025年)》,明确了5个方面、50条具体工作任务,为首都高质量发展提供了时间表和路线图。锚定高质量发展的目标要求,北京以疏解整治促提升为抓手,牢牢抓住疏解非首都功能这个"牛鼻子"，走出了一条减量提质、创新驱动的高质量发展之路。作为全国首个实施减量发展的先行城市，北京探索形成了以功能调减增效、结构调优升级、空间调疏有序为鲜明特征的高质量发展模式。①2023年，北京全市地区生产总值实现约4.4万亿元，同比增长5.2%，一般公共预算收入突破6000亿元，同比增长8.2%，城镇调查失业率为4.4%，居民消费价格总体平稳，居民收入增长与经济增长同步，人均地区生产总值、全员劳动生产率、万元地区生产总值能耗水耗等多项指标保持全国省级地区最优水平，北京经受住多重考验，经济整体回升向好，社会大局保持稳定。

（一）提升产业发展质量，助力经济持续回升

2022~2023年，在外部压力和内部困难的双重挑战下，北京市坚持"五子"联动服务，融入新发展格局，致力于稳增长、抓改革、强创新、保民生、防风险。目前，各方面发展条件逐步改善，民生保障坚实有力，发展质量不断提升，经济持续回升向好。全国及北京地区生产总值平均水平呈现稳步增长。根据北京市统计局公布的地区生产总值统一核算结果，2022年，北京全年实现地区生产总值41610.9亿元（见图1）。2013~2022年，第三产业增加值整体呈递增的趋势，2022年更是取得了显著的发展成效。分产业看，第一产业实现增加值111.5亿元；第二产业实现增加值6605.1亿元；第三产业实现增加值34894.3亿元（见图2）。北京市统计局发布的预测报告显示，根据地区生产总值统一核算结果，2023年全年实现地区生产总值43760.7亿元，按不变价格计算，比上年增长5.2%。分产业看，第一产业实现增加值105.5亿元，同比下降4.6%；第二产业实现增加值6525.6亿元，同比增长0.4%；第三产业实现增加值37129.6亿元，同比增长6.1%。

---

① 刁琳琳：《引领新时代首都转型发展的行动指南——习近平经济思想在北京的生动实践》，《前线》2024年第1期。

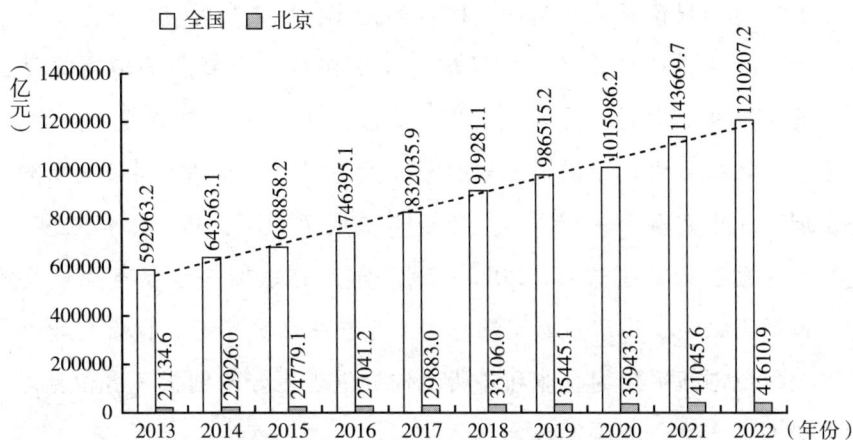

图 1 2013~2022 年全国与北京地区生产总值

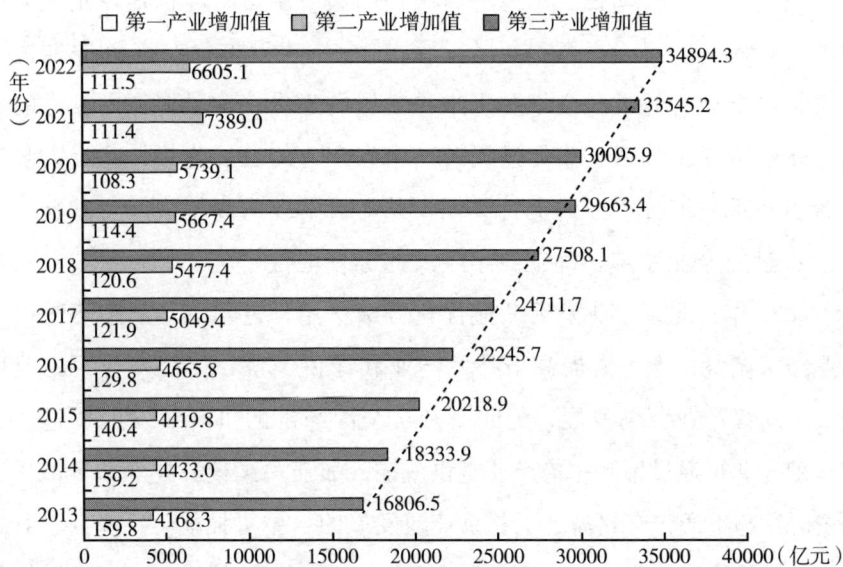

图 2 2013~2022 年北京地区三次产业增加值

资料来源:《北京统计年鉴 2023》。2018 年及以前年度数据为第四次经济普查修订数据,2019~2022 年数据为年度最终核实数据。

回顾 2023 年,北京通过以下四个方面的具体措施,加速实现经济平稳增长,推动首都高质量发展。

1.加速科技创新中心建设，构建多元化创新发展平台

为了加速科技创新多元化发展，北京在科技创新方面取得显著成果。北京不断加大对科技创新的投入力度，确保了研发经费平稳增长。这为企业和科研机构提供了更多的资金支持，有效推动了科技创新的快速发展。北京在多个领域取得了重要科技成果，不仅提升了科技实力，也为产业发展拓宽了边界。2022~2023年，北京加快建设各类创新平台，包括国家级、市级重点实验室，工程技术研究中心，科技企业孵化器等。科技创新平台为企业和科研机构提供了更好的创新环境和孵化作用，促进了产学研的深度融合。

重点关注基础研究领域、关键核心技术的突破与科技创新人才的培养和引进。为了推动在京国家科研机构的高质量运行，构建以企业为主导的产学研深度融合新模式。在"科学城"建设方面，有效地推进了中关村科学城、怀柔科学城和未来科学城的建设，均已取得了良好的成果。在政策支持方面，为促进提升高精尖产业的发展优势，北京市政府出台了一系列细分产业的支持政策，并新设了政府高精尖产业基金。

2.赋能产业发展，确立数字经济的标杆地位

2023年，北京产业发展凸显优化升级作用。近年来，北京不断推进产业结构调整，大力发展高新技术产业和绿色经济，传统产业得到改造升级，新兴产业蓬勃发展，为北京乃至全国经济的可持续发展奠定了坚实基础。北京通过不断完善产业链供应链，加强关键核心技术和零部件的自主研发和生产，有效提高了北京产业发展的自主可控能力，降低了对外部供应链的依赖。北京产业集群效应不断凸显，各地积极培育和发展特色产业集群，形成了一批具有全球竞争力的产业集群。这些集群不仅带动了当地经济的高质量发展，也提高了我国在全球产业链中的地位和影响力。

北京作为全球数字经济标杆城市，不仅在区块链基础设施、5G基站建设等方面取得了显著成就，还在生成式人工智能大模型产品等方面占据了重要地位。数字经济的高速增长不仅提升了北京的产业竞争力，

也为城市带来了新的发展动力和机遇。

2023 年，北京数字经济发展稳健，展现出良好态势，凸显了雄厚的基础和优势，同时蓄积了巨大潜能。近年来北京在基础指标、创新、协调、开放、共享、绿色六个关键维度上取得了显著成就，推动了数字经济产业链的形成和发展，催生了大量新兴产业、新业态和新模式。

2022 年，北京数字经济实现了 17330.2 亿元的增加值，占地区生产总值的 41.6%（见表1）。工业发展呈现高端化、智能化、绿色化的明显趋势，新型储能、半导体器件、显示器件、新能源整车制造等行业迅速崛起，特别是新兴软件开发、数字创意与融合服务、新型媒体服务等领域表现出强劲的增长势头。北京市统计局发布的最新报告显示，2023 年，数智融合成为推动经济发展的新引擎，全市数字经济实现 18766.7 亿元的增加值，按现价计算，同比增长 8.3%，占地区生产总值的比重将提升至 42.9%，较上年增加 1.3 个百分点。

表1　2016~2022 年北京地区生产总值、数字经济和部分新兴产业增加值

单位：亿元

项　目	2016 年	2017 年	2018 年	2019 年	2020 年	2021 年	2022 年
地区生产总值	27041.2	29883.0	33106.0	35445.1	35943.3	41045.6	41610.9
数字经济	9674.7	10852.6	12515.9	13609.2	14370.4	16596.3	17330.2
战略性新兴产业	5654.7	6619.8	7831.5	8441.9	8739.8	10597.1	10353.9
高技术产业	5888.8	6834.5	7996.0	8689.4	9514.9	11482.2	11820.9
生产性服务业	13032.2	14549.2	16449.9	17806.1	18581.0	20741.9	—
生活性服务业	6205.3	6839.0	7475.9	8043.5	7660.0	8637.6	—

数据来源：《北京统计年鉴2023》。

北京致力于将自身打造成为全球数字经济标杆城市，并已将建设全球领先的区块链基础设施作为重要的战略目标。为实现这一目标，北京将高精尖产业的优化布局作为战略重点。其中，机器人产业作为数字经济发展的战略性先导产业，是高精尖产业的核心组成部分，对于推动区

域经济转型升级、提升城市竞争力具有重要作用。

3. 重视服务业发展，构建消费中心城市

大力发展商务服务业对于北京实现经济的高质量发展具有重大意义。商务服务业是经济发展中重要的组成部分。截至 2023 年底，北京市商务服务业产值已达到 2710.0 亿元，占北京市地区生产总值的比重为 6.19%，可见重视服务业发展是经济发展的关键。

为了构建消费中心城市，北京制定了"一圈一策"策略，提升了多个重点商圈的品质，促进了服务业的恢复，进一步巩固了其作为国际消费中心城市的地位。北京通过完成 6.0 版改革任务，制定实施"北京服务"意见等举措，积极营造了企业更有获得感的营商环境，为企业提供了更好的发展环境。2023 年，全市新设企业数量增长 20.3%，总数突破 211 万户，创历史新高。

4. 推出扩大开放2.0版方案，提高对外开放水平

北京作为国家首批制度型开放试点城市，通过推出服务业扩大开放2.0 版工作方案，迭代新的试点举措，积极推动高水平对外开放。这不仅提升了北京的国际化水平，也为北京在全球经济中扮演更重要角色奠定了基础。例如，大兴国际机场临空经济区在首都发展中具有重要地位，促进其高质量发展对于打造国家发展新动力源具有重要意义。构建特色产业体系、推动产业高质量发展，推进投资贸易便利化、打造辐射力强劲的开放高地，完善管理体制机制、推进区域协同发展。这些经济区在产业构建、投资贸易、技术研发、京冀协同发展等方面取得了一定成绩。

北京在科技创新、数字经济、消费中心建设、高水平对外开放以及营商环境优化等方面取得了显著成就，展现了其作为全球领先城市的综合实力和影响力。综上所述，2023 年北京在科技创新与产业发展方面取得了显著成果。2024 年，北京将持续增加科技创新方面的投入力度。以推动产业结构的优化升级和产业链供应链的完善为目的，为实现经济高质量发展提供有效着力点。

（二）推进超大城市精细化治理，持续提升人民幸福感

1. 不断推进精细化治理，提升治理现代化水平

坚持以落实《北京城市总体规划（2016年—2035年）》为牵引，以治理"大城市病"为突破口，着力强化体制机制创新，精治共治法治一体推进，城市面貌焕然一新。聚焦市民关注热点问题，强化交通综合治理，推动相关铁路线的开通、贯通；提升公交专用道使用效率，优化公交线路，推进通学公交运营线路开通；违规电动三四轮车全面退出，共享单车停放更加有序。

全域推进首都文明城区创建，开展背街小巷环境精细化整治提升行动，打造了一批"有里有面"的精品街巷。狠抓两件"关键小事"，生活垃圾分类成为新风尚，党建引领物业管理体系基本形成。深化街道乡镇管理体制改革，加强基层政权和城乡社区建设，城市精治共治法治水平明显提升。

解决更加突出的城市问题、协调更加多元的阶层群体，回应人民群众的期待。以人民为中心，聚焦治理难题，在精准上下功夫，绣出城市的品质品牌。以市民最关心的问题为着力点，精准施策，多措并举，不断改善城市面貌和人居生活环境，不断完善城区功能，提升城区品质，努力打造有品质、有温度、有活力的宜居之都。

2. 聚焦民生改善，持续提升人民群众幸福感

加大教育、医疗等服务保障力度，市民生活品质稳步提高。努力办好人民满意的教育，出台普惠托育政策，提升市民受教育的品质。全力保障人民健康，稳妥有序应对多轮疫情波动和秋冬季呼吸道传染病流行高峰，建设全市统一的预约挂号平台；加强冬奥场馆赛后利用，新改扩建一批体育公园和体育健身场所，开展各类全民健身赛事活动。持续加强社会保障和住房保障，着力稳定房地产市场，推进保障性租赁住房和各类保障性住房建设，推动人民群众住有所居、住有宜居。

创新居家养老服务模式，满足老年人多样化、多层次的养老服务需求。着力构建以街道乡镇区域养老服务中心为主体、社区养老服务驿站为延伸的养老服务网络；上线北京养老服务网及配套小程序，解决养老服务信息不对称、供需匹配不精准的难题，开启了"北京养老"的新篇章。

促进高质量充分就业，持续增加城乡居民收入。落实积极就业政策，通过扩大重点群体就业覆盖面，推动创新服务稳保就业，提高重点群体就业能力，促进产业提质增效升级、劳动生产率和居民收入提高。北京居民收入、消费支出呈现逐年递增趋势，生活水平呈逐年改善趋势。如表2所示，人均可支配收入由2010年的29228元增长到2022年的77415元，增长了约1.65倍；居民家庭恩格尔系数由2010年的26.8%降低至2022年的21.6%；2022年，北京居民人均可支配收入和人均消费支出在全国各省级行政区中排名第二，仅次于上海。

表2　2010~2022年北京居民家庭生活基本情况

单位：元，%

年份	人均可支配收入	人均可支配收入实际增长率	人均消费支出	居民家庭恩格尔系数
2010	29228	7.4	21834	26.8
2011	33176	7.5	24298	25.0
2012	36817	7.5	26562	24.8
2013	40830	7.4	29176	24.0
2014	44489	7.3	31103	24.0
2015	48458	7.0	33803	22.4
2016	52530	6.9	35416	21.5
2017	57230	6.9	37425	20.2
2018	62361	6.3	39843	20.2
2019	67756	6.3	43038	19.7
2020	69434	0.8	38903	21.5
2021	75002	6.8	43640	21.3
2022	77415	1.4	42683	21.6

注：本表数据为城乡住户调查一体化改革后的可比口径数据。

3. 提升应急管理能力，全力守护社会公共安全

全力应对"23·7"极端强降雨，防汛抗洪救灾斗争取得重大阶段性成果。落实落细防范措施，全力以赴抢险救援，充分调动各方力量处置险情灾情，最大限度减少人民群众生命财产损失。迅速启动灾后恢复重建，妥善安置 34.4 万名受灾群众。按照"一年基本恢复、三年全面提升、长远高质量发展"的思路，编制提升防灾减灾能力规划体系，同心同力重建美好家园。

积极稳步推进"平急两用"公共基础设施建设，打造具备隔离功能的民宿等旅游居住设施。在推动公共基础设施建设时，统筹考虑"平急两用"，即在"平时"用作旅游、康养、休闲等，"急时"则立即转换为应急场所，满足隔离、临时安置、物资保障等需求，充分提高基础设施的日常使用效能和应急承载水平。将平谷区打造成为国家"平急两用"发展先行区，与落实乡村振兴重点任务结合起来，与城乡融合工作结合起来，形成推动区域高质量发展的强劲合力。

制定科学的应急管理体系，不断提高城市的抗风险能力。面对可能出现的自然灾害、公共卫生等各种突发事件，统筹推进全市应急救援力量体系建设，落实《关于进一步加强市级专业应急救援队伍建设的指导意见》，加大高危行业领域安全生产应急救援队伍建设力度。构建高效顺畅的应急救援指挥体系，构建贯通市级专项指挥部和市、区、乡镇（街道）以及应急救援队伍之间的立体化、扁平化应急指挥"信息中枢"。推进灾害事故处置能力，构建覆盖全行业领域、符合首都发展实际、统一注册管理的专业应急救援队伍管理体系。

（三）持续弘扬核心价值观，繁荣发展首都文化

北京已具备较为全面和高水平的公共文化服务体系，文化事业发展已基本达到世界先进水平，文化产业已经成为主要经济增长点和引领经济发展的重要引擎。北京深入贯彻落实习近平总书记重要讲话精神，以习近平

文化思想为指引，持续推进全国文化中心建设，取得了显著的成绩。

1. 持续弘扬核心价值观，加强首都精神文明建设

2023 年，北京持续深化建设"建党""抗战""新中国成立"三大红色文化主题片区；"进京赶考之路（北京段）"全线贯通；通过考评对 27 家市级爱国主义教育基地开展奖励扶持；连续第十年开展"北京榜样"大型主题活动；开展第九届首都道德模范评选表彰活动；首都注册志愿者达 461 万人，注册志愿服务团体 7.5 万个，发布志愿服务项目 69.8 万个。社会文明程度不断提升，社会主义核心价值观在北京广泛践行。

2. 推动文化创造性转化和创新性发展，繁荣发展首都文化

在文化惠民工程方面，以 2023 年为例，举办首都市民系列文化活动 1.7 万场；在文艺演出方面，出台《北京市建设"演艺之都"三年行动实施方案（2023 年—2025 年）》；在文旅建设方面，创新改进旅游景区门票预约机制；在文艺作品供给方面，11 部文艺作品荣获全国"五个一工程"奖，获奖数量连续三届居全国首位；在"博物馆之城"建设方面，北京全市按行业登记的博物馆数量从 2020 年的 197 家增加到 2022 年的 215 家（见表 3）。编制完成《北京博物馆之城建设发展规划（2023~2035）》，为"博物馆之城"建设做好了市级层面的顶层设计和总体部署；2023 年，北京新增 11 家备案博物馆，27 家"类博物馆"。

表 3　2020~2022 年北京博物馆情况

年份	全市按行业登记的博物馆		文物局系统内博物馆及文物保护机构				
	数量（家）	文物藏品数（万件）	数量（家）	博物馆数量（家）	文物藏品数（万件）	一级品（件）	参观人次（万人次）
2020	197	1625	80	45	130.0	1139	562.9
2021	204	1629	80	45	131.0	1093	1019.0
2022	215	1784	58	33	130.0	1098	413.3

资料来源：《北京统计年鉴 2023》。

3. 以中轴线申遗为契机，加强历史文化名城保护

目前，北京中轴线申遗保护三年行动计划已经全面收官，庆成宫整体院落腾退等48项重点任务已经全面完成，国家话剧院高层住宅楼拆除，中轴线景观廊道基本建成，北京老城壮美秩序清晰。三条文化带建设方面，大运河源头遗址公园一期和长达445公里的"京畿长城"国家风景道已经全面亮相，2024年1月5日，国家文物局授牌北京海淀三山五园国家文物保护利用示范区，这意味着北京海淀三山五园国家文物保护利用示范区创建完成。

4. 北京文化产业规模持续增长，经济比重稳步提高

北京大力发展文化产业，文化产业规模不断增长。据《北京统计年鉴2023》数据，北京文化产业增加值从2019年的3318.4亿元增加到2022年的4700.3亿元，多年稳居全国第一。在总量与质量效益双提升背景下，文化产业结构不断优化，文化核心领域的主导地位稳固。根据北京市统计局发布的数据，2023年1~12月，全市规模以上文化产业收入合计20638.3亿元，同比增长13.6%。文化核心领域收入合计18721.9亿元，同比增长13.9%，占全市规模以上文化产业总收入的90.7%。新闻信息服务、内容创作生产、文化娱乐休闲服务三大领域增长态势强劲，同比增速分别达到8.3%、31.7%和48.7%，成为引领文化产业发展重要力量。

（四）持续打好蓝天保卫战，城市生态功能持续提升

2023年，北京市牢固树立和践行"绿水青山就是金山银山"的理念，切实加强生态环境保护，积极打造绿色低碳发展高地，着力推进美丽北京建设，提升生态环境质量，绿色北京战略实施取得新成效。

1. 持续打好蓝天保卫战

加大空气污染治理力度，深化"一微克"行动，深入实施挥发性

有机物和氮氧化物协同治理，开展扬尘专项治理攻坚行动，完善重污染天气预警措施，强化区域联防联控，PM2.5 年均浓度为 32 微克/米^3，是有监测记录以来的次优水平（见图 3）。

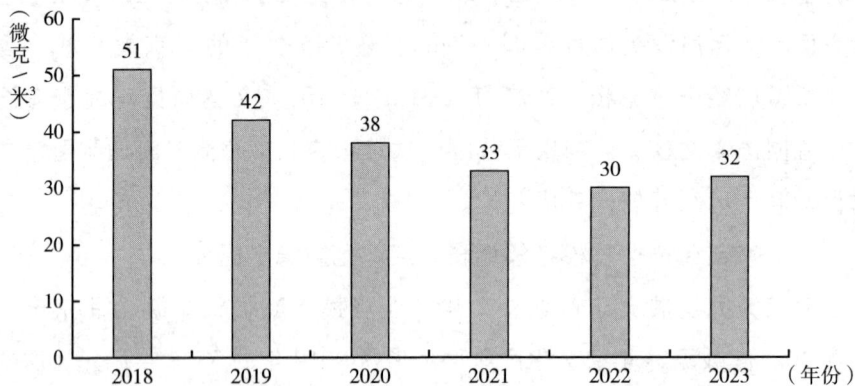

图 3　2018~2023 年北京 PM2.5 年均浓度

数据来源：2019~2023 年《北京统计年鉴》以及《2024 年北京市政府工作报告》。

2. 积极稳妥推进碳达峰和碳中和

加快"双碳"优化布局，不断完善双碳工作的顶层设计。经济加速向高精尖产业方向转型，加快建设市场导向的绿色技术创新体系，着力推进重点行业绿色转型，积极发展绿色低碳产业，支持北京绿色交易所打造统一的全国温室气体自愿减排交易市场。积极推进交通运输和供热等重点领域全过程减排和运行效率提升，统筹规划中心城区交通体系，切实构建舒适便捷的"步行+公交"的出行方式，大力提升供热领域的智能水平，推动低能耗建筑开发与购买的财税政策优惠。强化行业节能减排，全市规模以上工业企业综合能耗为 1409.0 万吨标准煤，同比减少 2.5%。地区能源效率不断提升，2022 年，万元地区生产总值能耗为 0.175 吨标准煤（见图 4）。持续优化能源结构，不断提升清洁能源比重。生物质能、水能、太阳能、风能等可再生能源发电量增长了 1.2%，占总发电量的比重达到 10.9%，较去年提高了 0.2 个百分点。

致力于构建低碳清洁、安全高效的能源体系，同时不断提升可再生能源消费比例。

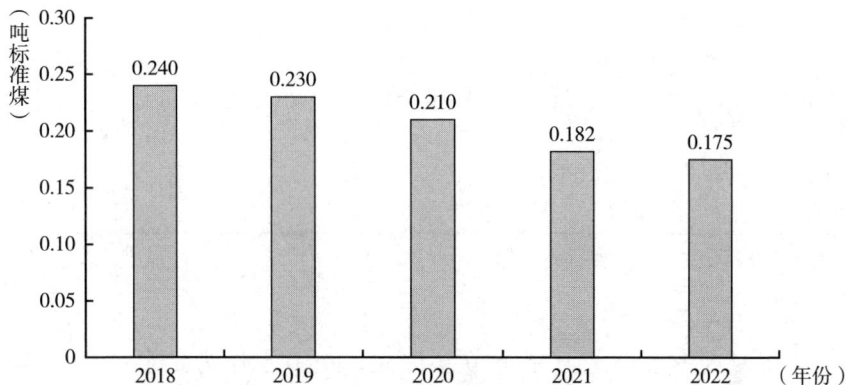

图 4　2018~2022 年北京万元地区生产总值能耗

3.城乡水环境治理成效显著

"三水统筹"，系统提升生态环境品质。深入推进水库和河流保护行动，完善密云水库和官厅水库的水资源保护与生态补偿机制，加强永定河和潮白河等重点流域的综合治理。到 2024 年 1 月，北京的主要水库水质将达到Ⅱ级以上标准，永定河水系达到Ⅱ级水质，潮白河的大部分区域也达到Ⅱ级水质。同时，积极动态消除黑臭水体和劣Ⅴ类水体。此外，雁栖湖被列入国家美丽河湖的优秀案例之一，野鸭湖湿地则成功入选国际重要湿地名录。

城乡污水处理能力稳步提升，2022 年污水处理能力达到 712.10 万立方米/日，同比增长 0.6%。全年污水处理率达 97.00%，城六区污水处理率更是高达 99.7%，分别较上年提高了 1.2 个和 0.2 个百分点。此外，开展了"清管行动"，清管总长度达 1 万公里。再生水循环利用工作也取得了显著成果，再生水利用量达 12.05 亿立方米（见表 4）。

表4　2005~2022年北京污水处理及再生水利用情况

年份	污水处理能力（万立方米/日）	污水处理率（%）	再生水利用量（亿立方米）
2005	324.00	62.40	2.38
2015	439.50	87.90	9.48
2018	670.60	93.40	10.76
2019	679.20	94.50	11.52
2020	687.90	95.03	12.01
2021	707.90	95.80	12.03
2022	712.10	97.00	12.05

资料来源：《北京统计年鉴2023》。

落实习近平总书记"坚持节水优先，把节水作为受水区的根本出路"的要求，坚持"以水定城、以水定地、以水定人、以水定产"的原则，以用水方式更加节约集约高效推动经济增长转型升级，引导促进内涵式高质量发展。2022年，节水量达7373万立方米，实施了63项节水措施，用水效率持续提高。万元地区生产总值水耗为9.6立方米，同比下降3.03%（见图5）。

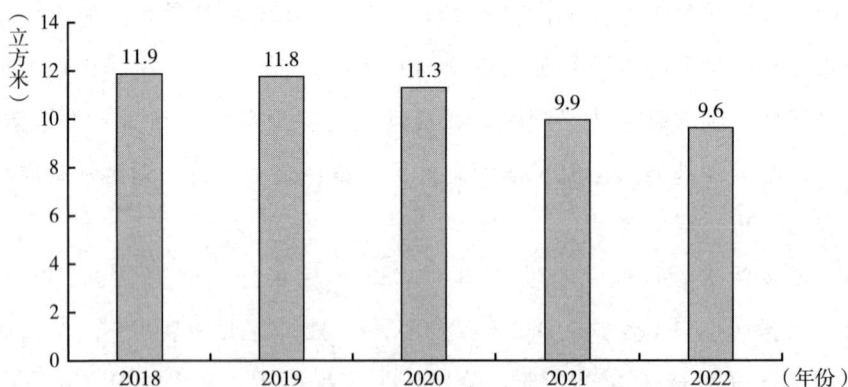

图5　2018~2022年北京万元地区生产总值水耗

4.花园城市建设取得新突破，城市生态功能持续提升

花园城市建设迈出新步伐，东城区、西城区等试点区花园城市正在

有序推进，"园中建城，城中有园，城园相融，人城和谐"格局正在形成。2023年，完成150公里城市绿道的建设，确保环二环绿道的串联。统筹城市更新和"疏整促"专项行动，完成"留白增绿"186公顷，"战略留白"临时绿化40公顷，实施"揭网见绿"1180公顷。建成休闲公园和城市森林22处，口袋公园、小微绿地50处。城市绿化覆盖率达到49.80%（见图6），人均公园绿地面积达到16.9平方米，增加了0.27平方米。全市公园数量达到1065个，使北京成为"千园之城"。

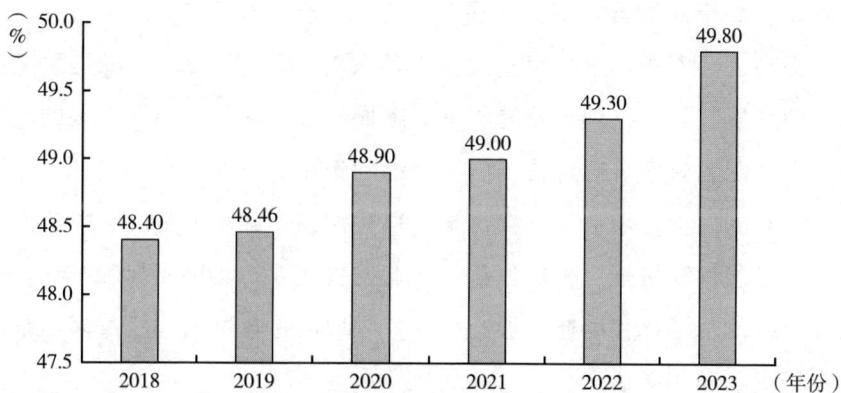

图6　2018~2023年北京城市绿化覆盖率

数据来源：《北京统计年鉴2023》、北京市园林绿化局。

围绕"绿美京华，北京森林"的森林城市发展愿景，北京积极推进森林进城、森林环城和森林乡村建设。2023年，新增造林绿化1.5万亩，森林覆盖率从2012年的38.6%提升至2023年的44.9%。林地绿地年碳汇量达到920万吨。密云水库周边国土绿化试点工程完成生态修复12万亩，完成山区森林健康经营70万亩，建立示范区30处。201万亩平原生态林实施分类分级养护经营，调整林分结构10.5万亩，建设生物多样性保育小区125处。①

---

① 《北京市园林绿化局2023年工作总结》，https：//yllhj.beijing.gov.cn/zwgk/sx/202401/t20
240108_3528516.shtml，2024年1月3日。

二 主要挑战与发展难题

（一）技术创新供给能力蓄力不足，产业竞争力有待提升

北京在科技创新与产业发展方面虽然取得了显著成果，但也面临着以下几点挑战与难题。

1. 创新资源配置效率有待提高，新质生产力发展方兴未艾

提高创新资源配置效率是北京发展关注的问题。科研资源的配置、人才的发展都是科技创新发展的重要组成部分，在科研经费有限的范围内，提高配置效率会对科技创新发展起到作用。

专利的保护、申请与维权也是值得关注的问题，尤其会影响新兴领域产业发展的积极性。科技创新与产业发展需要市场的支持和推动。然而，我国的市场化程度还不够高，一些领域的市场准入门槛过高，限制了市场竞争和创新活力。

实施战略科学家特殊引才计划，引进培养更多科技领军人才、卓越青年科学家和杰出青年人才；完善人才落户、住房等支持政策，更大力度保障各类科技企业引进优秀高校毕业生；深化人才发展体制机制改革，给予科研人员更多自主权等也是未来重点发展方向。

2. 数字经济推动高精尖产业发展路径有待突破

2024年北京在赋能新质生产力，发展高精尖产业方面仍需深入思考。深入探索协同创新和产业协作的解决思路至关重要。在许多科技创新与高新产业发展领域，北京仍然缺乏核心技术，尤其是部分"卡脖子"的高端技术和关键技术的专利部分，这会影响我国产业竞争力。同时，北京的研发投入领域相对集中，导致整体科技创新基础薄弱，技术创新供给能力蓄力不足。

数字经济作为经济高质量发展的重要动能是未来发展的焦点。随着

国内绿色发展转型的深入,数字经济与绿色高质量发展涉及技术创新、金融发展、产业结构、人力资本积累等多方面,应关注创新效率、要素错配、数字经济环境、产业结构升级、降低碳排放强度、环境规制和数字基础设施等,并逐一突破。

3.以服务业推动经济高质量发展还需要进一步谋划

服务业发展对第一、第二产业转型升级有拉动作用。商务服务业在经济发展中占据举足轻重的地位。根据北京市统计局最新统计数据,截至 2023 年底,北京市商务服务业产值已达到 2710.0 亿元,占北京市地区生产总值的 6.19%。可见大力发展商务服务业有利于促进经济高质量发展。

进入新发展阶段,北京开启了现代化建设新征程,处在实现更大发展的重要关口。北京现有产业如物流、金融、餐饮、商贸等发展趋势良好,都为服务业的发展提供了良好的基础。把服务业作为推动产业结构调整的主要着力点,与地区特色相结合发展经济,实现以服务业为突破口推动北京高质量发展也是值得关注的方面。

4.科技创新平台和科技创新中心优势尚未充分发挥

科技创新平台是科技创新体系的重要组成部分,是促进创新成果转化的有效途径。北京科技创新中心建设虽成果显著,但其核心优势尚未发挥。中关村科学城作为科技创新主要平台对北京的科技创新发展起着重要作用,但在培育人工智能、区块链等前沿颠覆性技术方面并未发挥北京的核心竞争优势。怀柔科学城主要承担建设综合性国家科学中心的任务,其战略目标规划不够清晰,怀柔科学城应整合全国科技创新资源,以打造形成世界一流的重大科技基础设施集群为目标。未来科学城则应在战略规划方面侧重强化央地合作与产教融合,聚焦打造以高精尖产业集群为目标的科技创新平台。

北京作为全国科技创新中心优势明显,但潜力尚未全面开发,尖端行业顶尖人才和学科领军人才依旧需要引入,创新平台在紧缺型专业人才引进服务方面还不能跟上企业创新需求的步伐。产学研合作不够深入，科研人员落户北京难等问题仍然存在。

（二）城市精细化治理水平有待提升，民生领域还存在不少短板弱项

1. 精细化治理水平与群众期待还有较大差距

城市精细化治理的管理体系尚不健全，存在城市管理职责权力交叉重叠、行动冲突以及措施碎片化等问题，在执法过程未形成最大合力，这不仅提高了城市管理的成本，也产生了治理盲区。精细化治理，比如街区美化、社区文化治理、城管执法等未上升为城市管理的系统性改革策略。

面对超大城市治理中的新现象和新问题，需要不断更新管理理念、制度和方法。当前还存在重人力、物力、资金等资源投入，轻长效治理效能等问题，治理行动很容易成为"一阵风"。部分小区的精细化管理更多地把居民视为治理对象，群众主动参与的积极性还有待提升，治理活动难以持续开展。

信息技术为精细化管理提供了强大的技术支持，但还需进一步规避信息技术应用存在的弊端。部分信息化和智能化设施效能不理想，比如App的设计较为复杂、缺乏温度。利用信息技术红利并不能完全解决问题，例如，北京市东城区利用卫星定位技术和蓝牙技术对共享单车进行"入栏结算"，即在指定区域停放按普通价格计费，在指定区域外随意停放将被增收调度费，以解决共享单车乱停乱放的问题，[①] 但实施效果仍然不够理想。

2. 教育、医疗、养老等民生领域存在不少短板弱项

城乡发展不均衡，城乡收入差距较大是北京发展中的主要问题。2022

---

① 韩志明、潘辰子：《当代中国城市精细化管理的实践及其反思（下）》，https：//www.sohu.com/a/437184443_723377，2020年12月9日。

年，北京城乡居民人均可支配收入比值（城乡收入比）为2.42，按从小到大排序，北京在全国31个省（区、市）中排在第22位（见表5），是全国城乡收入差距较大的地区。因此，还需要补齐乡村发展短板，从而构建起"大城市带动大京郊、大京郊服务大城市"的城乡协调良性互动格局。

表5　2022年全国31省（区、市）城乡居民人均可支配收入比

单位：元

省（区、市）	城镇居民人均可支配收入	农村居民人均可支配收入	城乡收入比	全国城市城乡收入比排名
天　津	53003	29018	1.83	1
黑龙江	35042	18577	1.89	2
浙　江	71268	37565	1.90	3
吉　林	35471	18134	1.96	4
河　南	38484	18697	2.06	5
海　南	40118	19117	2.10	6
江　苏	60178	28486	2.11	7
上　海	84034	39729	2.12	8
河　北	41278	19364	2.13	9
福　建	53817	24987	2.15	10
湖　北	42626	19709	2.16	11
江　西	43697	19936	2.19	12
辽　宁	44003	19908	2.21	13
山　东	49050	22110	2.22	14
广　西	39703	17433	2.28	15
安　徽	45133	19575	2.31	16
四　川	43233	18672	2.32	17
新　疆	38410	16550	2.32	18
重　庆	45509	19313	2.36	19
内蒙古	46295	19641	2.36	20
广　东	56905	23598	2.41	21
北　京	84023	34754	2.42	22
湖　南	47301	19546	2.42	23
山　西	39532	16323	2.42	24
宁　夏	40194	16430	2.45	25

省（区、市）	城镇居民人均可支配收入	农村居民人均可支配收入	城乡收入比	全国城市城乡收入比排名
西　藏	48753	18209	2.68	26
青　海	38736	14456	2.68	27
陕　西	42431	15704	2.70	28
云　南	42168	15147	2.78	29
贵　州	41086	13707	3.00	30
甘　肃	37572	12165	3.09	31

资料来源：《中国统计年鉴 2023》。

北京在教育、医疗、养老和社保等民生领域还存在短板和难题。在教育领域，城乡教育不均衡，乡村优质中小学教育资源严重不足，教育质量和教育公平亟待提高。市区中小学拥有优质的教育资源和优秀的师资力量，而乡镇在课程设置、教学质量等方面都存在较大差异。在医疗领域，医疗费用昂贵、城区医疗资源过度集中等问题影响了人们就医体验和健康水平。2022 年，北京全市 60 岁及以上老年人比例达到 21.3%，北京已进入中度老龄化阶段，而北京在养老和社保领域，仍存在财政投入不足、管理过程不规范、政策文件与现实情况脱节等多方面的问题。

"老老人"和"小小孩"问题应引起重点关注。老有所养、幼有所育是家国大事。2022 年，北京全市 4 岁及以下的婴幼儿比例为 3.8%，75 岁及以上的老人比例达到 5.2%（见表 6）。如何照料"老老人"和"小小孩"，更成为许多家庭正在面临的难题。以老人为例，随着年龄的增加，有的"老老人"疾病缠身，有的失能失智，在吃饭、洗澡、住院等方面都需要人照顾；"小小孩"上不了幼儿园，双职工父母又忙于工作，分身乏术，"小小孩"的托育照护已成为社会"刚需"。

表6 2022年北京常住人口年龄构成

单位：万人，%

年龄	常住人口数	占常住人口比重
0~4岁	82.3	3.8
5~59岁	1636.9	74.9
60~74岁	351.4	16.1
75岁及以上	113.7	5.2
合　计	2184.3	100.0

注：本表数据为人口抽样调查推算数据，为年末数。

3.极端情况下防灾减灾救灾能力和应急管理水平需要提升

北京的灾害监测预报预警能力不足。在全球气候变暖背景下，极端天气更加频繁，预测难度更高，应对防范气象灾害的难度更大。同时，经济运行和人民生活对交通、通信、能源、优质环境的依赖程度越来越大，应对防范气象灾害的广度和深度都在扩大。面对建设生态文明、和谐宜居之都的新要求，应提高防范气象灾害的标准和要求。另外，气象部门内部监测预报预警数据和灾情数据信息的共享和交流体制机制还有待进一步畅通，多部门联动需要进一步提高。

安全城市建设和社会公众对北京的安全治理提出了更高的要求。北京市外来人口多，人口密度大，基础设施承载力超负荷运转，加之城市的人口和建筑物高度集中，很容易造成灾害管理的瓶颈效应。人民群众的防灾减灾的主观意识还比较薄弱，缺乏灾害应急技术和经验会使得小风险酿成大灾难。城市安全生产水平还不能完全满足人民群众的安全需要。比如北京市文化和旅游局在安全生产督察中发现，一些剧场后台施工现场未设安全警示标识，临边洞口未采取防护措施，设备间管理混乱、私拉临时用电、堆放杂物堵塞通道。一些餐饮娱乐公司的个别包厢中存在插座未采取隔热措施、直接敷设于可燃材料上等安全隐患，暴露出企业抓安全生产重视程度不够、落实安全生产主体责任不力、专项整治末端落实还存在不细不实等问题。

风险隐患点多面广，应急保障体系亟须完善。国际形势复杂多变，影响北京经济社会发展的各类风险隐患增多，城市安全运行保障面临的挑战增大。北京市遭受火灾、强降雨、雾霾等自然灾害的频率上升，影响安全生产的因素复杂多样，多种灾害之间的关联性和叠加性增强，对城市基础设施和人民群众生命财产安全带来严重威胁。当前，部分群众并不知道安全生产举报投诉电话，不熟悉政府和本单位的应急相关制度规范，也不了解其所在单位的应急预案，这反映出应急保障体系仍需要进一步加强完善。大型活动安全管理预案不足，重大文化和旅游活动多、频率高，文化和旅游部门作为主办单位，应完全按照《北京市大型社会活动安全管理条例》规定的职责研究制定安全生产保障制度，加强演出场地中临建设施的设计、施工、监理、验收及检测等综合制度规范，继续加强应急预案的实战性演练。

（三）公共文化服务有待创新，文化产业竞争力有待巩固

当前北京城市文化建设无论从广度还是深度、硬件还是软件方面都取得很大的成就，但问题仍然存在。总的来说，北京在具体的建设实践中，还需进一步结合城市自身的文化发展优势，因地制宜，形成更完善的城市文化建设理念，突出城市文化个性。应深刻把握中国式现代化的要求，充分挖掘和汲取北京历史文化的养分，更好地打造北京城市文化金名片，提升城市文化竞争优势，保持城市文化发展活力。

1.公共文化服务体系建设有待进一步创新

北京市民的文化需要是不断增长的，这对公共文化供给的要求也在不断提升，目前，公共文化供给尚未充分满足市民日益增长的文化需要，公共文化服务方式有待进一步创新。主要体现为服务效能不高、精

细化管理相对缺乏、运营质量不均衡、人才缺口较大、远郊区县人员流失较为严重等问题，以博物馆为例，多数博物馆不具备多语种导览接待能力，对博物馆文化的价值解读和阐释工作不够，与国外博物馆合作开展的研究、交流活动数量有限。

2. 文化产业体系核心领域产业竞争力有待巩固

根据《中国影都竞争力指数报告（2021）》，北京怀柔政策法规竞争力仅位列第四，排在上海松江、无锡滨湖、宁波象山之后；产业运行竞争力则在6个影都中排在末位。传统文化产业升级有待提速。虽然北京在出版发行、广告会展、文化演艺等传统文化产业领域的文化资源相对丰富，但对行业环境的敏感性和能动性不足，推动行业数字化转型尚未覆盖全产业链。产业政策创新与市场监管能力不足。在产业政策制定过程中，城市更新、产业发展、文化空间、文化消费等多重发展目标叠加，对行业监管提出了越来越高的要求。如果长期缺乏有效的市场监管，产业政策传导过程和政策落实将存在一定偏差，对产业发展形成不稳定因素。产业集聚空间效能有待提升，北京市文化产业园区亟需全方位完善支持政策。当前市区两级文化产业园区高质量发展政策体系尚不健全，政策覆盖范围偏小，缺乏空间多样性和产业培育梯度，认定标准较为单一。

（四）环境治理问题仍然突出，区域性大气治理任务依然艰巨

北京市城市生态环境保护工作虽然取得显著进展和成效，但对标中央要求、人民期待、建设国际一流和谐宜居之都要求，仍然存在差距和短板。

1. 低碳建筑与低碳交通建设有待加强

建筑与交通是北京碳减排的重点领域。2023年，北京建筑与交通领域能源消费量占全市能源消费总量超七成，且呈增长态势。与日本东

京、韩国首尔等城市相比，北京能源消费与碳排放更加集中于城六区，主要原因是建筑及附着物与交通能耗量占比大。中国碳核算数据库（CEADs）的数据显示，2019年，北京城六区碳排放量达到7575万吨，几乎占当年北京市全社会碳排放量的一半。根据北京市生态环境局公布的"2022年北京市重点碳排放单位名单"，高校、科研院所等都是重要的碳排放源，而建筑是主要的排放介质。目前，建筑领域碳减排存在顶层设计落后、技术应用不充分、减排成本高、市场化推广难度大、减排意识落后等困难，加强北京重点公共建筑节能管理、降低能源消耗，将是推进碳排放减排的重要方向。

交通领域的碳减排也存在较大挑战。交通领域是北京三大重点碳排放源之一。2022年，北京交通领域的能源消费量占全市能源消费总量的12.7%。交通领域的碳排放占全市碳排放的1/2，北京近五年的城市交通年碳排放平均增速为4%。为实现2050年的碳中和目标，必须将增速从目前的4%转变为-10%。此外，负增长的转折点需要在"十四五"时期出现。[①]

2. 水资源依然紧缺，水环境改善任务依然艰巨

近十年来，北京聚焦水资源短缺、水环境污染、河水断流、地下水超采等问题，采用系统治水、科学治水，实现"一城碧水润京华"的动人画面，首都水环境明显改善。但是，北京依然存在水资源紧缺、水污染等问题，提高水资源效率任务依然艰巨。南水北调工程将北京人均水资源量由早期的100立方米提升至150立方米，但是与联合国认定的人均水资源量500立方米的极度缺水标准仍有巨大差距。根据《北京日报》公布的《2024年1月北京水质监测情况》，北京永定河、潮白河、北运河水系仍有部分河段水质是Ⅲ级或以上；大清河水系以Ⅲ级为主；重点湖泊中，圆明园湖、莲花池、奥运湖等水质为Ⅲ级，龙潭湖、青年

---

① 《在北京这样的特大城市，交通领域如何实现双碳目标?》，https://baijiahao.baidu.com/s?id=1709965345565925610&wfr=spider&for=pc，2021年9月4日。

湖为Ⅳ级。

3. 环境治理问题仍然突出，特别是农村污水、垃圾处理

据中央生态环境保护督察组 2021 年的报告，[①] 全市共有各类垃圾处理设施 44 座，近三分之一超负荷运行；垃圾渗滤液处理能力严重不足。全市现有日处理能力超过 1 万吨的污水处理厂 67 座，有 10 座运行负荷率低于 30%，但同时又有多座超负荷运行，不平衡、不协调问题突出；占全市处置能力 71% 的城区 5 座污泥处置中心总体负荷率仅为 58%，而大量郊区污泥处置设施能力又严重不足，违规处置问题时有发生。全市地下水违规超采问题依然突出。截至 2019 年底，全市农村地区污水收集处理率仅为 42%；截至督察时，全市仍有 282 个村庄未完成农村污水处理任务，而且重建设、轻管理问题比较普遍，部分农村污水处理设施无法正常运行。医疗废物处置能力不足，医疗废物合规的日处置能力仅为 105 吨，与每日约 130 吨医疗废物产生量不匹配。

4. 区域性大气治理任务依然艰巨

2013~2023 年，京津冀三地 PM2.5 年均浓度已经下降了六成，这是非常好的成绩。然而，由于地理气候和季节性因素，大气污染问题依然存在，区域性大气治理难度大。津冀地区的重化工业比重仍然较高，一旦气候条件恶化，京津冀地区的区域性大气污染就可能加剧。在京津冀大气污染协同治理工作中，存在体制机制不完善、法律法规不健全、权责不清晰以及污染防治主体单一等问题。因此，急需加快改革体制机制，完善法律法规，落实主体责任，推动多方参与，在不断促进京津冀地区经济增长的同时，有效防控和治理大气污染。

---

① 《中央环保督察组：北京破解超大城市生态环境难题力度仍不够》，https://www.sohu.com/a/448337627_123753，2021 年 2 月 2 日。

三 未来展望与形势分析

（一）以科技创新赋能新质生产力，大力发展高精尖产业

中央经济工作会议强调，要以科技创新推动产业创新，特别是以颠覆性技术和前沿技术催生新产业、新模式、新动能，发展新质生产力。党的二十大报告也强调推动中国式现代化是核心任务，实现高质量发展是新时代的必然要求。北京作为国际科技创新中心，具备率先发展新质生产力的责任、条件和能力，以符合首都功能定位、突出创新优势、注重绿色发展、深化区域协同、激发发展活力为目标，构建首都新质生产力发展格局。

展望 2024 年，北京将在科技创新与产业发展方面呈现出多元化、全球化以及高度融合的特点。随着科技的不断进步，颠覆性创新和技术变革的时代即将到来，未来北京应做好准备，将科技创新作为推动北京新质生产力发展的契机。新一轮科技革命和产业变革浪潮将持续推进，科技产业合作也面临更加复杂多变的国内外环境。着力加强国际科技创新中心建设，在发展新质生产力上发挥北京优势。以科技创新引领现代化产业体系建设，加快推进集成电路、新能源汽车、生物制造等一批标志性项目，巩固扩大人工智能、高级别自动驾驶等行业领先优势，着力打造全球数字经济标杆城市。加快完善创新生态体系，压茬推出中关村新一轮先行先试试点政策，扎实推进世界领先科技园区建设，为北京高质量发展聚势赋能。[①] 北京需要加强科技创新和产业融合的顶层设计，完善科技创新制度环境，提升前沿技术储备，以应对未来科技创新发展机遇和挑战并存的多变局面。

---

① 《立足首都城市战略定位奋力开创高质量发展新局面》，《北京日报》2024 年 3 月 20 日。

1. 培育和发展新质生产力，打造高水平人才高地

发展新质生产力是推动首都高质量发展的重要着力点。北京建设国际科技创新中心，有责任有条件率先发展新质生产力，推动形成符合首都定位、彰显创新优势、厚植绿色底色、深化区域协同、充满发展活力的新质生产力发展格局。① 北京拥有培育新质生产力的良好条件，应率先谱写新质生产力的北京实践，教育、科技、人才资源丰富，进一步畅通三者之间的良性循环，弘扬科学家精神和企业家精神，培育适应新质生产力的劳动力队伍，为新质生产力发展提供不竭动力。② 北京应更加突出坚持人才强市强国战略，更加紧扣人才发展全过程，营造最具世界竞争力的"近者悦、远者来"的人才发展环境，加快形成强大的全球人才发展中心③。深刻理解新质生产力的显著特征、基本内涵和核心标志，特别注重高水平人才引进与培养。加快实施战略科学家特殊引才计划，培养科技领军人才、卓越青年科学家和杰出青年人才。支持建设产学联动平台，培养重点产业急需紧缺人才和复合型人才。完善人才落户政策和住房政策，为引进优秀高校毕业生提供保障。

深化人才体制机制改革，为各类人才提供创新舞台是激发人才创新活力的重要举措。战略科学家特殊引才计划的实施，为科技领域注入了新的活力。通过引进和培养高层次科技人才促进产学研用的深度融合，推动经济社会的可持续发展。对于培养科技领军人才、卓越青年科学家和杰出青年人才，也是北京人才工作的重要一环。通过产学联动平台推动科技创新和产业发展，完善人才落户、住房等政策，增强北京在全球人才竞争中的吸引力。深化人才体制机制改革，实施战略科学家特殊引才计划，支持建设产学联动平台，完善人才落户政策和住房政策，深化人才体制机制改革。通过这些举措，力争在 2024 年持续推动人才高地

① 《以新质生产力推动首都高质量发展》，《北京日报》2024 年 2 月 20 日。
② 相均泳：《以新质生产力推动首都经济高质量发展》，《北京观察》2024 年第 1 期。
③ 杨开忠、牛毅：《基于构建新发展格局的首都发展战略》，《北京社会科学》2024 年第 1 期。

建设，推动新质生产力的培育与发展。

2. 培育和发展高精尖产业，以数字经济赋能产业发展

未来数字经济发展促进绿色转型和产业结构优化升级仍是重点关注的问题。北京应继续注重利用数字技术和要素，实现产业智能化、低碳化，提升数字治理水平，助力绿色高质量发展，形成京津冀数字经济发展产业集群高地。以提升新质生产力为目标，培育世界一流创新企业，加速实现关键性、颠覆性技术"质"的突破。[①] 依托核心产业优势，深度融合数字经济技术与核心产业，增强其在数字经济和绿色发展中的引领作用，推动北京产业经济高质量发展。

建设全球数字经济标杆城市，积极布局数字经济关键赛道，推动生产方式、生活方式和治理方式全面变革。统筹推进数字产业化，探索数据交易规范，提升北京国际大数据交易所运营能力。启动自动驾驶示范区建设 4.0 阶段任务。支持产业数字化，实施"新智造100"工程，促进平台经济有序竞争、创新发展。扎实推进智慧城市建设，完善规划管控、平台支撑、数据治理体系，保障数据和网络安全。

3. 扩大内需和深化供给侧结构性改革

以高品质供给满足和创造新需求，形成消费和投资相互促进的良性循环，推动经济质效双提升。激发消费潜能，深化国际消费中心城市建设，改造升级传统商圈，规划建设国际消费体验区。扩大有效投资，实施"3个100"市重点工程，加大新型基础设施投资力度，扩大战略性新兴产业投资规模。加快发展新质生产力，实施制造业重点产业链高质量发展行动，提升产业链供应链韧性和安全水平。提高财政金融服务效能，发挥积极财政政策作用，优化金融资源配置，支持科技企业和实体经济发展。

---

① 齐向东：《点燃首都高质量发展新引擎》，《北京观察》2024 年第 2 期。

扩大内需和深化供给侧结构性改革是推动经济高质量发展的重要措施。这需要政府、企业和社会各方共同努力。政府应优化市场环境，激发市场活力，提供优质服务。企业应积极创新，提高产品质量和服务水平，加强技术研发和人才培养。社会各界应积极参与推动经济高质量发展。

在实施过程中，应注重平衡和协调。在扩大消费的同时，提高消费者收入水平和消费能力。在扩大投资的同时，优化投资结构，避免盲目投资和重复建设。在加快发展新质生产力的同时，注重与传统产业的融合和协同发展。

4. 突出科技创新中心优势，打造科技创新平台

关于聚力建设国际科技创新中心发展新动能新优势，值得深入思考、重点解决。充分发挥北京教育、科技、人才优势，加快构建高效协同开放的创新体系。加快建设具有世界领先地位的科技园区，推动创新型产业集群示范区承接更多的科技成果落地，以促进科技成果的转化和应用。

北京应利用教育、科技、人才优势，构建高效协同开放的创新体系。优化教育资源配置，提高教育质量，培养创新人才的同时加强基础研究，提升原始创新能力，突破关键核心技术，形成自主知识产权的创新成果。北京应建设世界领先的科技园区，推动创新型产业集群示范区承接更多科技成果，加速科技成果转化和应用，为经济社会发展注入新动力。此外，未来北京应强化国际合作与交流，吸收借鉴国际先进科技经验，推动高质量发展。

总而言之，科技创新与产业发展在未来应呈现多元化、全球化以及高度融合的特点。北京应紧跟科技发展的步伐，加强国际合作与交流，推动科技创新与产业发展的深度融合，突出科技创新中心优势，打造科技创新平台，为国家的进步和发展贡献首都力量。

（二）创新城市治理模式，托起群众稳稳的幸福

1. 创新城市治理模式，谋划"超大城市治理"之策

以制度创新推动城市治理长效化，推进首都治理现代化。强化城市公共服务与城市管理职能，鼓励、引导与规范市场力量参与城市治理，培育和创新城市治理的组织架构。深化城市更新行动，创新城市治理的模式。积极探索社会资本参与新模式和新路径，推进地上地面地下空间一体化改造提升，抓好一批城市更新示范项目，推动老城旧貌换新颜。

加强城市综合治理，提高人民群众的幸福感。提升轨道交通骨干网络的安全性，强化城市轨道交通与市郊铁路、地面公交的多网融合。科学优化公交线路，改善社区公交微循环服务，推广定制公交，扩大通学、通医等公交试点范围，更好地服务群众出行需求。提升城市服务管理质量。继续抓好接诉即办改革，深化主动治理、未诉先办。推进全过程人民民主深度融入城市治理，制定相应的法律法规，确保多元治理参与机会的公平、参与方式的有序，推动首都治理秩序与治理活动的高度统一。

以新发展理念为引领，以技术创新为驱动，面向高质量发展需要建立数字转型、智能升级、融合创新的城市基础设施体系。完成老旧信号灯升级改造，实现五环以内区域和副中心信号灯联网，推广信号控制指挥调度，提高交通治理智慧化水平。进一步深化城市"两网"的升级融合，深化数字治理场景开发建设，推动经济、生活、治理三大领域数字化转型融合发展。加强治理过程中的"顶层设计"，推动跨部门、跨层级、跨区域的业务协同，并以数字化、智能化方式，努力建设全球数字治理之都。

2. 切实保障改善民生，托起群众稳稳的幸福

推动优质公共服务资源下沉。满足群众的需要是推动首都高质量发展的出发点和落脚点。推动首都高质量发展，必须坚持以人民为中心的

发展思想，紧扣"七有"要求和"五性"需求，不断提升社会治理水平，在"北京服务"上下功夫，在增进民生福祉上用心用力。① 推动更多优质医疗资源下沉到基层，解决城乡医疗资源不均衡问题，特别是偏远山区老年人就医不便等问题，让更多老人能够在家门口享受到优质的医疗服务。发挥市级转移支付资金的统筹作用，将资金向远郊区等教育薄弱地区倾斜。完善资助体系，确保家庭困难学生和山区学生应助尽助。创新集团化办学方式，发挥名校的引领和辐射作用，带领薄弱学校共同发展。紧扣"七有"要求和"五性"需求，积极回应群众关切的问题，提高财政投入力度，办好重要民生实事。政府主导，社会力量参与，完善经费保障机制，提高各类资源配置的公平性，从而切实提高教育、医疗、养老和社保等领域的民生水平。

织密扎牢社会保障网，促进重点人群就业增收。健全分层分类的社会救助体系，因地制宜做好低收入人口常态化帮扶，同时强化退役军人安置保障和就业扶持。强化对高校毕业生、农村劳动力、灵活就业等重点群体和就业困难人员的扶持，劳动力市场活跃度有所改善，就业形势保持稳定。与此同时，多渠道助力农村居民收入较快增长。通过持续推动农村劳动力转移就业，为农村专业合作社和村集体发放岗位补贴，带动农村居民工资性收入增长，带动农村居民经营净收入持续增长。

聚焦"老老人"和"小小孩"的问题，制定行之有效的解决方案。制定完善的工作方法，将"老老人"和"小小孩"的问题摆在优先位置解决。建议组建全市独居老人志愿服务团队，及时掌握他们的生活情况，尽可能地提供关怀和照顾。加强信息技术在社区居家养老中的普及和应用。重点支持经济困难老年人家庭适老化改造，为重度失能失智老年人提供普惠性照护服务。推动高龄老人可穿戴传感设备的广泛应用，推广便利化的"一呼百应"智能设备。在"小小孩"方面，根据婴幼

---

① 《以新质生产力推动首都高质量发展》，《北京日报》2024年2月20日。

儿身体发育、自理能力、活动能力、心理发展水平的独特规律，提升幼儿园教师生活照护、安全防护、营养喂养、早期发展支持等岗位技能培训。针对0~3岁婴幼儿照料和3~6岁幼儿教育部门管理分离的情况，应构建统一的管理体制，完善部门间协调合作机制。

3. 加快构建大安全大应急框架，全力维护首都安全稳定

全面推进灾后恢复重建，推进"平急结合""平急两用"的设施建设。构建"平灾结合"的生命线系统（交通、能源动力、信息传播、生活供应等系统）。灾害应急生命线系统应与村镇日常系统分开建设，应急能源动力设施应满足避难生活秩序的维持及其他救援设施的运行。保障各子系统的相对独立性，避免因一个生命线子系统的破坏而影响其他子系统的正常工作。例如，电力设施的受损会导致通信设施和给水设施系统的瘫痪。推进"平急两用"设施建设。各类自然灾害始终是山区的潜在威胁，需积极稳步推进"平急两用"公共基础设施建设，"平时"可用于旅游、休闲、康养等，"急时"可转换为应急场所。综合考虑地理区位、旅游资源、交通条件等因素，在充分尊重群众意愿的前提下，盘活利用率不高的集中连片住宅等存量资源、农村集体经营性建设用地、旅游景区沿线服务区周边等空间资源，打造一批具有避难隔离功能的旅游居住设施，提升首都的整体应急保障能力和安全韧性。

紧抓重点领域、重点部位、重点场所的安全建设，建设更高水平的平安北京。深化食品药品全链条安全监管。坚持和发展新时代"枫桥经验"，深入推进信访工作法治化，提升社会矛盾的预防和化解水平。扎实开展"平安单位""平安医院""平安学校"创建活动，加强犯罪活动的打击力度，全力保障社会安定、人民安宁。坚持预防为主，压紧压实安全生产责任，严守安全底线，严格落实重大事故整改和防范措施，制定实施安全生产和消防隐患治本行动计划，深化城镇燃气、电池充电、仓储库房、人流集中场所等重点领域专项整治，加强气象地质监测能力建设，提升极端气候情况应对水平。

加快建设韧性城市，统筹安全与发展。全面落实意识形态工作责任制，坚决捍卫首都政治安全。要树立全周期管理意识，加快推动城市治理体系和治理能力现代化，努力走出一条符合超大城市特点和规律的社会治理新路子。统筹安全与发展，建立"事前风险防控、事中风险控制、事后风险化解"的系统化风险化解机制，建设安全韧性城市。抓好地铁等重点部位风险防范，完成燃气、供热等老旧管线改造。编制韧性城市建设专项规划，探索建立更可持续的城市更新模式。因地制宜布局城市各种基础设施，抓实基层应急能力建设，增强重大风险灾害应对能力和恢复能力，全方位提升城市安全水平，打造安居乐业、安全有序、长治久安的平安之都。

（三）以人民为中心，深入推进全国文化中心建设

党的二十大报告作出战略部署，明确要推进文化自信自强，铸就社会主义文化新辉煌。《北京市2024年政府工作报告》指出，要深入推进全国文化中心建设，坚持以文铸魂、以文兴业、以文育城，奋力建设中国特色社会主义先进文化之都。努力建设中国特色社会主义先进文化之都、深入推进全国文化中心建设是贯彻习近平新时代中国特色社会主义思想的重要举措，为北京市城市文化的建设指明了方向。

1. 坚定"以人民为中心"的文化观，坚持弘扬社会主义核心价值观

"以人民为中心"的文化观就是要保证人民群众推动城市文化发展的主体地位，一切为了人民。文化的核心和灵魂是价值观，社会主义核心价值观具有提升民族凝聚力和向心力的作用，应成为广大市民共同的精神支柱，引导市民树立爱国爱家、尊老爱幼、敬业爱岗、勤奋创新、健康向上的精神追求。未来，北京将持续打造精神文明最好的城市，持续加强北京市习近平新时代中国特色社会主义思想研究中心建设，大力开展习近平新时代中国特色社会主义理论阐释工作，繁荣发展首都哲学社会科学；进一步推进抗战主题红色文化片区规划建设，进一步打造红

色文化片区思政课堂；在全国文明城区创建活动方面深化公共文明引导。

2. 进一步推动文化领域创造性转化和创新性发展

坚持走物质文明与精神文明相协调的城市文化建设之路。在公共文化领域，深入推进公共文化服务体系创新发展，促进公共文化服务与社会力量结合，进一步提升公共文化服务效能。同时，深化文旅融合、文化与科技融合模式创新。加大"演艺之都"建设力度，打造更多文化精品力作，构建多集群协同发展的演艺空间格局，培育更多演艺新空间，擦亮"大戏看北京"文化名片，推进"北京大视听"品牌建设，推动更多优秀演艺机构、精品剧目"走出去"，在国际舞台上展现中华文化的魅力。

3. 深入推进"第二个结合"，以文化传承谋文化发展

"第二个结合"是指马克思主义与中华优秀传统文化相结合。要实现中华民族伟大复兴，就要提高中华文化的国际话语权，充分体现中华文化特色。在以城市文化建设促进全国文化中心建设的过程中，要坚守中华民族文化立场，以开放的态度建设城市文化，实现文化传承与文化发展的统一。要持续全面加强北京历史文化名城保护和传承，加快推进文物修缮、胡同院落腾退、历史建筑保护等工程，讲好北京历史文化故事。进一步做好大运河、永定河以及长城（本体及其附属文物）的保护、修缮、传承和利用工作，巩固三山五园国家文物保护利用示范区成果并进一步拓展成果利用。在非物质文化遗产保护方面，加强对非遗传承人的培养和激励，让非物质文化遗产焕发新生。

4. 健全北京现代文化产业体系，推进产业链整合

巩固壮大优势产业集群，优化提升演艺产业集群，加快发展新视听产业集群。加快传统文化产业数字化转型，激发产业创新活力，推进出版发行全产业链转型升级，促进广告会展融合发展。加快创新创业要素协同，大力发展新型文化业态，推动数字音乐融合发展，提高网络游戏

产业国际竞争力，推动网络文学精品化发展。加快纵深推进"破圈"融合，拓展延伸文化产业链，挖掘首都文化内涵推进文旅深度融合发展，推动 IP 市场化开发，推动文化创意设计与特色农业有机结合。加快提升空间资源配置效率，支撑文化产业高质量发展，强化统筹管理与政策扶持，完善园区高质量发展专项工作组协调机制，统筹市区两级力量完善园区产业创新生态，提升园区服务品质。推动乡村文化产业振兴。深化京津冀文化产业协同发展。

（四）加强生态环保科技创新，全面推进美丽北京建设

1. 加强生态环保科技创新，推进新质生产力建设

习近平总书记指出"绿色发展是高质量发展的底色，新质生产力本身就是绿色生产力"。新质生产力的本质是"科技创新"。"双碳"目标约束对环保领域的科技创新形成强烈的需求。北京在我国"双碳"目标实施中理应走在全国的前列。当前，发展环保产业新质生产力的关键是研究新技术、探索新模式、构建新业态。应当聚焦重点领域、重点行业和难点问题，加大环保产业的支持力度，鼓励企业增加环保技术研究与推广应用的投入。创新产业模式，打造"双碳"时代的综合服务方案。积极应对环保需求，创新应用场景，创造细分市场，开拓环保市场需求。推动数字技术为环保产业升级注入新动力，推动行业标准化、运营自动化、决策智能化，为环保产业的高质量发展赋能。

2. 系统推进北京能源绿色低碳智慧转型

北京要锚定"双碳"目标，进一步推进能源领域绿色低碳智慧转型，通过政策引导和技术创新，减少能源消耗，加大清洁能源利用量占比，实现城市能源绿色化和低碳化。推动智慧城市建设，通过引入先进的信息技术和智能化系统，建设智慧能源系统、智慧交通系统、智慧照明系统等，提高城市管理的效率和智能化水平，进一步降低能源消耗和

碳排放量。从供给需求双侧推动绿色北京建设，以"减煤、稳气、少油、强电、增绿"行动，持续优化能源结构，实施可再生能源替代行动，大幅提升绿电进京规模。加快应用场景的能源消费低碳化，围绕能源消费端碳排放占比较大的建筑、交通等行业节能降碳需求，提高能源利用效率，提升绿色建筑和装配式建筑占新增建筑的比重，扎实推进公共机构与供热行业节能。推动交通领域的碳达峰规划建设，提升城市低碳出行比例，完善充电桩网络布局，鼓励本市乘用汽车置换新能源小客车。充分发挥北京市研发资源和应用场景优势，全力攻关能源领域绿色低碳关键核心技术装备，培育绿色能源产业集群，全面提升能源行业数字化、智能化水平，努力将北京打造成为能源技术创新的源泉和发展的高地。

3. 高质量推动生态涵养区生态保护和绿色发展

北京的生态涵养区是首都的生态屏障和水源保护地，在城市规划中扮演着至关重要的角色。这里不仅是新时代首都发展的重要支撑区，也是实现"五子"联动、促进区域协调发展的关键地带，更是首都践行绿水青山就是金山银山理念、探索转化路径的先行区。然而，北京在生态补偿方面仍存在内涵界定模糊、补偿标准不合理、过度依赖政府等问题，部分生态涵养区仍存在破坏生态环境、地区污水处理不力等现象。因此，全面深入贯彻执行北京发布的《关于新时代高质量推动生态涵养区生态保护和绿色发展的实施方案》至关重要。要激活生态涵养区绿色发展的内生动力，让政府、市场和社会共同参与，使生态保护和绿色发展的成效更加显著。一方面，要坚定不移地提升生态品质，强化生态空间管控，巩固生态基础，提高生态质量；另一方面，要重点突出生态产品总值对生态涵养区高质量发展的引导作用，积极完善基于市场机制的生态产品价值实现机制。

4. 继续提升环境质量，全面推进美丽北京建设

持续深入打好蓝天、碧水、净土保卫战，以高质量发展推进高水平

保护，以高水平保护促进高质量发展。对标"十四五"生态环境保护规划目标，坚持山水林田湖草沙一体保护和系统治理。以蓝天保卫战协同降碳、减污、扩绿，以更大力度巩固提升空气质量改善成效，推进京津冀生态环境协同走深走实。持续深化"一微克"行动，积极推广新能源汽车。积极稳妥推进碳达峰碳中和，持续优化能源结构，扩大外调绿电规模。[①] 深化"三水统筹"，系统提升水生态环境品质，保护水资源，强化城乡生活污水治理，推进城镇污水处理厂改造升级，加强农村污水处理设施建设。以建设花园城市、推动全域森林城市高质量发展为主线，多措并举提升生态系统质量、生态服务水平和生态治理能力。增添公园城市生机活力，规划花园城市美丽图景，加强城市造林、公园绿化建设，开展园林绿化彩化行动，持续提升生态系统多样性、稳定性、持续性，让市民尽享游园之趣，让城市绽放自然之美。

参考文献

李国平：《以国际科技创新中心建设支撑首都高质量发展》，《城市问题》2022 年第 12 期。

刘郁：《以新发展理念引领首都高质量发展》，《北京观察》2023 年第 6 期。

孙久文、邢晓旭：《现代化首都都市圈发展的基本特征与高质量发展路径》，《北京社会科学》2023 年第 6 期。

伍建民：《加快实施首都创新驱动发展战略》，《前线》2023 年第 8 期。

赵弘：《以现代化首都都市圈建设引领京津冀协同发展实现新突破》，《城市问题》2024 年第 2 期。

---

① 杨旗：《立足首都城市战略定位奋力开创高质量发展新局面》，《北京日报》2024 年 3 月 20 日。

科技创新与产业发展篇

2023~2024年北京国际科技创新中心
建设状况与形势分析

徐　爽[*]

摘　要： 北京国际科技创新中心以其先进的科研设施和技术平台，成为我国科研人员开展创新研究的重要基地。本报告通过分析 2023 年北京国际科技创新中心的建设状况，从基础设施建设、科研团队建设、创新能力提升、科技成果转化等方面对 2024 年的趋势进行预测评估与展望。回顾 2023 年，北京作为国际科技创新中心，在基础设施、科研团队、创新能力和科技成果转化方面取得显著成果。在基础设施方面，先进实验室和科技园区建成，配套设施完善。在科研团队方面，通过人才引进和培训，实力提升。在创新能力方面，研发投入增加，政策支持营造良好环境。在科技成果转化方面，建设孵化平台，推动科技与产业融合。展望 2024 年，北京将加强基础设施智能化，扩大国际化人才引进，支持前沿科技研究，完善创新机制，推动科技成果市场化，巩固国际科技创新地位，助力国家科技发展。

关键词： 国际科技创新中心　科研平台　科技创新　科技成果转化

---

* 徐爽，博士，北京市社会科学院市情研究所助理研究员，北京世界城市研究基地专职研究员。

一　引言

新时代，我国加快科技创新驱动发展战略，加快实现科技自立自强，建设世界科技强国。为此，我国提出了一系列政策措施，旨在提高国家战略科技力量，完善科技创新战略布局。2024年，我国的战略方针在稳步增加基础研究投入、健全稳定支持机制、大幅增加基础研究支出等基础上，强化知识产权保护，鼓励科研人员在关键核心领域实现重大突破。为深入实施科技创新2030重大项目，突破"卡脖子"技术难题，我国积极调整科技重大专项的实施方式及相关体制机制。同时，坚定不移地支持国际和区域科技创新中心建设，充分发挥国家自主创新示范区的引领作用，以推动科技创新的全面发展。目前，我国全力推进科技创新发展，从国家战略层面布局科技，激发企业创新能力，加强知识产权保护，培养科研人才。在政府、企业、科研机构和社会各界的共同努力下，我国科技创新必将取得更为丰硕的成果，逐步实现建设世界科技强国的愿景。

北京国际科技创新中心作为我国科技创新的重要载体，肩负着推动我国科技事业高水平发展、实现科技自立自强的历史使命。北京市坚持"五子"联动，把国际科技创新中心建设作为"五子"之首，致力于构建具有全球影响力的科技创新中心。北京市"十四五"时期国际科技创新中心建设规划立足于形势需求和发展基础，明确了总体思路、发展原则和发展目标。规划强调加强国家战略科技力量支撑作用，提高创新体系整体效能，为构建完备的国家实验室体系，推动世界一流的新型研发机构持续发展而努力，充分发挥高素质高校及科研院所在基础研究中的主导作用，并积极构建以科技领军企业为主导的创新联盟。

在国际科技创新中心建设过程中，北京市将加强原创性引领性科技攻关，积极担负关键核心技术攻坚重任，支持原创性基础研究，推动重点领域前沿技术引领。为适应科学研究的变革趋势，通过突破重点领域的关键核心技术来推动其他前沿领域的发展布局变得尤为重要。此外，北京市还聚焦"三链"融合，即产业链、创新链、供应链深度融合，打造高质量发展的新引擎。通过优化创新生态，激发人才活力，提升国际合作水平，进一步促进科技与经济、社会、文化、生态的协调发展。北京国际科技创新中心的建设秉持习近平新时代中国特色社会主义思想为指引，紧贴国家战略目标，竭力提升科技创新实力，以助力我国科技事业蓬勃发展，全面建设社会主义现代化国家。

二 北京国际科技创新中心建设现状分析

北京作为我国的首都，也是我国科技创新中心，对比全国各个城市，更具备得天独厚的优势条件。无论在政策、人才、研发投入还是在产业发展等方面，北京都展现出优势，尤其在科技创新发展方面优势愈加凸显。2023年，北京国际科技创新中心的主要建设目标主要分为以下五个方面。

第一，致力于构建全球科技创新引领区。北京致力于吸引全球顶尖科研机构和人才，以科技创新推动产业发展。为了实现这一目标，北京市政府在政策、资金、人才引进等方面制定了一系列优惠政策，为创新提供有力支持。

第二，提升产业链水平。北京国际科技创新中心致力于强化产业链上下游的协同创新，调整产业结构，促进高新技术产业迅猛发展。通过深化产学研协同，推动创新成果高效转化，提高产业核心竞争力。

第三，构建完善的创新创业生态。北京致力于为创新型企业提供全方位的支持和保障，营造有利于创新的政策环境。从融资、人才引进、市场拓展等方面，为创新创业者创造良好条件，推动创新创业蓬勃发展。

第四，推进区域协同创新。北京国际科技创新中心强调加强京津冀地区的科技合作，实现资源共享、优势互补，促进区域科技创新水平全面提高，通过构建一体化创新体系，促进创新要素自由流动，提高区域创新能力。

第五，提升国际交流与合作水平。北京积极参与全球科技治理，搭建国际科技合作平台，扩大我国在全球科技领域的影响力。与国际顶尖科研机构、高校和企业开展深入合作，促进国际创新资源共享，提升我国科技实力。

北京作为国际科技创新中心是我国科技创新发展的重要着力点，对于提升我国整体科技创新能力、促进产业转型升级与实现经济发展具有深远影响。未来，北京国际科技创新中心将继续发挥其核心作用，为推动我国迈向世界科技强国贡献力量。本文依据《北京统计年鉴2023》的数据，对2023年北京科技创新中心的建设情况进行详细梳理，包括基础设施、科研团队、创新能力、科技成果转化等方面，并对未来发展趋势进行展望，提出有针对性的对策建议。

北京科技创新中心已成为我国科技创新的重要载体，拥有世界一流的科研设施和条件。现有基础设施包括各类大型科研装置、实验室、中试基地等，覆盖了基础研究、应用研究和产业化应用全链条。根据"北京重大科技基础设施支撑国家科技战略和国际科技创新中心建设对策研究"项目的中标成交公告，北京市将继续加大投入，推动重大科技基础设施布局优化，提升科研能力。到2023年，形成以国家重大科技基础设施为核心，多层次、多领域、多学科交叉融合的科技创新基础设施体系。

（一）科技活动及专利情况

北京科技创新中心积极开展各类科技活动，包括学术交流、人才培养、创新创业等。每年举办国际学术会议及创新创业竞赛等系列活动，吸引了全球顶尖科学家和企业家参与。

　　北京科技创新中心注重知识产权保护，专利申请和授权量逐年增长。北京市统计局官方发布的统计数据显示，市所属的高校、科研院所和企业专利授权量 2014 年起已累计超过 7 万件，到 2022 年专利授权量累计超过 20 万件，呈逐年递增趋势，预计 2024 年会突破 25 万件（见表 1）。

表 1　2014~2022 年北京科技活动及专利情况

年份	研究与试验发展经费内部支出（万元）	研究与试验发展经费内部支出相当于地区生产总值比例（%）	PCT国际专利申请量（件）	专利授权量（件）				国内专利有效量（件）		万人发明专利拥有量（件）	万人高价值发明专利拥有量（件）
				总量	发明数量	实用新型数量	外观设计数量	总量	其中：发明专利数量		
2014	12687953	5.53	3606	74661	23237	44071	7353	274667	103638	48.6	23.6
2015	13840231	5.59	4490	94031	35308	45773	12950	344916	133040	61.6	29.4
2016	14845762	5.49	6651	102323	41425	45376	15522	417666	166722	76.8	36.6
2017	15796512	5.29	5069	106948	46091	46011	14846	494941	205320	94.5	47.5
2018	18707701	5.65	6527	123496	46978	59219	17299	569929	241282	112.0	57.2
2019	22335870	6.30	7165	131716	53127	58393	20196	653053	284288	132.0	67.4
2020	23265793	6.47	8283	162824	63266	75336	24222	768090	335575	155.8	79.3
2021	26293208	6.41	10358	198778	79210	96078	23490	913616	405037	185.0	94.2
2022	28433394	6.83	11463	202722	88127	91947	22648	1046715	477790	218.0	112.0

　　资料来源：北京市统计局、北京市科学技术委员会、中关村科技园区管理委员会、北京市教育委员会、北京市经济和信息化局、北京市知识产权局。

（二）研究与试验发展（R&D）人员情况

　　北京作为我国的首都，拥有丰富的科技资源和人才资源。北京市统计局数据显示，北京的研究与试验发展（R&D）人员全时当量在全国处于领先地位，为北京市的科技创新和经济社会发展提供了有力支持。在基础研究方面，北京汇聚了一大批国内外顶尖的科研院所和高校，如清华大学、北京大学、中国科学院、中国工程院等，这些高校和机构在基础研究方面取得了丰硕的成果，为北京市乃至全国的科技创新提供了源源不断的动力。在应用研究方面，北京依托自身优势产业和政策支持，在信息技术、新能源等领域取得了显著进展。例如，北京的互联网产业集群在全球范围内都具有一定影响力。在试验发展方面，北京注重科技成果的转化和产业化发展，通过建设科技园区、孵化器等平台，为试验发展人员提供良好的创新创业环境。同时，北京市政府还出台了一系列政策措施，鼓励企业加大研发投入，提升试验发展能力，促进产业结构优化升级。

增加经费投入有利于加快科技事业的发展步伐。如表 2 所示，2022年，北京研究与试验发展（R&D）经费支出增长，表明政府和企业对科技创新的重视程度不断提高。

2021~2022 年，北京研究与试验发展（R&D）经费情况呈增长态势。2021 年为 26293208 万元，2022 年为 28433394 万元。这说明北京在科研领域的投入不断加大，为科技创新提供了有力的支持，预计2024 年将达到 3000 万元左右。

表2 2021~2022 年北京研究与试验发展 （R&D） 经费情况①

单位：万元

项　目	研究与试验发展（R&D）经费内部支出	
	2022 年	2021 年
合　计	28433394	26293208
按执行部门分		
企业	12400254	11366531
工业企业	3489973	3135144
非工业企业	8910281	8231387
科研机构	12332269	11462361
高等学校	3116342	2922095
事业单位	584530	542220

① 注：按执行部门统计之和与合计不等为误差所致，下同。

续表

项　目	研究与试验发展（R&D）经费内部支出	
	2022 年	2021 年
按行业门类分（未完全计）		
制造业	3341972	3040257
信息传输、软件和信息技术服务业	6067299	6115927
科学研究和技术服务业	14769399	13299596
教育	3116342	2922095

资料来源：北京市统计局、北京市科学技术委员会、中关村科技园区管理委员会、北京市教育委员会、北京市经济和信息化局。

如表 3 所示，2022 年北京研究与试验发展（R&D）人员折合全时当量达到 373235 人年，相较于 2021 年的 338297 人年有所增长。这表明北京在科研和开发领域的人力资源投入持续加大，为北京的科技创新和发展奠定了坚实的人才基础。

（三）科研平台建设与技术创新

近年来，我国在科研和技术开发领域的人力资源投入和经费支出逐年增长，反映了我国对科技创新的高度重视。北京作为科技创新中心聚集了大量高层次科研团队和优秀科学家，形成了多学科交叉的科研体系。现有科研平台包括国家重点实验室、工程研究中心、技术创新中心等，涵盖了能源、材料、生物、信息等领域。

随着共建"一带一路"的推进，我国与国际科技合作的空间将更加广阔。加强国际交流与合作，加强科技成果转化，推动北京产业升级。北京应着力提高科技成果转化率，将更多的科研成果应用于实际生产和生活，助力我国经济高质量发展。未来，应继续加大投入，优化政策环境，培养高素质科研人才，加强国际合作，推动科技成果转化，发挥首都中心作用，为实现科技创新驱动发展、建设科技强国目标不断努力。

表3 2021~2022年北京研究与试验发展（R&D）人员情况

单位：人、人年

项目		研究与试验发展（R&D）人员		研究与试验发展（R&D）人员折合全时当量							
				合计		基础研究		应用研究		试验发展	
		2022年	2021年	2022年	2021年	2022年	2021年	2022年	2021年	2022年	2021年
合计		546747	472860	373235	338297	84525	75525	110283	97159	178429	165615
按执行部门分	企业	237479	190478	154507	137146	1751	977	14249	9528	138508	126641
	工业企业	79152	61490	53459	41496	256	80	3875	2188	49328	39228
	非工业企业	158327	128988	101048	95650	1495	897	10374	7341	89180	87413
	科研机构	150908	138829	127513	119846	46540	42291	47763	44100	33210	33455
	高等学校	146363	132061	83037	73760	34031	30867	44034	39195	4973	3698
	事业单位	11997	11492	8178	7546	2203	1390	4237	4335	1738	1821
按行业门类分（未完全计）	制造业	73478	59124	49707	39709	256	65	3082	1551	46370	38092
	信息传输、软件和信息技术服务业	78603	85919	51730	67417	122	290	3007	3557	48600	63570
	科学研究和技术	212556	175858	167132	145457	49492	44053	58160	51066	59480	50338
	教育	146363	132061	83037	73760	34031	30866	44034	39195	4973	3698

资料来源：北京市统计局、北京市科学技术委员会、中关村科技园区管理委员会、北京市教育委员会、北京市经济和信息化局。

三 北京政策支持与法规体系建设对科研创新的影响

北京的政策支持与法规体系建设对科研创新的进程起到决定性作用。北京作为我国首都，一直以来都在科技创新领域发挥着举足轻重的作用。北京市政府一直以来对科技相关的政策和法规大力支持，为北京科研创新提供了优渥的环境。北京市政府在科技创新领域的政策支持和法规体系建设方面也做了大量工作。例如，北京市制定了《关于新时代深化科技体制改革加快推进全国科技创新中心建设的若干政策措施》，从资金支持、人才培养、科技成果转化等多个方面为科研创新提供了强有力的支持。此外，北京市还出台了《北京市重点实验室建设管理办法》，规范了重点实验室的建设和管理，为科研创新提供了坚实的基础。北京在科研创新领域的政策法规不仅起到了激励和引导的作用，也起到了规范和约束的作用。例如，《北京市科技计划项目信用管理办法》就明确规定了科研人员的行为准则，旨在营造诚实守信的科研环境。北京市政府在科技创新领域的政策支持和法规体系建设发挥了至关重要的作用。既为科研创新提供了激励和引导，也提供了规范和保障。

（一）财政支持政策

北京市政府对科技创新高度关注，为了加强对科研项目的支持，政府特别设立了多样化的科研专项资金。这些资金旨在为基础研究、应用研究及前沿技术研究等多个科研领域提供稳定的经费支持。除此之外，政府还积极推动企业加大在研发方面的投入，并通过实施税收优惠、研发费用加计扣除等政策措施，有效降低企业的创新成本。这些财政支持政策为科研创新工作提供了坚实的经济保障，确保了科研活动的顺利进行。

（二）人才与创新平台建设政策

科技创新的核心竞争力在于人才。北京市政府为吸引和培养高层次科技创新人才，制定并实施了一系列人才政策。这些政策包括高层次人才引进计划、青年英才培养计划等，旨在为科研创新人才提供优厚的待遇和广阔的发展空间。此外，政府还致力于支持科研团队建设，鼓励与国内外优秀人才开展合作创新，从而为科研创新提供强大的人力资源支持。北京市政府还积极推动创新平台建设，为科研创新提供必要的基础设施保障。政府支持建设各类重点实验室、工程技术研究中心等，旨在强化企业、高校、科研机构等的产学研合作，提升科研创新能力。这些创新平台建设政策为科研创新提供了强大的基础设施支持。

（三）科技成果转化与知识产权保护政策

为推动科技成果转化为现实生产力，北京市政府制定并实施了系列政策措施。包括鼓励产学研合作，通过科技成果转化基金、激励政策等手段，加快科技成果产业化进程。此外，市政府还为科技成果转化提供创新合作平台。这些政策为科研人员提供了更广阔的发展机遇。在知识产权保护方面，北京市政府同样给予了高度重视。通过制定相关法律法规和政策措施，加强了知识产权的执法监管，坚决打击了侵权盗版行为，有力保护了创新者的合法权益。同时，市政府还为知识产权的申请、维权和运营提供了全方位的服务和支持。这些保护措施不仅提高了科研创新的积极性，还有助于营造公平竞争的创新环境。

四 2023年北京国际科技创新中心建设的主要成效

（一）北京政策环境优化成果显著

北京在科技创新政策方面取得了显著成果。政府出台了一系列有针对性的政策，并注重落地实施，确保政策红利惠及创新主体。同时，政策制定过程中充分听取各方意见，增强了政策的针对性和有效性。北京市政府高度重视科技创新，将其作为推动经济社会发展的重要引擎。在财政支持方面，政府设立专项资金支持高新技术企业发展，并推出税收优惠政策降低企业负担。此外，政府还构建多元化的科技创新投融资体系，引导社会资本进入科技创新领域。在人才引进和培养方面，政府出台政策吸引高层次人才，鼓励高校、科研院所与企业开展产学研合作，促进科技成果转化。这些举措为创新主体提供了广阔的发展空间和有力的人才支撑。北京市政府在科技创新政策方面的显著成效为未来发展奠定了基础。政府将继续加大政策支持力度，优化创新环境，推动科技创新迈向更高水平，提升我国在全球科技竞争中的地位，为经济社会发展注入强大动力。

（二）国际科技创新能力逐步提升

北京作为国际科技创新中心，积极推动科技与经济的融合。通过平台、孵化等多元化模式鼓励创新思维和创业精神，并加强知识产权保护。同时，通过构建多元化的人才培养体系，吸引全球高端人才，与高校、研究机构和企业建立紧密合作，推动科技成果转化，优化创新创业环境等一系列具体措施推动发展。这些措施使我国科技创新事业取得显著成就，为经济社会发展注入强大动力。未来，北京作为科技创新中心将继续深化改革，创新发展模式，加强国际合作，整合创新资源，为我国成为科技强国贡献力量。

五 2024年北京科技创新中心建设形势分析

（一）北京未来挑战与机遇并存

未来，北京建设国际科技创新中心可能面临国外技术封锁与人才流失等多重挑战，内部创新能力不足和创新生态体系尚未完善等问题也会逐步凸显。近年来，部分国家对我国实施了技术封锁，导致我国在某些关键技术领域受制于人。同时，全球竞争也加剧了我国科技创新人才流失，这也会对北京国际科技创新中心建设产生一定影响。在国内竞争中，北京国际科技创新中心面临创新能力不足和创新生态体系尚未完善等问题。尽管我国在科技创新方面已取得了显著成果，但与全球一流的科技创新中心相比，在基础研究、原始创新等方面仍有较大的差距。此外，创新生态体系的政策环境、金融支持和创新创业氛围仍需进一步加强完善。

与此同时，北京国际科技创新中心建设也迎来了新的发展机遇。首先，国家对于科技创新的高度重视为北京提供了强有力的支持。近年来，国家在科技创新的投入和支持力度上不断加大，为科技创新中心的建设提供了坚实的保障。全球科技发展趋势的变化也为北京国际科技创新中心带来了新的发展契机。随着人工智能、大数据、生物科技等新兴科技的快速发展，北京国际科技创新中心有望在这些领域实现突破，进一步提升北京的国际竞争力。此外，我国在科技创新领域的国际合作日益深化，为北京国际科技创新中心带来了全球资源。通过加强国际科技合作，北京国际科技创新中心可以引进国外的先进技术、人才和理念，从而进一步提升其创新能力。

北京将围绕国家科技战略，进一步优化科技基础设施布局，提升科研平台能力，加强产学研合作，培育新兴产业，打造国际一流的科技创新中心。面对国际科技创新竞争日益激烈的现状，北京科技创新中心需要加大投入，加快基础设施建设，提升科研水平；同时，加强人才队伍建设，优化创新生态环境，提高科技成果转化效率，推动经济社会高质量发展。

北京国际科技创新中心既面临挑战，也充满发展机遇。科技创新企业应抓住机遇，积极应对挑战，并不断提升自身的创新能力，才能使北京国际科技创新中心迎来更高质量发展。为此，相关部门需要进一步完善创新政策体系，加大投入力度，优化创新生态环境，激发人才创新活力，同时积极参与国际合作，推动北京国际科技创新中心建设不断取得新的突破。

（二）强化国家战略科技力量

应持续强化对北京国际科技创新中心建设的支持力度，以北京科技创新中心为突破口提高我国在全球科技领域中的竞争力。同时，深化与国家实验室、科研机构等的官产学研深度融合，合力构建坚实的国家科技战略力量。此外，为推动官产学研的深度融合，政府鼓励企业成为科技创新的主体，加快科技成果的转化应用，为我国经济的持续发展注入强大动力。为实现上述战略目标，北京市计划采取多项措施加大对科技创新政策的支持力度，包括优化创新生态环境，加强人才引进和培养工作，推动国际交流与合作。通过这些举措，北京国际科技创新中心将持续壮大，为我国科技创新事业作出积极贡献。优化创新生态环境对于促进科技创新至关重要。此外，加强人才引进和培养也是提升科技创新能力的有效路径。北京将紧密围绕国家战略需求，积极引进全球顶尖的科研人才，为我国科技创新提供坚实的智力保障。

北京将进一步加强优秀科技人才培养。加快提升高等教育质量，培育一批具备国际竞争力的科技创新领军人才。促进产学研深度融合，推动科技成果转化。鼓励企业与高校、科研机构携手合作，共同进行技术研发，攻克关键核心技术。通过构建科技成果转化激励机制，提升科技成果转化效能，促进产业优化升级，为我国经济高质量发展注入强劲活力。

（三）深化首都科技体制改革

北京市在推动科技体制改革方面，应致力于简化科研项目的申报与经费管理流程，进一步赋予创新主体更大的自主权，并促进科技创新绩效考核评价体系的建立与完善。为了提升科技成果的转化效率，北京将采取多项措施，包括提高披露效率、优化服务流程以及加强政策支持等，以构建一个高效、顺畅的科技成果转化体系，促进科技创新与产业发展的深度融合。同时，北京还将注重实践成果和创新价值的实现，引导科研人员追求卓越，以提升科技创新的整体水平。这些改革举措将有效激发科技创新活力，推动科技事业的蓬勃发展，为北京市经济的高质量发展提供坚实的支撑。

（四）强化国际合作与交流

北京作为国际科技创新中心应继续加强与世界各国和地区的科技合作与交流，共同应对全球性挑战。北京国际科技创新中心加强与全球科技合作，应对全球性挑战，积极参与国际科学与工程计划，提升经验与阅历。吸引海外人才回国，注入创新活力。搭建平台，提供人才支撑，推动科技事业迈向更高水平。

（五）持续打造创新创业高地

为了推动先端科技型企业的发展，北京应进一步加强对初创企业和创新型企业的扶持力度，致力于优化创新创业服务体系，提升其服务质量和效率，以满足创新创业者的需求。通过重视创新创业人才的培养，努力打造一支具备高素质的创新创业人才队伍。未来战略目标是把北京国际科技创新中心打造成为全球领先的创新创业高地。优化创新创业服务体系是实现这一目标的关键所在。同时，搭建多元化的创新创业平台也是至关重要的举措。政府应大力支持各类创新创业大赛、创新创业论坛、创新创业园区等活动，为创新创业者提供交流、合作、展示的平台。通过这些平台，创新创业者将更加便捷地获取资源、拓展人脉，从而提升创新创业项目的成功率。强化科技创新与产业发展的深度融合，推动科技成果转化。政府鼓励高校、科研院所与企业开展产学研合作，以市场需求为导向，促进科技成果转化为现实生产力。加大对高新技术企业的支持力度，培育新兴产业，推动传统产业转型升级。

参考文献

关成华：《全球科技创新变革下北京建设国际科技创新中心的使命与未来》，《科技导报》2021 年第 21 期。

王艳辉、伊彤、陈海燕：《中国三大国际科技创新中心建设比较研究》，《中国科技论坛》2022 年第 8 期。

喻中：《北京市国际科技创新中心立法的若干问题》，《北京社会科学》2023 年第 6 期。

杨一帆、潘君豪：《全球科技创新中心构型规律与演化机制研究》，《科技进步与政策》2023 年 12 月。

2023~2024年北京经济发展形势与展望

侯昱薇*

摘　要：面对复杂严峻的国际环境，在国内加快推动新旧动能转换背景下，2023年，北京地区生产总值同比增长5.2%，经济强劲恢复，首都高质量发展取得新成效。2024年，北京经济发展仍面临外部经济下行压力增大、有效需求不足、新动能发展缓慢等问题。应进一步激发市场活力，推动消费加快复苏；加快产业结构升级，激发经济发展新动能；持续推动科技创新，融合创新链供应链产业链；优化投融资结构，服务实体经济。

关键词：北京经济　首都高质量发展　新旧动能转换

一　北京经济发展背景分析

2023年，受全球政治格局变化、全球产业链布局调整、全球金融政策收紧等各种因素交织影响，国际经济复苏面临较大压力；2024年，随着美国、中国以及部分新兴市场和发展中经济体展现出超预期的经济韧性，全球经济预计迎来平稳增长。中国经济目前处于新旧动能转换加

---

* 侯昱薇，经济学博士，北京市社会科学院市情研究所助理研究员。

速时期、经济结构优化关键时期、金融风险化解攻坚时期，改革开放将实现新突破，中国经济预计呈现螺旋式上升趋势，具有一定曲折性和波动性。在此国际国内大背景下，北京作为大国首都，经济发展稳中向好。

（一）全球经济形势

2023年全球经济处于动荡和变革时期。一方面，全球贸易格局变化和地缘冲突加剧，加深了世界经济运行风险和不确定性；另一方面，区域分化程度上升，各国政策协调风险加大。

受新冠疫情、俄乌冲突、巴以冲突影响，全球经济的不确定性进一步加强，某些区域贸易规则或机制逐渐保守和封闭，显现出"抱团""排外"的特点，全球经济一体化进程减速甚至逆转。如2023年初，美、日签署《日本政府与美国政府关于加强关键矿产供应链的协议》，对锂、石墨、镍、钴、锰等电动汽车电池生产方面的重要矿物相互不征收出口关税、不施加进出口禁令或限制，并强调双方将就影响全球相关矿产供应链的第三国"非市场化"行为进行磋商和沟通，协助对方对外国投资的境内相关矿产进行审查。[1] 这一协议明显背离多边贸易规则精神，阻碍正常的国际贸易往来。2023年，各国逐渐加强对经济安全的重视程度。以欧美为首的发达经济体提出经济"去风险"概念，宣称要提升自身经济韧性，需要尽可能降低产业链供应链对单一国家的依赖，寻求供应链的"多元化"，全球供应链产业链格局面临深度调整。然而，其出台的"降风险"政策实质上是演化升级的针对非西方阵营发展中国家的"封锁"，过度强调此类"去风险"只会阻碍全球经济发展。[2]

---

[1] Office of the United States Trade Representative: *United States and Japan Sign Critical Minerals Agreement*, https://ustr.gov/about-us/policy-offices/press-office/press-releases/2023/march/united-states-and-japan-sign-critical-minerals-agreement, 2023.

[2] 张宇燕、徐秀军：《2023～2024年世界经济形势分析与展望》，《当代世界》2024年第1期。

（二）中国经济发展

1. 经济增长恢复期

2023年，中国GDP同比增长5.2%，增速比2022年上升2.2个百分点，明显高于上年同期增速。其中，第一产业增加值同比增长4.1%，贡献率为5.9%；第二产业增加值同比增长4.7%，贡献率为33.9%；第三产业增加值同比增长5.8%，贡献率为60.2%。[①] 建筑业，批发和零售业，交通运输、仓储和邮政业，住宿和餐饮业，金融业恢复较快，其中，住宿和餐饮业增加值指数高达114.5（见表1）。国内消费需求逐步恢复，内需消费已成为主导需求结构的重要部分，最终消费支出拉动GDP增长4.3个百分点，贡献率高达82.5%，在国际环境不确定性增强的前提下，内需消费有力弥补了外需疲软的情况。[②] 同时，消费结构不断升级，服务消费逐渐成为国内消费的主要需求。2023年全年，服务零售额同比增长20%，全体居民人均服务性消费支出12114元，同比增长14.4%，占人均消费支出的45.2%。其中，餐饮、文化、旅游等服务消费势头强劲，全年餐饮收入同比增长20.4%，规模以上文化及相关企业营业收入同比增长8.2%，全年铁路旅客运输总量同比增长130.4%。实物商品网上消费增长强劲，全年实物商品网上零售额同比增长8.4%，占社会消费品零售总额的27.6%。[③]

表1　2023年和2022年分行业增加值指数（上年＝100）

年份	农林牧渔业	工业	建筑业	批发和零售业	交通运输、仓储和邮政业	住宿和餐饮业	金融业	房地产业	其他行业
2023	104.2	104.2	107.1	106.2	108.0	114.5	106.8	98.7	106.3
2022	104.4	102.7	102.9	102.5	100.7	97.2	103.1	96.1	105.8

资料来源：国家统计局。

① 国家统计局。
② 国家统计局。
③ 《中华人民共和国2023年国民经济和社会发展统计公报》。

2. 经济结构优化提升

2023 年，全国经济逐步恢复的同时，产业结构不断优化、新旧动能转换不断加速，经济高质量发展迈向新征程。在供给侧结构性改革方面，不断践行绿色、可持续发展理念，新动能培育势头良好。根据《中华人民共和国 2023 年国民经济和社会发展统计公报》，全年规模以上装备制造业增加值占规模以上工业增加值的 33.6%，同比增长 6.8%；规模以上高技术制造业增加值占规模以上工业增加值的 15.7%，同比增长 2.7%；规模以上战略性新兴服务业企业营业收入同比增长 7.7%。绿色能源、新材料产品产量增速较高，全年新能源汽车产量同比增长 30.3%，太阳能（光伏）电池产量同比增长 54%，服务机器人产量同比增长 23.3%，3D 打印设备产量同比增长 36.2%。投资结构逐步优化，在投资整体降温的同时，向高端、绿色方面转化，高技术产业投资保持高增长，同比增长 10.3%，制造业技术改造投资同比增长 3.8%。能源结构不断向绿色低碳方向转变，并网太阳能、风能发电装机容量增长迅猛，达 105083 万千瓦，其中并网太阳能发电装机容量同比增长 55.2%。[①] 全国水电、核电、并网风电、并网太阳能发电合计装机容量已超过火电装机容量，是双碳目标实现道路上的重要标志。

二　2023年北京经济运行状况

北京在以习近平同志为核心的党中央坚强领导下，坚持习近平新时代中国特色社会主义思想，全面贯彻党的二十大精神和二十届二中全会精神，深入贯彻落实习近平总书记对北京一系列重要讲话精神，以新时代首都发展为统领，深化"五子"联动服务，融入新发展格局，着力"提信心、强创新、优功能、促协同、抓治理、惠民生"，实现首都经

---

① 《中华人民共和国 2023 年国民经济和社会发展统计公报》。

济强劲恢复，首都高质量发展取得新成效。

2023 年，北京实现地区生产总值 43760.7 亿元，同比增长 5.2%。其中，第一产业增加值为 105.5 亿元，同比减少 4.6%；第二产业增加值为 6525.6 亿元，同比增长 0.6%；第三产业恢复明显，增加值为 37129.6 亿元，同比增加 6.1%，占全市地区生产总值的 84.84%。在第三产业中，住宿和餐饮业以及交通运输、仓储和邮政业增加值增速最快，增速分别为 21.1% 和 20.3%，其次是信息传输、软件和信息技术服务业，同比增长 13.5%。信息传输、软件和信息技术服务业以及金融业的增加值贡献率最高，分别占全市地区生产总值的 19.46% 和 19.80%。[①] 2023 年北京分行业增加值指数（上年＝100）如图 1 所示。

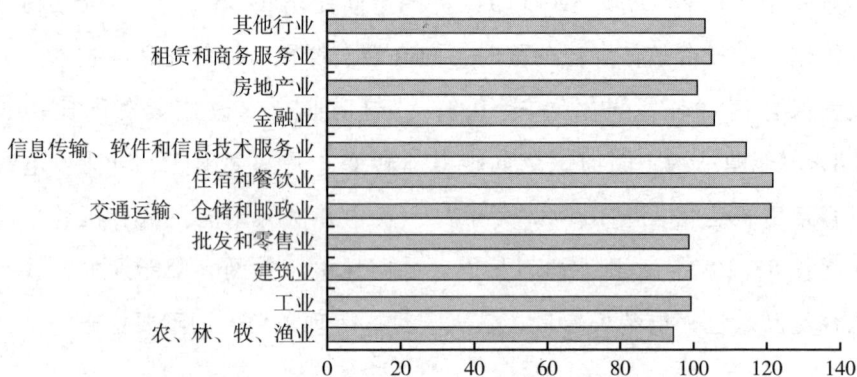

图 1　2023 年北京分行业增加值指数（上年＝100）

（一）消费持续恢复，服务业发展势头良好

北京市消费水平持续恢复，2023 年，北京社会消费品零售总额较 2019 年增长 17.87%，全年社会消费品零售总额为 1.45 万亿元，同比增长 4.8%。[②] 受到消费者收入预期价格低等因素制约，增速较全国平

---

① 北京市统计局。
② 北京市统计局。

均水平（7.2%）低 2.4 个百分点。北京社会消费品零售总额低于广东（4.75 万亿元，增速 5.8%）、江苏（4.55 万亿元，增速 6.5%）、上海（1.85 万亿元，增速 12.6%）等地区水平，高于深圳（1.05 万亿元，增速 7.8%）等地区水平。①

2023 年，北京规模以上服务业企业营收稳定增长，比 2022 年同比增长 2.0%，企业利润总额同比增长 5.0%。其中，交通运输、仓储和邮政业营收同比增长 16.5%，利润总额同比增长 324.8%；住宿和餐饮业营收同比增长 55.3%，利润总额同比增长 489.8%。表明物流、人流往来频繁，社会经济活力正在稳定恢复。居民服务、修理和其他服务业营收推广同比增长 10.4%，利润总额同比增长 146.3%，表明居民更加关注生活质量提升。②

（二）投资稳中求质

2023 年，北京固定资产投资总额（不含农户）同比增长 4.9%，较 2022 年增速（3.6%）上升 1.3 个百分点。其中农、林、牧、渔业，采矿业，制造业，金融业固定资产投资分别同比下降 43.5%、30.8%、1.6%、48.9%；信息传输、软件和信息技术服务业，交通运输、仓储和邮政业分别同比增长 47.1% 和 10.1%，投资结构偏向科技创新、城市服务等方面。国有内资固定资产投资同比下降 17.3%，较上年降低 12.4 个百分点；非国有内资固定资产投资同比增长 10.1%，较上年上升 5.4 个百分点；外商及港澳台投资同比增长 29.7%，较上年上升 4.3 个百分点，表明外商对北京经济增长预期较好。③

---

① 《中华人民共和国 2023 年国民经济和社会发展统计公报》、各地区统计局。
② 北京市统计局。
③ 北京市统计局。

（三）贸易总量稳定增长

2023 年，北京地区进出口总额为 3.65 万亿元，同比增长 0.3%，高于全国水平 0.1 个百分点。从规模上看，2023 年各季度进出口总额较 2021 年和 2019 年同期均增长超过约 20%（见图 2）。从产品结构看，高新技术产品进口显著增加。北京 2023 年高新技术产品进口达 3412.8 亿元，同比增长 27%，首次突破 3000 亿元；集成电路、集成电路制造设备、医药材及药品、航空器零配件进口规模均创新高。这不仅表明北京产业发展已瞄准创新链产业链发展的制高点，更表明北京在构建现代化产业体系中取得一定突破。

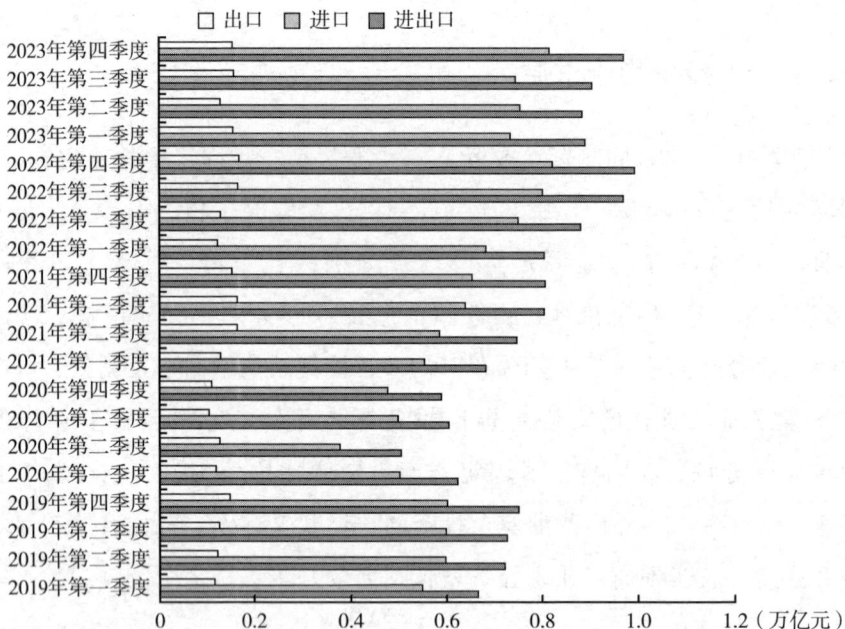

图 2　2019~2023 年北京地区进出口商品总值各季度数据

资料来源：作者根据中华人民共和国北京海关统计数据自行计算得到。

三 2024年推动北京经济高质量发展的展望

（一）北京经济发展面临的挑战

第一，外部环境复杂性和严峻性仍在上升。2024 年，全球经济运行风险仍在不断累积和加大，首都经济发展所面临的外部环境越发复杂且严峻。一是持续不断的冲突和地缘政治紧张可能诱发新的风险，严重降低消费者和投资者预期，对全球经济复苏带来了诸多不利的影响。二是世界经济下行压力仍不断增大。世界经济活动虽在逐步恢复，但经济增长仍然缓慢且严重不均衡，地区分化趋势日益扩大。国际货币基金组织（IMF）和经合组织（OECD）相继下调了对 2024 年全球 GDP 增长的预期。IMF 将增长预期下调 0.1 个百分点至 2.9%，而 OECD 则将增长预期下调 0.2 个百分点至 2.7%。[①] 这一数字虽看似微小，但足以反映全球经济复苏的乏力与脆弱。三是以美为首的西方国家对于中国科技产业的打压和遏制不断升级。日本和荷兰分别于 2023 年 7 月底和 9 月初实施了半导体设备出口管制措施。而美国则在 2023 年 10 月 6 日再次将 42 家中国企业列入出口管制"实体清单"。[②]

第二，需求不振问题尚未有效缓解。2023 年第二季度起，北京市消费者预期指数持续降低，由第一季度末的 118 下降至第四季度末的 109.8。[③] 虽然指数仍处于强信心区，但对就业和家庭收入状况的预期下降，势必会影响到居民的消费意愿以及消费需求，消费者偏好也会更

---

① IMF, "World Economic Outlook Update: Moderating Inflation and Steady Growth Open Path to Soft Landing," Washington, 2024; OECD, "OECD Economic Outlook, Interim Report February 2024: Strengthening the Foundations for Growth," Paris, 2024.

② Department of Commerce, "Addition of Entities to the Entity List," https://www.federalregister.gov/documents/2023/10/11/2023-22536/addition-of-entities-to-the-entity-list, 2023.

③ 北京市统计局。

加谨慎。同时，投资对需求的支撑力量也有待增强。具体来看，北京制造业投资已连续 5 个月出现回落，这显示出制造业投资的增长动力正在减弱。房地产市场信心尚未恢复，不足以拉动需求。虽然"认房不认贷"政策在一定程度上对市场信心有所提振，但其可持续性以及实际效果仍需进一步观察。目前，购房者普遍存在"等价格下跌，等新政出台"的心理预期，这也使房地产市场的复苏进程更加复杂和艰难。

第三，经济增长动能仍然不足。由于市场需求不足以及外部环境的不利影响，电子及通信设备制造、医疗仪器设备制造等高技术制造业的增长势头受到了严重制约，北京高技术制造业利润总额连续 2 年出现下降。从企业层面看，生产经营面临成本上升（交易成本占多数）、利润降低的困难。2023 年，北京规模以上工业企业营业成本同比增长 4.8%，营业收入同比增长 3.6%，其中，高技术制造业营业收入为 0.78 万亿元，同比增长 1.3%，约占全市规模以上工业企业营业收入的 28%。然而，规模以上工业企业利润总额同比下降 12.9%，其中，高技术制造业利润总额同比下降 40.5%，约占全市规模以上工业企业利润总额的 26.3%，利润占比较 2022 年下降约 13 个百分点。[1] 这可能是由于应收账款回款周期普遍延长，不仅影响了企业的资金流转效率，也增加了企业的经营风险和财务成本。

（二）北京经济发展机遇

第一，颠覆性技术推动数字经济深入发展。随着科技飞速发展，首都经济正迎来前所未有的发展机遇。2024 年，一系列颠覆性技术，如更为先进的生成式人工智能 Sora、脑机接口以及 6G 网络等，将深度融入首都数字经济发展中。随着这些颠覆性技术的不断成熟和应用场景的拓展，北京可依托自身高水平的科技创新和数字经济基础，深入挖掘消

① 北京市统计局。

费者潜在需求，在这一领域形成新的产业优势，切实推动北京数字经济向高质量、多样化发展，为首都经济的创新转型注入强劲动力。在文化创意产业领域，Sora 可以助力设计师、艺术家等创作者突破创作瓶颈，实现个性化、定制化的内容输出；在客户服务、教育培训等领域，Sora 也将通过智能问答、虚拟教师等方式，提升服务质量和效率。在医疗健康领域，脑机接口技术将帮助残疾人恢复部分身体功能，提高生活质量；在教育培训领域，脑机接口技术将实现更加精准的学习状态监测和个性化教学方案的制定；在智能制造领域，脑机接口可以促进控制流程智能化，提升生产信息流动速度；在社区服务领域，脑机接口将大幅提高社区治理水平，改善居家生活体验。在智能交通领域，6G 网络将实现车与车、车与路、车与云之间的实时信息交互，提升道路安全性和通行效率；在智慧城市领域，6G 网络将助力实现城市管理的智能化和精细化。

第二，"一带一路"倡议持续提供动力。"一带一路"倡议通过增进国家间经贸合作，促进了贸易畅通。北京充分发挥自身区位优势和产业基础优势，积极参与国际贸易活动，着力推动了与共建国家进出口贸易增长。2023 年，北京进出口总额为 3.65 万亿元，同比增长 0.3%，高于全国增速 0.1 个百分点，占全国进出口总额的 8.7%。其中，北京与共建"一带一路"国家进出口总额达 1.92 万亿元，占地区外贸总额的 52.7%。同时，北京还积极推进跨境电商等新型贸易方式的发展，拓宽了外贸渠道，实现国内外市场的深度融合。2023 年，中国（北京）自由贸易试验区进出口总额为 4624.3 亿元，同比增长 2.7%，高于地区增速 2.4 个百分点，占地区进出口总额的 12.7%；天竺综保区进出口总额为 1228.3 亿元，同比增长 41%，首次突破千亿元大关，获评全国综合保税区发展绩效 A 类综保区。[①] 这一过程中，北京企业积极参与国际

---

① 《2023 年北京地区进出口 3.65 万亿元　外贸规模连续 3 年突破 3 万亿元》，http：//beijing. customs. gov. cn/beijing＿customs/434766/434767/5646963/index. html，2024 年 1 月 24 日。

分工，提高了其在全球价值链中的地位，为首都经济发展带来了巨大的机遇。"一带一路"倡议鼓励各国开展互利共赢的投资合作，推动形成全面开放新格局。北京充分发挥投资环境优越、政策制度健全的优势，依托亚投行、服贸会、中关村论坛等投资交流平台，吸引大量外资流入，跨国公司纷纷布局中国市场，推动了首都经济的国际化进程。2023年通过中关村论坛和服贸会期间举办的投资北京全球峰会，共签约重大项目90个，涉及金额达1653.5亿元。① 同时，北京还积极参与和融入共建"一带一路"国家的产能合作，促进了产业链协同发展。这些投资合作不仅扩大了北京的经济总量，也优化了北京的产业结构，为首都经济发展提供了强大的支撑。

（三）北京经济发展着力点

1. 进一步激发市场活力，推动消费加快复苏

第一，持续丰富促消费政策，带动市场活力提升。通过重大活动节点或节假日，如全国消费促进月、国际劳动节、中秋节等举办主题消费节，包括民俗、国货、时尚、家居、演出、体育赛事、智能产品等，统筹首都文化、科技、商业、旅游、"双奥"资源，加强商旅文体健深度融合。对重点品类商品如绿色家电、新能源汽车、改善性住房等实施持续性消费补贴政策；坚持商圈多样化、差异化发展，优化便利店、连锁店网点布局；保持餐饮业发展势头，增加市民生活"烟火气"。

第二，深化"放管服"改革，清理不合时宜的行政许可事项。在首都高质量发展时代背景下，必须坚定不移地推进"放管服"改革，以更大力度简政放权，进一步释放市场活力和社会创造力。从实际出发，深入清理不合时宜的行政许可事项，充分发挥市场在资源配置中的

---

① 《北京加快形成新质生产力》，https://jrj.beijing.gov.cn/ztzl/sdjrlqjs/xwzx/202402/t20240219_3564958.html，2024年2月19日。

决定性作用。减少不必要的行政干预，降低交易成本，为企业和群众提供更加便捷、高效的服务，推动形成公平竞争的市场环境。

第三，加强产权保护，营造良好的市场环境。产权是市场经济的基石，加强产权保护是维护市场公平竞争的关键。要建立健全适应首都发展需要的产权保护制度，加大对侵犯知识产权等违法行为的打击力度，为创新创业者提供有力的法治保障，为大力发展数字消费、信息消费和知识消费打下坚实基础。同时，还要积极营造良好的市场环境，推动形成尊崇创新、诚信守法、公平竞争的良好氛围，让各类市场主体在法治轨道上公平竞争、共同发展。

第四，完善市场监管体系，规范市场秩序。市场监管是维护市场秩序、保障公平竞争的重要手段。要进一步完善市场监管体系，加强事中事后监管，确保各项法律法规得到有效执行。通过强化监管执法力度，加大对违法违规行为的惩处力度，形成对不法行为的强大震慑力。推动监管方式创新，运用大数据、云计算等现代信息技术手段，提高监管效率和精准度，确保市场秩序规范有序。

第五，支持中小企业发展，壮大市场主体队伍。中小企业既是市场的主体力量，也是推动经济发展的重要引擎。应加大对中小企业的支持力度，通过落实减税降费政策、优化融资环境、加强人才培养等措施，帮助中小企业解决发展中遇到的困难和问题。同时，还要积极搭建市区街道乡镇三级中小企业服务平台，提供政策咨询、市场拓展等全方位服务，促进中小企业健康快速发展。

第六，培育新型市场主体，激发市场活力。在首都经济高质量发展阶段，要注重培育新型市场主体，包括新兴产业企业、创新型企业等。通过提供政策支持、加强创新创业服务等方式，鼓励企业大胆创新、勇攀高峰。同时，还要积极构建开放型经济新体制，吸引更多外资和先进技术进入北京市场，推动形成多元化、国际化的市场主体格局，进一步激发市场活力。

2.加快产业结构升级，激发经济发展新动能

第一，以新质生产力建设为抓手构建现代化产业体系。应加大原创性技术研发力度，不断提升产业体系的创新能力和技术水平，推动产业结构优化升级。在这一过程中，注重发挥企业的主体作用，激发市场活力和社会创造力，形成以创新为主要支撑的首都现代化产业体系。

第二，推动集成电路、生物医药等战略性新兴产业高质量发展。加大多元要素投入，提升自主创新能力，突破关键技术瓶颈，打造具有国际竞争力的集成电路产业集群。同时，加强生物医药创新研发，推动生物医药产业高端化、智能化发展，为人民群众提供更加安全、高效、便捷的医疗服务。

第三，积极培育量子信息、机器人等未来产业。这些产业具有广阔的市场前景和巨大的发展潜力，是引领未来科技发展的重要方向。应加强基础研究和应用研发，进一步扩展量子通信的应用场景，推动量子信息技术在实际生产中取得突破性进展。加大商用机器人技术研发和应用力度，提高生产效率和服务水平，推动北京机器人研发网络进一步完善，充分发挥首都地区创新优势。

第四，打造具有国际竞争力的数字产业集群。通过加强数字基础设施建设，提升数字技术应用水平，推动数字经济与实体经济深度融合，加快传统产业数字化转型，全面提升产业效率和服务水平，为城市发展注入新的活力。

第五，加强协同创新力度。应加强产学研用协同创新，推动科技创新与产业发展紧密结合，形成科技创新引领产业发展的新格局。同时，加强国际合作与交流，吸收借鉴国际先进经验和技术成果，推动科技创新和产业发展再上新台阶。通过协同创新，不断突破技术瓶颈，推动产业向高端化发展。

3.持续推动科技创新，融合创新链供应链产业链

第一，在集成电路领域，应大力推进重大项目，确保北京在光电集

成、芯粒技术等前沿领域取得更大突破。光电集成技术是未来信息技术的重要发展方向，具有极高的应用价值和市场前景。要加强自主研发力度，突破关键技术瓶颈，形成一批具有自主知识产权的核心技术和产品。芯粒技术作为集成电路领域的一项重要技术，对于提升芯片性能、降低成本具有重要意义。要加大投入、加强产学研合作，推动芯粒技术的研发和应用，保持北京在全国集成电路产业中的领先地位，提升北京在全球集成电路产业中的创新生态位。

第二，在生物医药领域，应注重原创新药和高端医疗器械的研发，培育生物制造等医药健康产业新增长点。原创新药是生物医药领域的核心竞争力，要加强基础研究和应用研究，推动原创新药研发上市。高端医疗器械的研发和应用也是提升医疗水平、改善民生的重要方面，要推动高端医疗器械的国产化替代和产业升级。生物制造作为一种新兴的产业模式，具有巨大发展潜力和市场前景。要积极培育生物制造等医药健康产业新"引擎"，推动北京生物医药产业快速发展。

第三，在新能源汽车领域，应推动产业高质量发展，积极布局电机、电池、电控、车规级芯片等关键零部件产业链。充分抓住时代机遇，加强技术创新和产业升级，提升新能源汽车性能和品质。固态电池、操控系统等关键部件的研发和生产是新能源汽车产业链的重要组成部分，要加强自主研发和产业链协同，确保关键配件的产业链供应链富有韧性，能够应对外界环境冲击。

第四，推进超高清视频全产业链优化升级，促进新能源、新材料、商业航天、低空经济等战略性新兴产业的发展。还要积极开辟量子、生命科学、6G等未来产业新赛道。这些领域是未来科技发展的重要方向，具有极高的创新性和产业颠覆性。要加强前沿技术的应用场景探索和应用示范工作，推动这些领域技术突破和产业化发展，为北京在数字产业竞争中赢得先机。

4.优化投融资结构，服务实体经济

第一，要统筹用好政府投资基金，支持重点改革发展任务落实落地。政府投资基金作为财政资金的有效补充，发挥杠杆效应和带动作用，引导更多社会资本投向符合首都功能定位和产业政策的重点领域。要加强对政府投资基金的统筹协调，构建绿色高技术产业投融资项目库，优化投资方向和结构，确保资金投向与北京市重大战略和重点任务紧密衔接。

第二，加快新型基础设施投资，推动5.5G网络、人工智能、大数据等新兴产业发展。新型基础设施是现代化经济体系的重要支撑，对于提升城市竞争力、促进产业升级具有重要意义。要加大投资力度，加快5.5G网络、数据中心等新型基础设施建设，为新兴产业发展提供坚实基础和设施保障。同时，要积极培育新兴产业集群，推动人工智能、大数据等技术与实体经济深度融合，打造具有国际竞争力的新兴产业集群。

第三，加大民生领域投资，着力解决好教育、医疗、养老等民生问题。民生是人民幸福之基、社会和谐之本。要坚持以人民为中心的发展思想，针对北京社会发展实际情况，切实加大民生领域投入力度，推动公共服务均等化、优质化。通过优化教育资源配置、深化医药卫生体制改革、完善养老服务体系等措施，让人民群众在共建共享中有更多获得感。

第四，创新投融资机制，鼓励社会资本参与重点项目建设。要充分发挥市场机制作用，创新投融资模式，激发社会投资活力。多渠道引导社会资本参与基础设施、公共服务等领域项目建设，形成多元化、可持续的投融资机制。同时，要加强项目策划和包装，提高项目吸引力和可行性，为社会资本提供更多投资机会。

第五，加强投融资监管，确保资金安全有效使用。要建立健全投融资监管体系，加强对政府投资基金、社会资本等投融资活动的监督管理。通过完善法规制度、强化风险评估和预警机制等措施，确保投融资活动合法合规、风险可控。同时，要加强对项目建设和运营情况的跟踪评估，确保投资效益和社会效益最大化。

参考文献

蔡昉、李雪松、陆旸：《中国经济将回归怎样的常态》，《中共中央党校（国家行政学院）学报》2023年第1期。

张宇燕、徐秀军：《2023~2024年世界经济形势分析与展望》，《当代世界》2024年第1期。

2023年北京市商务服务业现状
及未来五年发展预测

黄江松　郜泽玲[*]

摘　要：商务服务业是经济发展中的重要组成部分。截至 2023 年底，北京市商务服务业产值已达到 2710.0 亿元，在北京地区生产总值中的占比达 6.19%。本文从产值、营业收入、从业单位、从业人员、吸收外资规模和能源消费量六个方面对北京市商务服务业运行情况进行回顾，并运用灰色模型对该行业未来五年的发展趋势进行预测。北京市商务服务业自 2010 年以来经历了显著增长。然而，2020 年新冠疫情的暴发对行业造成了短期冲击，导致产值大幅下滑，但随后行业展现出快速恢复能力。区域发展明显不均衡，朝阳区以法人单位数和营业收入领先，而延庆区则相对滞后。商务服务业在就业吸纳方面表现强劲，但人均产值和工资水平相对较低。此外，行业对外资的吸引力不断增强，能源消费效率的提升和低碳环保能源使用的增加，进一步凸显了北京市商务服务业在可持续发展方面取得的进步。2024~2028 年，北京市商务服务业产值预测值分别为 2882.9 亿元、3008.6 亿元、3139.8 亿元、3276.6 亿元和 3419.4 亿元。未来五年，北京市商务服务业增长态势稳

---

[*]　黄江松，博士，北京市委党校社会学教研部教授；郜泽玲，北京市委党校国民经济学方向硕士研究生。

定，产值预计将以 4.46% 的平均增速持续增长。

关键词： 北京　商务服务业　灰色预测模型

商务服务业是现代服务业的重要组成部分。根据 2019 年修订的《国民经济行业分类》，商务服务业含九个中类，包括综合管理服务、组织管理服务、法律服务、咨询与调查、广告业、安全保护服务、会议展览及相关服务、人力资源服务和其他商务服务业。党的二十大指出，"要构建优质高效的服务业新体系，推动现代服务业同现代制造业、现代农业深度融合。"商务服务业的发展对第一、第二产业的转型升级具有很强的拉动作用。对于北京市来说，大力发展商务服务业将促进经济高质量发展。本报告从北京市商务服务业的各项指标数据着手，对北京市商务服务业发展状况及未来发展趋势进行研究分析。在我国《国民经济行业分类》中，租赁业和商务服务业为门类 L（71 租赁业，72 商务服务业）。地区统计数据往往将租赁业和商务服务业归为一大类进行统计，由于各项数据中租赁业占比极小，考虑到数据的可得性，本文使用大类数据对商务服务业进行研究分析。

一　2023年北京市商务服务业运行回顾

北京市作为我国的首都，优质企业资源和人力资源充足。近年来，国际化及区域合作的不断加深和营商环境的持续优化都为北京市商务服务业的发展创造了得天独厚的条件。本文从产值、营业收入、从业单位、从业人员、吸收外资规模和能源消费量六个方面对北京市商务服务业运行进行回顾。

（一）北京市商务服务业产值分析

北京市商务服务业发展总体呈良好态势。2010 年，北京市商务服务业产值突破千亿元大关，达到 1055.7 亿元。2016 年突破两千亿元大关，达到 2079.7 亿元。2023 年，北京市商务服务业生产总值达到 2710.0 亿元，创历史新高。2001~2023 年，北京市商务服务业产值增长了 18 倍多（见图 1）。

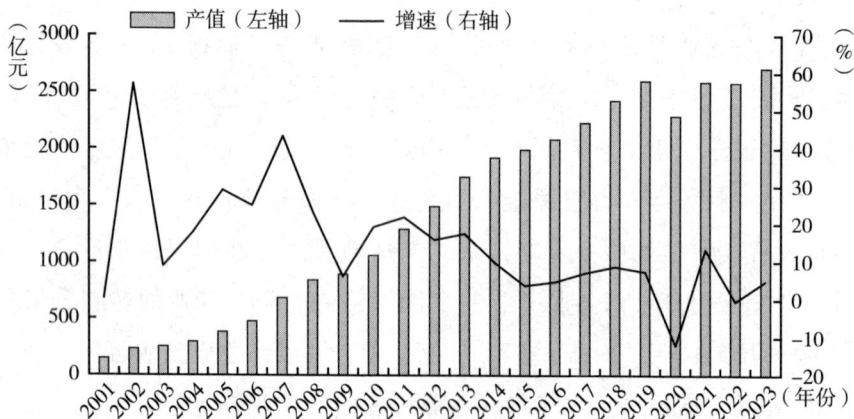

图 1 2001~2023 年北京商务服务业产值及其增速

资料来源：2001~2022 年数据来自《北京统计年鉴 2023》，2023 年数据来自北京市统计局官网。

北京市商务服务业受疫情冲击大。从产值方面看，新冠疫情期间，商务服务业产值出现断崖式下滑，下滑了 12.0%。随着疫情防控平稳转段，商务服务业产值逐步回升。根据最新数据，2023 年，商务服务业产值为 2710.0 亿元，已超越 2019 年 2599.3 亿元的水平。从增速方面看，2001~2009 年，商务服务业产值增速减缓，行业发展逐渐趋于稳定。2020年，商务服务业第一次出现增速为负的情况。与北京市地区生产总值增速比较，商务服务业呈现出受疫情影响大，恢复缓慢的特点。2018~2022年商务服务业产值对比上年的增速分别为 8.7%、7.4%、-12.0%、13.3%和-0.4%（见表 1）；同期北京市地区生产总值对比上年的增速分别为 10.8%、7.1%、1.4%、14.2%和 1.4%。

新冠疫情对商务服务业产生的冲击是多方面的。从供给侧看，疫情的冲击直接导致行业劳动力供给不足。疫情暴发后，人员流动受限，多数企业难以及时复工。延期复工期间仍需支出的租金与员工薪资增大了企业现金流的压力。勉强复工的企业则面临诸如员工居家办公效率低、项目流程推进难、企业防疫用品采购难等问题。北京市商务服务业中小微企业众多，生存压力大，危机抵抗力弱。从需求侧看，由于商务服务业属于生产性服务业，直接为企业经营提供服务。疫情期间，国内外企业客户需求大幅减少，订单流失量大；保留下来的订单则会经常出现客户需求变更的情况，从而影响商务服务业企业的正常经营。

表1 2001~2023年北京商务服务业产值与占比情况

单位：亿元，%

年份	商务服务业产值	占第三产业产值比重	占地区生产总值比重
2001	146.4	5.52	3.79
2002	230.1	7.17	5.08
2003	250.4	6.72	4.75
2004	294.6	6.71	4.71
2005	379.9	7.37	5.31
2006	474.4	7.62	5.66
2007	679.9	8.59	6.52
2008	836.1	9.11	7.08
2009	886.2	8.82	6.87
2010	1055.7	9.09	7.05
2011	1285.5	9.53	7.48
2012	1488.1	9.91	7.82
2013	1746.9	10.39	8.27
2014	1917.2	10.46	8.36
2015	1987.1	9.83	8.02
2016	2079.7	9.35	7.69
2017	2226.4	9.01	7.45
2018	2421.0	8.80	7.31
2019	2599.3	8.76	7.33
2020	2286.2	7.60	6.36
2021	2591.0	7.72	6.31
2022	2581.4	7.40	6.20
2023	2710.0	7.30	6.19

资料来源：2001~2022年数据来自《北京统计年鉴2023》，2023年数据来自北京市统计局官网。

2019~2023 年，商务服务业产值在北京地区生产总值的比重均大于6%（见图 2），这表明商务服务业在北京经济发展中具有重要地位，是北京的支柱产业之一。2022 年，北京的支柱产业除了商务服务业外，还有金融业，工业，批发和零售业，房地产业，科学研究和技术服务业，信息传输、软件和信息技术服务业。其中，房地产业产值占比与商务服务业相同，均为 6.2%。其余的支柱产业产值占比都比商务服务业高，金融业产值占比最高，达到了 19.7%。这表明商务服务业的产值占比虽然超过了 5%，达到了支柱产业的水平，但与其他支柱产业相比，优势不大。

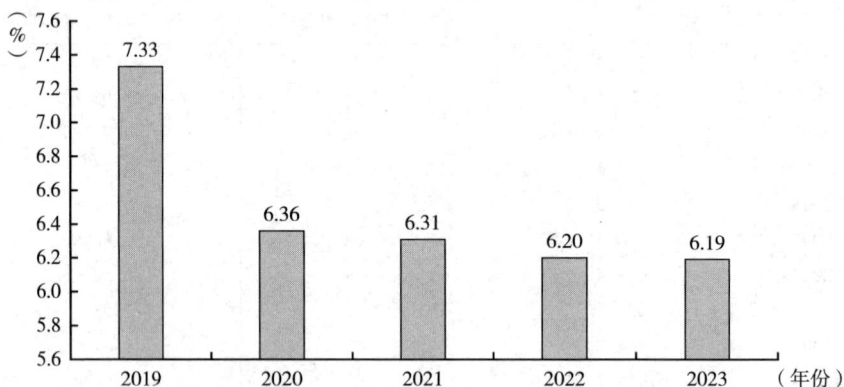

图 2　2019~2023 年北京商务服务业产值占地区生产总值的比重

资料来源：《北京统计年鉴 2023》，北京市统计局官网。

（二）北京市商务服务业营业收入分析

2018~2023 年，北京商务服务业营业收入波动较大。2020 年疫情暴发，商务服务业营业收入大幅度下滑。此后虽有反弹回升，但 2022年和 2023 年仍未达到疫情前 2019 年的水平（见图 3）。

2023 年，北京市商务服务业各板块中，广告业营业收入排名第一，为 3024.0 亿元，占商务服务业营业收入的 31.8%（见表 2）。相较于其

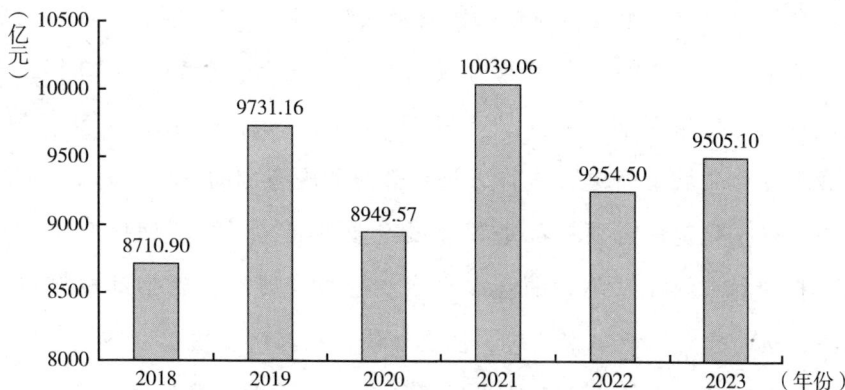

图3 2018~2023年北京商务服务业营业收入

资料来源：北京市统计局官网。

他板块，广告业推广线上业务的可能性更高，包括电视广告、互联网广告等，这使该板块能够借力当下的数字经济热潮。广告业也确实积极推进其数字化进程，推动元宇宙广告的发展。2022年1月16日，中国广告协会数字元宇宙工作委员会成立。数字经济、元宇宙概念促进了广告业技术革新，搭建出广告营销活动的新场景，为整个行业提供了更广阔的价值增量空间。

表2 2023年北京商务服务业各板块营业收入

单位：亿元

板块	营业收入
组织管理服务	2160.1
综合管理服务	257.6
法律服务	314.6
咨询与调查	1342.1
广告业	3024.0
安全保护服务	369.3
会议、展览及相关服务	232.5
旅行社及相关服务	385.6

资料来源：北京市统计局官网。

会展板块收入距疫情前水平仍有极大的差距。疫情前，会议、展览及相关服务（以下简称会展业）收入有明显的上升趋势。2020 年，会展业收入受疫情影响，断崖式下跌至 143.9 亿元，同比下滑 58.34%。会展服务有"城市面包"之称，是首都商务服务业的重要一环。"四个中心"的文化定位需要首都重视会展产业发展，围绕"两区""三平台"打造其有国际竞争力的会展平台。举办会展将辐射带动配套产业链条，从而放大产业集聚效应，切实加快首都经济高质量发展。会展业的国际化有助于改善北京市外资投资环境，进一步推进北京市经济发展与国际接轨，推动北京市经济的高质量发展。2021 年会展业的会议收入中，国际会议的收入为 4.2 亿元，国际展览的收入为 9.8 亿元。相比2020 年分别同比增长 72.4% 和 25.7%。2022 年，国际会展、国际展览收入下滑，但也保持着相对稳定的国际化水平。国际会议收入为 2021年的 91.4%，国际展览收入为 2021 年的 59.5%。2023 年，随着疫情防控平稳转段，会展业营业收入迅速反弹，回升至 232.5 亿元，同比增长42.03%，但与 2019 年会展业营业收入水平仍有一定差距（见图 4）。

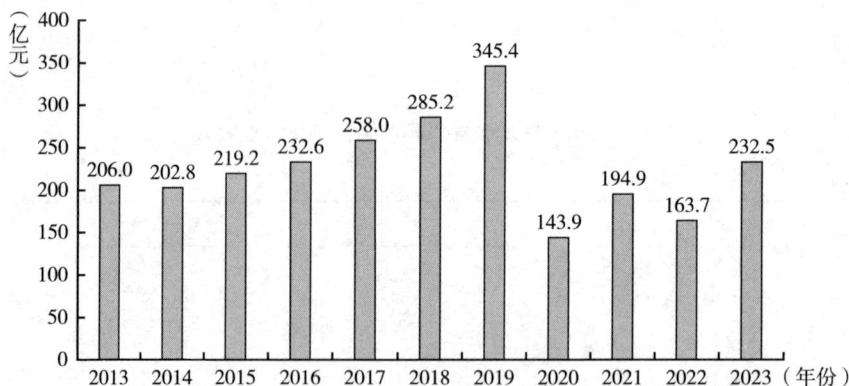

图 4 2013~2023 年北京会展业营业收入

资料来源：2013~2022 年数据来自《北京统计年鉴 2023》，2023 年数据来自北京市统计局官网。

具体到各区，商务服务业发展存在较大差异。朝阳区发展程度遥遥领先，商务服务业法人单位数排名第一，有 51586 个，远超第二名海淀区的 27757 个，延庆区最少，仅有 1952 个。朝阳区营业收入也位列第一，达到 5168.8 亿元，在全市的占比超过 40%。海淀区营业收入为 2018.6 亿元，占比为 16.8%，位列第二。而营业收入排末位的区域占比极小，延庆区营业收入占比只有 0.15%，区域发展差异巨大。

法人单位数较高而营业收入却较低的区有丰台区和怀柔区。丰台区法人单位数达到了 13301 个，但营业收入只有 456.4 亿元；怀柔区法人单位数达到了 9503 个，但营业收入只有 125.4 亿元。西城区法人单位的平均营业收入高，法人单位数为 9217 个，营业收入为 1181.3 亿元，是营业收入突破千亿元的区域中唯一法人单位数未超 10000 个的区（见表 3）。

表 3 2018 年第四次经济普查中北京各区商务服务业法人单位数和营业收入

单位：个，亿元

区域	法人单位数	营业收入
朝阳区	51586	5168.8
海淀区	27757	2018.6
东城区	10005	1435.7
西城区	9217	1181.3
丰台区	13301	456.4
顺义区	5475	293.5
通州区	8813	277.2
石景山区	5942	248.2
昌平区	7385	192.2
大兴区	7176	166.2
怀柔区	9503	125.4
北京经济技术开发区	2630	101.5
房山区	7272	99.5
密云区	5693	88.5
平谷区	6174	72
门头沟区	3550	53.8
延庆区	1952	18.3

注：经济普查数据统计该行业下的所有单位，而非规模以上单位，所以总额会比统计年鉴、统计公报的数据大，本报告仅用该数据研究同年各区的差异，不影响分析结果。

资料来源：《北京经济普查年鉴 2018》。

在北京各区中，营业收入达千亿元级的有 4 个，达百亿元级的有 8 个（包括北京经济技术开发区），其余 5 个处于十亿元级水平。这与北京市 6 个商务服务业集聚区的分布情况相吻合。其中，北京商务中心区和北京奥林匹克公园中心区均在朝阳区；东二环高端商务服务业发展带位于东城区；中关村玉渊潭科技商务区位于海淀区；银河综合服务商务区位于石景山区；北京市大兴区国际创新园位于大兴区。这 6 个商务服务业集聚区所在地区的营业收入均达到了百亿元级及以上水平，其中 4 个集聚区所在的三个区域达到了千亿元级水平。朝阳区、东城区和海淀区的商务服务业营业收入都是千亿元级水平，石景山区和大兴区则是百亿元级水平。未来，石景山区和大兴区商务服务业的发展令人期待。

（三）北京市商务服务业从业单位分析

2011~2023 年，北京市商务服务业规模以上法人单位数相对稳定，在总体上已经形成一定规模。2016 年单位数最多，达到了 5398 个；而后有所下降。近五年中，2019 年单位数最少，为 3891 个；2021 年单位数最多，为 5216 个（见图 5）。商务服务业规模以上法人单位数占规模以上第三产业单位数的比例由 2017 年的 15.71%下降至 2023 年的 13.0%，在北京市第三产业中仍占有重要的位置。

在商务服务业各细分板块中，2023 年广告业板块的企业营业收入完全等于该板块收入合计，该板块没有事业单位及民间非营利组织；法律服务板块和组织管理服务板块企业营业收入占该板块收入合计比重较低，这说明法律服务板块和组织管理服务板块有较多事业单位及民间非营利组织。

（四）北京市商务服务业从业人员分析

2018~2023 年，北京商务服务业从业人数相对稳定，商务服务业从业人数占北京市就业人数的 9%左右。2023 年，商务服务业就业人数上

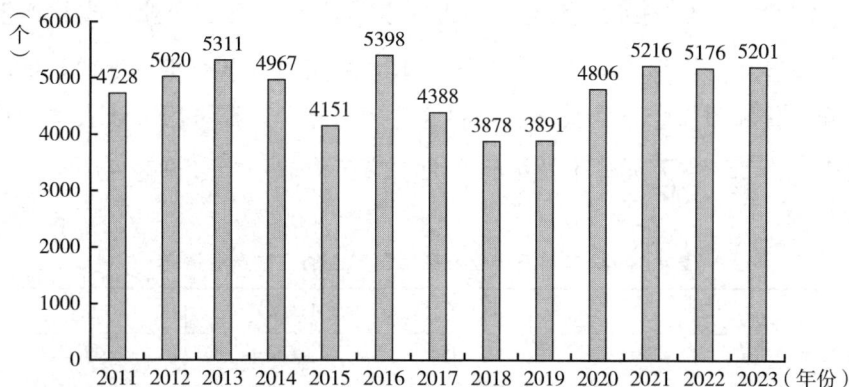

图 5　2011~2023 年北京商务服务业规模以上法人单位数

资料来源：北京市统计局官网。

升至 102.4 万人（见图 6），在第三产业中排名第二。排名第一的是信息传输、软件和信息技术服务业，就业人数为 112.4 万人。在第三产业中，商务服务业吸纳就业能力较强。

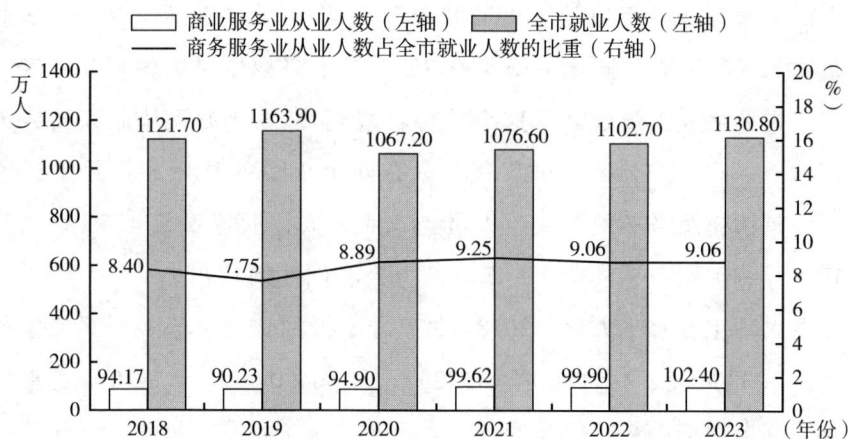

图 6　2018~2023 年北京商务服务业从业人数、全市就业人数
及商务服务业从业人数占全市就业人数的比重

资料来源：北京市统计局官网。

2022 年，除商务服务业外，北京市其他属于第三产业的支柱产业还有金融业，房地产业，批发和零售业，科学研究和技术服务业，信息传输、软件和信息技术服务业。同这些产业相比，商务服务业人均产值最低，为 25.84 万元，不及第三产业人均产值的一半（见表 4）。

表 4　2022 年第三产业及属第三产业的支柱产业情况

版块	产值（亿元）	从业人数（万人）	人均产值（万元）
金融业	8196.7	62.0	132.2
信息传输、软件和信息技术服务业	7456.2	114.5	65.12
房地产业	2594.5	46.5	55.80
科学研究和技术服务业	3465.0	63.2	54.83
批发和零售业	3110.3	63.3	49.14
商务服务业	2581.4	99.9	25.84
第三产业	34894.3	653.0	53.44

注：从业人数数据来自北京市统计局官网，人均产值=产值÷从业人数。

资料来源：《北京市 2022 年国民经济和社会发展统计公报》。

商务服务业各板块从业人数状况差异明显。2022 年，广告业从业人员数为 5.7 万人，同比下降了 9.7%，是下降幅度最大的板块。2023 年，广告业从业人员延续了这个趋势，截至 2023 年底，从业人员数为 5.1 万人，下降了 11%。2023 年，只有两个板块的从业人员数呈正增长。一是法律服务板块，从业人员为 3.4 万人，同比增长 4.5%。二是旅行社及相关服务，从业人员为 0.9 万人，同比增长 3.2%。

在人均工资水平方面，2018~2022 年，北京市商务服务业平均工资分别为 123866 元、145471 元、153202 元、164907 元、172910 元，平均工资呈逐渐上涨趋势，但是低于北京市平均工资水平。另外，不同单位的平均工资水平差异较大。其他单位（即除国有单位和集体单位之外的单位）员工平均工资最高，国有单位次之，集体单位平均工资最低。近年来，其他单位平均工资增幅最大，由 2018 年的 143792 元上涨至 2022 年的 193116 元，增长 49324 元。集体单位 2018 年平均工资为

41281 元，2022 年平均工资为 64803 元，增长 23522 元。国有单位平均工资增幅较小，2018 年平均工资为 88960 元，2022 年平均工资为 96587元，只比 2018 年增长了 7627 元。

同北京市其他属于第三产业的支柱产业相比，商务服务业平均工资处于中下游水平。金融业平均工资最高，2022 年达到了 413725 元，高出北京市平均工资水平 92.30%，高出商务服务业平均工资水平139.27%。其次是信息传输、软件和信息技术服务业，2022 年平均工资达到了 319550 元，高出北京市平均工资水平 48.53%，高出商务服务业平均工资水平 84.81%。房地产业的平均工资最低，2022 年相较于商务服务业平均工资低 26.03%（见表 5）。

表 5　2018~2022 年北京市平均工资与属于第三产业的各支柱产业平均工资

单位：元

年份	北京市	商务服务业	金融业	信息传输、软件和信息技术服务业	批发和零售业	科学研究和技术服务业	房地产业
2018	149843	123866	329709	207285	126147	174532	103869
2019	173205	145471	347994	236143	152524	200622	112875
2020	185026	153202	364078	261719	167888	204590	118777
2021	201504	164907	395402	291864	180013	218582	135958
2022	215143	172910	413725	319550	194297	234723	127894

注：平均工资指的是非私营单位在岗职工的平均工资。
资料来源：2019~2023 年《北京统计年鉴》。

（五）北京市商务服务业吸收外资规模分析

2019~2022 年，北京市商务服务业吸收外资总体呈上升趋势，从数值上看未受疫情影响。2022 年，北京市商务服务业实际利用外商直接投资 36.91 亿美元，占全市利用外资的 21.2%，相较于 2021 年增长了

80.67%（见图 7）。这充分说明北京市商务服务业的营商环境、企业资源、人才资源等方面拥有比较优势，对外商吸引力大。

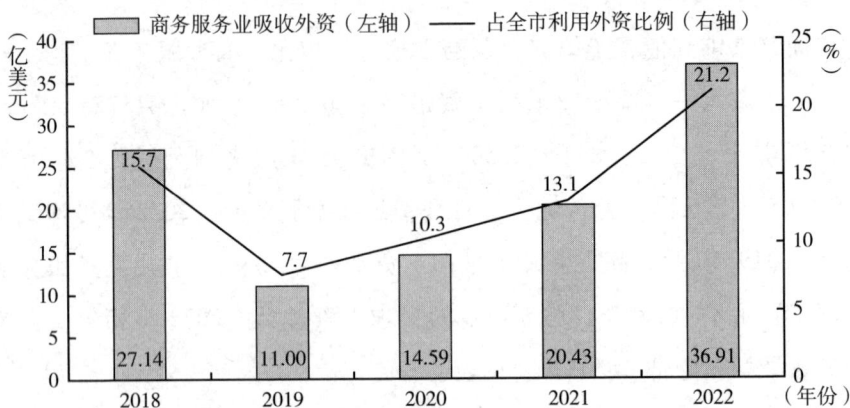

图 7　2018~2022 年北京商务服务业吸收外资及占全市利用外资比例

资料来源：2019~2023 年北京市国经济和社会发展统计公报。

商务服务业作为现代服务业的一环，其发展相比于农业和制造业更加依赖知识、技术和管理等高级生产要素。北京市商务服务业吸引外资的过程也是引进高级生产要素的过程。

利用好高级生产要素，可以充分发挥创新型人才的作用，完善、优化产业链条，助力高科技产业与战略性新兴产业业态崛起，推动北京市经济高质量发展。

（六）北京市商务服务业能源消费量分析

北京市商务服务业能源消费总量近年呈下降趋势，从 2017 年的212.9 万吨标准煤下降至 2022 年的 200.3 万吨标准煤。另外，商务服务业能源消费总量占同期第三产业能源消费总量比重稍有下降，从 2017年的 6.05%下降到 2022 年的 5.67%。北京市商务服务业能源消费效率显著提高。2017~2022 年，商务服务业产值分别为 2226.4 亿元、

2421.0 亿元、2599.3 亿元、2286.2 亿元、2435.3 亿元和 2581.4 亿元，
2018~2022 年的产值均高于 2017 年的 2226.4 亿元。2017~2022 年，能
源消费总量分别为 212.9 万吨标准煤、192.0 万吨标准煤、189.6 万吨
标准煤、179.3 万吨标准煤、192.7 万吨标准煤和 200.3 万吨标准煤，
2018~2022 年的能源消费总量均低于 2017 年的 212.9 万吨标准煤。
2022 年，能源消费总量相比 2017 年下降了 5.92%，产值却提升了
15.95%。单位 GDP 能耗从 2017 年的 0.096 万吨标准煤下降到 2022 年
的 0.078 万吨标准煤，下降了 18.75%（见图 8）。

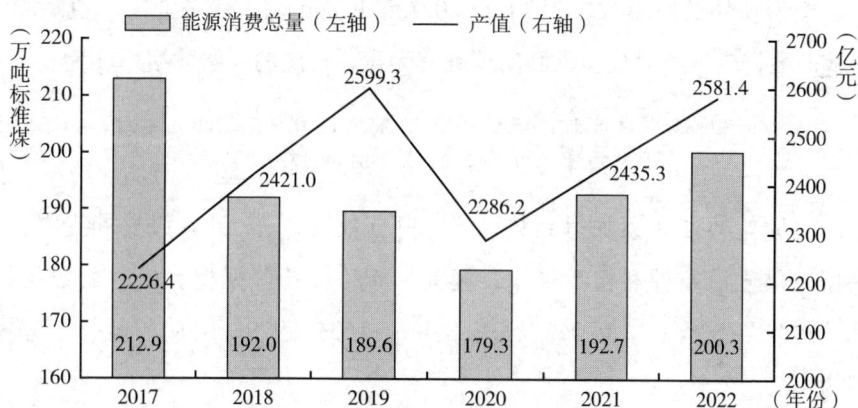

图 8　2017~2022 年商务服务业能源消费总量及产值

资料来源：2018~2023 年《北京统计年鉴》。

与 2017 年相比，北京市商务服务业能源消费结构也发生了巨大改
变，低碳环保能源比重大幅提高。2019 年后，商务服务业不再消费煤
炭。汽油的消费量从 2017 年的 14.88 万吨下降到 2021 年的 7.41 万吨，
下降了 50.2%。柴油的消费量从 2017 年的 6.58 万吨上升到了 2022 年的
10.23 万吨，上升了 55.47%。使用柴油是相对环保的做法，柴油机一氧
化碳、二氧化碳及碳氢化合物的排放量均比汽油机低。电力消费量上涨
21.37%，从 2017 年的 39.12 亿千瓦时上升到 2021 年的 47.48 亿千瓦时。

二 北京市商务服务业未来五年发展预测

结合北京市商务服务业的发展特征，本报告选取灰色预测模型进行实证分析，对商务服务业发展趋势进行预测。灰色预测模型建模所需信息少，精度相对较高，并且易于检验。

（一）构建北京市商务服务业产值的 GM（1，1）模型

模型所用的原始数据为 2011~2023 年北京市商务服务业的产值。2011年前的数据较早，对模型预测的精确度无益。对应的原始数据列 A 为：

$$A = [\,1285.5, 1488.1, 1746.9, 1917.2, 1987.1, 2079.7, 2226.4, 2421,$$
$$2599.3, 2286.2, 2435.3, 2581.4, 2710.0\,]$$

对原始数列 A 累加得到数列 B，根据数列 A、B 计算级比和光滑比。数据满足光滑条件和指数规律，建立 GM（1，1）模型。由原始数据计算可得发展系数 $a = -0.0427$，灰作用 $b = 1636.2979$，对应的微分方程模型为：

$$\frac{\mathrm{d}A^{(1)}}{\mathrm{d}t} - 0.0427\,A^{(1)} = 1636.2979$$

模型求解得到北京市商务服务业 2011~2028 年的产值预测值，结果如表 6 所示。

表 6 2011~2028 年北京市商务服务业产值观测值及预测值

单位：亿元

年份	年份序号	观测值	预测值
2011	1	1285.5	1285.5
2012	2	1488.1	1727.7
2013	3	1746.9	1803.1
2014	4	1917.2	1881.6

年份	年份序号	观测值	预测值
2015	5	1987.1	1963.7
2016	6	2079.7	2049.3
2017	7	2226.4	2138.6
2018	8	2421.0	2231.8
2019	9	2599.3	2329.1
2020	10	2286.2	2430.6
2021	11	2435.3	2536.6
2022	12	2581.4	2647.1
2023	13	2710.0	2762.5
2024	14	—	2882.9
2025	15	—	3008.6
2026	16	—	3139.8
2027	17	—	3276.6
2028	18	—	3419.4

（二）模型检验

相对残差检验。经过残差分析，相对残差 $Q=0.0469<0.1$，满足相对残差检验的要求。

关联度检验。取分辨率 $\rho=0.5$，运用 Matlab 软件对本模型北京市商务服务业产值的预测值进行关联度检验。计算得出关联度 $r=0.6408>0.6$，该模型通过关联度检验。

后验差检验。运用 Matlab 软件对本模型北京市商务服务业产值的预测值进行后验差检验，后验差比值 c 为 $0.3071<0.35$，小误差概率 $p=1>0.95$。由后验差检验精度表可知，模型预测精度为最高一级，模型精度等级好。本模型通过后验差检验，并且有较高精度。

综上所述，模型通过了相对残差检验、关联度检验和后验差检验，预测值与实际值拟合效果好，拟合曲线如图 9 所示，圆形散点对应的是实际值，曲线对应的是预测值。

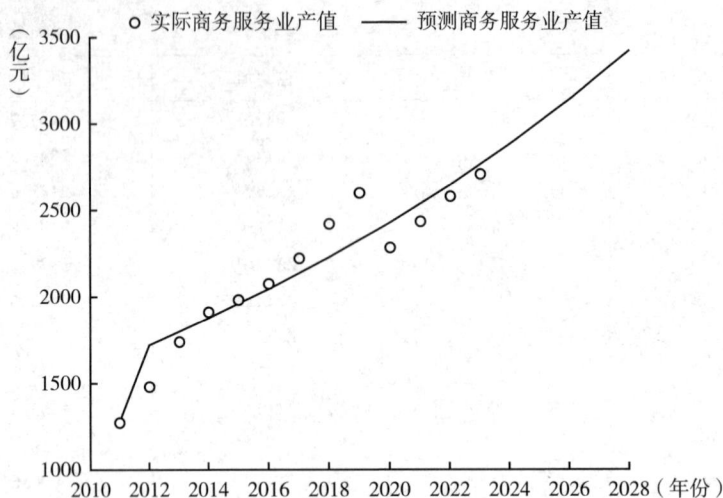

图9　商务服务业产值增长曲线

（三）北京市商务服务业未来五年产值预测

本文使用 Matlab 软件对 2011~2023 年北京市商务服务业的产值观测值进行建模，预测出 2011~2028 年北京市商务服务业的产值。在使用过去年份的数据验证模型可行性的基础上，得出了未来五年北京市商务服务业的产值预测值。2024~2028 年，北京市商务服务业产值预测值分别为 2882.9 亿元、3008.6 亿元、3139.8 亿元、3276.6 亿元和 3419.4 亿元。未来五年，北京市商务服务业增长态势稳定，产值预计将以 4.36% 的平均增速持续增长。

参考文献

《北京市商务服务业发展对策研究》课题组：《北京市商务服务业发展对策研究》，《中国流通经济》2006 年第 3 期。

郭碧波：《经济全球化背景下我国商贸服务业创新发展研究》，《商业经济研究》2016 年第 8 期。

李宝仁、龚晓菊、马文燕：《北京商务服务业发展的比较优势研究》，《经济研究参考》2014 年第 35 期。

梁鹏、李志刚、曹丹丹：《北京市商务服务业集聚区竞争力评价分析》，《商业时代》2014 年第 28 期。

刘莹莹：《天津市租赁和商务服务业的发展现状和政策建议》，《环渤海经济瞭望》2014 年第 2 期。

马子路、黄亚平：《武汉都市区商务服务业空间格局及影响因素研究》，《现代城市研究》2020 年第 4 期。

闫淑玲：《北京商务服务业发展现状与趋势预测》，《商业经济研究》2019 年第 18 期。

北京生活性服务业带动消费升级研究[*]

薄 凡[**]

摘 要：生活性服务业也称为消费性服务业，生活性服务业提质增效对消费结构升级起到驱动作用。北京出台《北京市"十四五"时期现代服务业发展规划》，围绕家政、托幼、养老、教育等领域着力推动生活性服务业品质提升行动，主要从规划引领、空间布局、政策优惠等方面提供指导。当前北京从生活性服务业数字化升级、生活性服务业节能减排、打造夜经济等方面提振生活性服务业以带动消费升级，但面临生活性服务业供给侧结构升级滞后、组织化程度偏低且空间布局有待优化等难题。未来北京可以数智化、绿色化、多元化为方向，从培育集聚优势、培植"互联网+服务业"新业态、整合网点资源、加强标准化管理等方面推动生活服务业发展。

关键词：生活性服务业　消费升级　北京市

一　北京生活性服务业促消费的研究背景

生活性服务业也被称为消费性服务业，是以满足消费者最终消费需

---

[*] 项目来源：本报告是国家社会科学基金青年项目"韧性视域下生态优先和绿色发展的协同路径研究"（20CJY013）的阶段性研究成果。

[**] 薄凡，博士，中共北京市委党校（北京行政学院）经济学教研部讲师。

求为目的的服务行业。鉴于生活性服务业蕴含着高品质和绿色化等内涵，与新时期经济增长动力转化和消费结构升级的趋势相契合，因此，生活性服务业提质升级成为提升服务业整体层次、带动消费升级的必然要求，日益受到学界和社会大众的广泛关注。

（一）北京生活性服务业提质升级的必要性

我国"十一五"规划首次提出"丰富消费性服务业"，涉及商贸、房地产、旅游、体育和社区服务业。2011 年《国务院关于印发服务业发展"十二五"规划的通知》进一步指出大力发展生活性服务业，丰富服务供给，并将商贸、文化、旅游、健康、法律、家庭、体育、养老和房地产作为发展的重点领域。2015 年全国首个生活性服务业专项政策性文件《关于加快发展生活性服务业促进消费结构升级的指导意见》出台，旨在挖掘生活性服务消费潜力，实现消费引领、服务驱动社会经济发展。"十三五"规划纲要强调"推动生活性服务业向精细化和高品质转变"的目标。2019 年，国家统计局印发《生活性服务业统计分类（2019）》，正式将生活性服务业分为十二大领域：居民和家庭服务、健康服务、养老服务、旅游游览和娱乐服务、体育服务、文化服务、居民零售和互联网销售服务、居民出行服务、住宿餐饮服务、教育培训服务、居民住房服务、其他生活性服务等。推动了生活性服务业向高品质和精细化方向发展。2023 年，国家统计局发布《现代服务业统计分类》，将健康、养老、育幼、文化娱乐、旅游、体育等归为现代生活性服务业。

自 2006 年开始，北京经济增长出现消费率大于投资率的趋势，消费正逐步转化为拉动北京经济持续稳定增长的重要动力，社会消费品零售总额连续多年居全国城市之首。当前北京消费结构已由商品消费为主导转向服务消费主导，2017 年起北京市服务性消费占比超过一半，① 成

---

① 《北京消费步入新阶段服务性消费占比达 53% 成主引擎》，https：//money.163.com/17/0803/09/CQTG0PBQ002580S6.html，2017 年 8 月 3 日。

为总消费增长的主引擎，主要集中在交通和通信、教育文化和娱乐、居住三大领域。随着公众对消费层次、品质和多样化的要求逐步升级，北京应把握首都城市功能定位，进一步发挥禀赋优势，激发消费活力，在夯实生产性服务业的基础之上，着力提高生活性服务业发展质量和效益，助推消费升级，将北京建设成为国际消费枢纽城市和生活性服务业首善之区。

（二）生活性服务业带动消费升级的理论内涵

消费结构升级包括品种升级、品质升级、品牌结构升级等，受居民收入水平、消费习惯等多重因素影响。生活性服务业作为消费产品和服务的来源，是优化供求结构、提高民生水平的重要抓手，生活性服务业质量和效益的提升对消费结构升级起到驱动作用。

一方面，生活性服务业新业态的拓展有助于激发新消费热点、盘活资源要素。信息技术推动线上线下消费模式融合，催生了网络消费服务、体验式消费服务、移动消费服务等新型业态，极大地丰富消费产品和服务，其便捷化、多样性、安全性的特征掀起新一波消费热潮，也带动传统服务型行业在服务供给和经营模式等方面的变革，有序引导资源要素流向高效益、高效率行业，形成新的经济增长点。

另一方面，生活性服务业的高品质、绿色化导向能更好地与社会大众的各层次消费需求相适配。生活性服务业所涵盖的日常商贸和科教文卫领域与基本民生需求紧密相关。在科技进步和知识经济的推动下，生活性服务业向便捷化、精细化、绿色化和专业化方向发展，其低能耗、低污染、低排放、高效率的"轻型特征"，是经济体系现代化的重要标志，高技术、多用途的绿色产品和服务的应用，必将满足社会大众个性化、多样化的消费需求，同时有利于引导社会大众形成理性科学的消费习惯。

二 北京生活性服务业发展现状

在服务业主导的经济结构下，北京市充分发挥要素集聚优势，围绕以服务业推动消费升级做文章，出台了一系列政策（见表1），从规划引领、空间布局、政策优惠等方面提高生活性服务业品质，激发消费活力。突出表现为以下四个方面特点。

表1　北京市生活性服务业相关政策文件

发布年份	文件名称	相关内容
2015 年	《北京市提高生活性服务业品质行动计划》	加快推进本市生活性服务业规范化、连锁化、便利化、品牌化、特色化发展
2015 年	《北京市服务业扩大开放综合试点总体方案》	开展为期 3 年的服务业扩大开放综合试点
2017 年	《深化改革推进北京市服务业扩大开放综合试点工作方案》	进一步提升北京现代服务业和服务贸易发展水平，使北京市服务业扩大开放综合试点成为推进供给侧结构性改革和国家全方位主动开放的重要实践
2018 年	《关于进一步提升生活性服务业品质的工作方案》	准确把握生活性服务业的商业性和公益性双重属性。推动全市生活性服务业"规范化、连锁化、便利化、品牌化、特色化、智能化"发展
2019 年	《全面推进北京市服务业扩大开放综合试点工作方案》	期限为自批复之日起 3 年。立足首都城市战略定位，持续推进"放管服"改革。提升生活性服务业品质，优化服务供给，发展新业态新模式
2019 年	《北京市便民店建设提升三年行动计划》	争取用三年左右时间，实现本市每个社区基本便民商业服务功能全覆盖，培育蔬菜零售等八类业态 1 万个左右的标准化便民店，使北京的便民服务程度达到国内一流水平
2020 年	《深化北京市新一轮服务业扩大开放综合试点建设国家服务业扩大开放综合示范区工作方案》	努力探索服务业开放发展的新业态、新模式、新路径。加强金融服务领域改革创新、推进数字经济和数字贸易发展、加强金融服务领域改革创新、推动互联网信息服务领域扩大开放、促进商贸文旅服务提质升级、推动教育服务领域扩大开放、提升健康医疗服务保障能力、推进专业服务领域开放改革、推动北京首都国际机场和北京大兴国际机场联动发展

续表

发布年份	文件名称	相关内容
2020 年	《北京市促进新消费引领品质新生活行动方案》	推动生活性服务业"六化"发展（规范化、连锁化、便利化、品牌化、特色化、智能化）；优化服务消费供给
2021 年	《北京市"十四五"时期现代服务业发展规划》	推动生活服务业品质提升行动，全面提升家政、托幼、养老、教育等服务品质
2022 年	《加快建设一刻钟便民生活圈促进生活服务业转型升级的若干措施》	立足生活服务业的商业性和普惠性双重属性，到2025 年，北京市实现一刻钟便民生活圈全覆盖，形成多元化、多样化、覆盖城乡的生活服务体系
2023 年	《北京市商务局关于申报 2023 年促进生活服务业发展项目的通知》	支持方向包括基本便民商业网点、餐饮业、连锁超市、社区菜市场转型升级发展项目等

资料来源：北京市人民政府官网。

（一）依托服务业开放综合试点，推动生活性服务业向高精尖发展

2015 年，经国务院批复北京成为全国唯一的服务业扩大开放综合试点，确立了服务业向高精尖、开放性转变的发展方向。同年，北京市出台《北京市提高生活性服务业品质行动计划》，强调发挥创新引领作用，推动生活性服务业健康有序发展，并提出品牌建设、营商环境建设和人才培养等重点工程，以及便民网点、电子商务模式、多服务集成模式等重点工作，旨在提升服务业质量，将服务业作为京津冀协同的连接点，推进服务业更高水平对外开放。2020 年《深化北京市新一轮服务业扩大开放综合试点建设国家服务业扩大开放综合示范区工作方案》出台，提出"到 2025 年，基本健全以贸易便利、投资便利为重点的服务业扩大开放政策制度体系；到 2030 年，实现贸易自由便利、投资自由便利"阶段性目标，聚焦科技服务、数字经济和数字贸易、金融服务、商贸文旅、教育服务、健康医疗等支柱产业作为发展和开放的重点，对接国际高标准经贸规则，为提升生活性服务业整体层次带来新机遇。

（二）完善便民商业网点，为民而商改善民生福祉

2019 年，市商务局等十二个部门联合印发《北京市便民店建设提升三年行动计划》，紧抓早餐、家政、蔬菜零售、便民网点等居民服务体系的重要环节，从设施空间、品牌建设、营商环境、资金支撑等方面指导各区落实生活性服务业设施规划。为了推动生活性服务的便捷化，北京市提出推进品牌连锁企业进社区、学校、医院、公园和科技园区，利用原有供销网点支持连锁便利店企业在农村布局发展，建立健全镇村两级便民服务体系；优化便民商业点空间配置，积极利用地下空间资源优先发展便民商业；并在空间资源不足的社区引入厢式便利店、智能货柜等智能流通设施。[①] 2022 年北京市商务局进一步出台《加快建设一刻钟便民生活圈 促进生活服务业转型升级的若干措施》，明确 2025 年全市实现便民生活圈全覆盖，截至 2023 年底已建成 82 个"一刻钟便民生活圈"。[②]

（三）设立专项扶持资金，提高生活性服务业品质

根据《北京市提高生活性服务业品质行动计划》要求，2015 年北京市设立 10 亿元生活性服务业发展基金，其中，政府投入 5 亿元，吸收社会资本 5 亿元；以城六区为试点，每个区筹措资金不低于 2500 万元，2 年内到位；基金投资周期为 10 年。[③] 基金采取政府引导、市场化运作方式，由世欣荣和投资管理股份有限公司负责管理，聚焦生活性服务业规范化、连锁化、便利化、品牌化、特色化发展，投向具备一定实力和发展前景的生活性服务企业、生活性服务业公共服务平台、生活性

---

① 《北京今年将新建提升 1000 个生活性服务业网点》，http：//www.chinanews.com/sh/2019/01-24/8738478.shtml，2020 年 1 月 24 日。

② 《2023 年北京建成 82 个"一刻钟便民生活圈"》，https：//baijiahao.baidu.com/s？id=1786385556377174315&wfr=spider&for=pc，2023 年 12 月 27 日。

③ 《北京市设立 10 亿生活性服务业发展基金》，《北京日报》2015 年 9 月 21 日。

服务业基础设施、生活性服务业京津冀合作项目和其他生活性服务业品质提升项目。新冠疫情暴发后，为尽快推动企业复工复产，北京市商务局启动生活性服务业发展项目申报活动，为入选的便民商业网点、餐饮业和生活性服务业示范街区提供资金支持，以保障生活必需品供应，提升居民生活性服务业品质。作为政策的延续，2023年，北京市商务局针对生活性服务业发展项目专门发布通知，重点对便民商业网点、连锁超市等项目提供资金支持，推动商业便民、利民发展。

（四）推动生活性服务业标准化管理，严把产品和服务品质关

为了保证服务质量，北京持续健全完善各商务服务业领域服务标准规范，适应消费新需求提升服务消费品质。2016年，北京市商务委首次发布《生活性服务业行业规范、标准及规范性文件指南》，并相继推出便利店、再生资源回收等11个行业的规范细则，以标准化、品牌化和连锁化经营确保服务业品质。2019年进一步强化标准规范引领作用，出台10个行业的标准化门店规范，发布生活性服务业标准化门店名录，以标杆企业示范作用带动全行业规范化和高质量发展。同时加快推进品牌建设工程，支持老字号企业利用连锁经营、电子商务等现代商业模式，拓展营销渠道；做好"北京服务"品牌建设，加大专业人才培养和市场监管力度，维护良好市场秩序，提升品牌保障能力。

三　北京生活性服务业促消费的路径和瓶颈

北京生活性服务业具有良好发展基础，依托数字经济发展、建设国际消费中心机遇，从数字化升级、生活性服务业节能减排、打造夜经济等方面提升生活性服务业品质促进消费升级，但也面临着供给侧结构升级滞后、组织化程度偏低、空间布局有待优化等难题。

（一）北京生活性服务业引导消费升级的已有路径

1. 创新"互联网+生活性服务业"新业态，激发消费活力

信息技术的发展推动移动互联网、云计算、物联网等与生活性服务业结合，催生了"互联网+生活性服务业"新模式，网络消费、数字消费、信息消费等新型消费形式涌现，以线上消费激发内需活力。北京充分发挥科技中心的优势，以模式和业态创新发展弥补中心城区实体空间不足，推动线上线下融合发展。下一步将继续发掘线上消费潜力，在建立"农商互联"联合采购公共平台、推动跨境电子商务综合试验区发展、提升无人超市监管等方面积极探索。

2. 推动生活性服务业节能减排，引导公众绿色消费

生活性服务业与日常民生消费息息相关，是引导消费者养成消费习惯的重要环节。2016年，北京市服务业委积极推进绿色消费工程实施，开展绿色商场示范创建工作，组织环嘉集团、绿方环保科技有限公司等企业通过举办旧物对换、节能知识讨论、节能宣传画征集等活动，宣传绿色发展理念，普及绿色回收知识。组织流通企业参加绿色商场示范创建工作，开展零售行业节能调查和以"绿色产品进商场、绿色消费进社区、绿色回收进校园"为主题的流通领域节能宣传活动。

生活性服务业要开展行业技术改造，减少对环境的影响，加强行业能耗限额指导。2019年，北京市商务局推出为期3年的新一轮节能减排促消费的政策，对符合条件的消费者购买使用电视机、电冰箱等15类节能减排商品给予单件最高800元的资金补贴。同时注重产品和服务的全过程绿色管理，着力推动物流配送仓储智能化、设施标准化、终端集约化；持续推进新能源货车在物流行业的运用；加大"绿色商场"创建力度，丰富绿色产品供应；在使用终端环节做到再生资源与回收服务在城市社区全覆盖。

3. 打造"夜京城"地标、商圈和生活圈，满足居民夜经济消费需求

夜间经济是以旅游、休闲、娱乐等中高端服务业为核心的经济活动，相比日间消费突出体现了闲暇消费功能、即时消费功能和社交功能。[①] 为了满足市民多元化的夜间消费需求，2019 年 7 月，北京市商务局出台支持夜经济发展的"十三条措施"，通过优化夜间公共交通服务、点亮夜间消费场景和开展晚间促销活动等细化举措，营造"商旅文体"融合发展的夜经济消费氛围。在市商务局、交通委等部门的推动下，"2023 北京消费季夜京城"活动将联动全市 40 余个商圈、200 余个品牌、上万家门店，围绕多个节假日促消费节点，融合商旅文体多个领域，开展百余项促进夜间消费主题活动。[②]

（二）北京生活性服务业促消费的挑战

首先，北京服务性消费与同时期外国居民需求相比偏低。2023 年，北京服务性消费额同比增长 14.6%，服务性消费额占市场性消费总额的 55%，[③] 而发达国家同时期服务性消费占比为 60%~70%，[④] 与北京国际消费中心的发展定位不匹配。相比于生产性服务业有专项规划指导，生活性服务业缺乏专项标准引领，表现出明显的发展不均衡现象，滞后于消费需求的转变。

其次，生活性服务业的供给侧结构升级相对滞后于消费需求转变。在基本消费需求方面，便民商业设施布局还不完善，高品质的产品和服务有效供给不足，公共服务供给与居民需求对接不充分。从企业影响力

---

① 毛中根、龙燕妮、叶胥：《夜间经济理论研究进展》，《经济学动态》2020 年第 2 期。
② 《2023 北京消费季夜京城启动　百余项活动促进夜间消费》，https://baijiahao.baidu.com/s？id＝1765519453270659692&wfr＝spider&for＝pc，2023 年 5 月 11 日。
③ 《盘点 2023 北京建设国际消费中心城市这一年》，https://www.beijing.gov.cn/ywdt/gzdt/202312/t20231231_3521500.html，2023 年 12 月 31 日。
④ 龚晓菊、赵方忠：《以服务消费合作推动首都经济圈建设》，《中国流通经济》2013 年第 8 期。

来看，缺少具有品牌影响力和核心竞争力的龙头型生活性服务企业，企业的服务范围和专业化水平有限，就社区生活性服务业网点数量而言，基本满足了居民生活需求，但各社区分布不均衡，末端配送网点有待补充，在品牌化、连锁化和规范化方面仍存在不足。[①] 从生活性服务业模式来看，线上消费、数字消费等新模式出现，成为传统服务业转型和新型消费业态培育的重点方向，目前社区智能柜经营、蔬菜直通车等仍存在成本高、缺乏规范等问题，生活性服务业的智能化潜力未得到充分发掘。

最后，生活性服务业组织化程度偏低且空间布局有待优化。生活性服务业以小微企业和个体户居多，管理组织方式相对松散。相关企业的智能化水平普遍较低，未能发挥数字技术融合带动作用，限制了服务范围的扩大和服务品质的提升。小微融资贵、选址难的问题未得到根本解决，例如，老旧小区基本便民商业服务难以找到合适的经营场所；养老托幼服务缺少建设空间和支持；生活性服务业限于成本和竞争力等因素，难以与其他高收益行业市场主体竞租同地段场所。[②]

四　北京生活性服务业促消费的对策建议

促进生产性服务业和生活性服务业协同发展，提升生活性服务业品质，与北京经济发展动力转化、居民需求层次提升的现实条件相契合，是北京今后一段时期发掘内需优势、拉动经济增长的重要抓手，应抓住培育建设国际消费中心城市机遇，以提升生活性服务业品质带动消费升级。紧紧围绕消费者发展型、高层次和多样化的需求，依托科技创新和

---

① 王春娟：《社区生活性服务业发展思路及路径研究——以北京某新城区为例》，《时代经贸》2019 年第 22 期。
② 北京市政协提案委课题组、程红、桑琦等：《充分发挥服务业对北京经济增长的引擎作用》，《前线》2020 年第 5 期。

要素集聚等优势，以健康、医疗、养老、教育产品等为重点提升生活性服务业的供应能力和品质，同时完善土地规划、资金支持和营商环境等政策配套，培育新业态新模式，激发消费内需活力。

一是依托科教智资源密集优势培育特色服务业，丰富消费内容。发挥北京作为科技中心的优势地位和深厚的文化底蕴内涵，引导科技、信息、文化、体育休闲、健康、旅游等产业间深度融合，提升生活性服务业的品质，凸显文化特色。以养老托幼、健康医疗、教育培训、文娱旅游为重点，增加已有消费区域功能，提升改造现有消费区域品质，在新兴开发区域建立消费综合体，整合北京周边区域不同的文化、旅游和生态等资源要素，形成集聚优势和规模效应，逐步拓展国内外消费市场，树立生活性服务业"北京品牌"。

二是培植"互联网+服务业"新业态，提高居民消费积极性。大力推动"互联网+"向生活性服务业渗透，扩大信息服务、生态休闲、文体娱乐、健康养生等新型服务供给范围，加大特色化服务力度。积极引入"智能柜"、无人智能便利店、自动贩卖机等无人终端和直通车等进社区经营模式。加快乡镇地区网络化的进程，加大对农村电商物流扶持力度。推动实体门店与电子商务融合发展，鼓励有实力的电商企业组建并拓展供应链，自建采购体系和社区配送中心，增加服务的便捷性、稳定性、安全性和规范性。同时，培育壮大集服务生产、流通、消费为一体的综合运营商，发展服务平台型消费，为共享经济、定制式服务等新型服务业态提供支撑。

三是整合网点资源，优化生活性服务业配置。以民为本，坚持疏解整治与优化提升同步推进，加强便民商业网点新建补建工作，尽早实现"一刻钟社区服务圈"在城市社区的全覆盖。对于老旧小区，引导疏解腾退空间优先用于补齐城市公共服务设施短板，优先补足生活性服务网点。对于新建社区，要突出规划引领，确保新建社区商业配套设施与住宅建设同步交付使用。对于现有网点，要着重规范提升网点服务质量，推进多业态搭载的社区生活性服务网点建设，促进有经营资质和经营能力的传统型农贸市场、社区菜市场、超市等向社区便民综合体转型，引导现有超市或便利店逐步向连锁化、品牌化转型，完善蔬菜、早餐、末端配送等社区生活性服务功能。

四是加强标准化管理，发展多元化、规范化的生活性服务业。加快完善生活性服务行业标准体系，加大龙头型示范企业培育和宣传力度，支持和鼓励企业通过资源整合或加盟连锁等方式，实现规模化、连锁化、品牌化经营，不断满足市民消费升级需求。以数智化、绿色化、多元化为导向，推动生活性服务业优化升级，引导社会大众形成理性、循环消费理念，减少消费过程中的高耗能高污染排放。针对消费末端，做好全民垃圾分类管理，加快再生资源回收服务业发展，建立正规回收体系，推动居民广泛参与资源回收再循环利用。

北京大兴国际机场临空经济区
高质量发展的对策研究

唐鑫 田蕾*

摘　要： 北京大兴国际机场临空经济区在首都发展中具有重要地位，促进其高质量发展对于打造国家发展新动力源具有重要意义。当前制约其高质量发展的因素主要有机场航运业务结构需要优化、园区内产业整体发展水平需要提高、投资贸易便利化政策创新需要加强、大兴廊坊片区协同发展机制需要完善等。推动临空经济区实现高质量发展，强化航空枢纽功能，吸引航空资源集聚；构建特色临空产业体系，优化产业结构与布局；推进投资贸易便利化，打造辐射力强劲的开放高地；完善管理体制机制，推进区域协同发展。

关键词： 临空经济区　高质量发展　产业体系　投资贸易　体制机制

北京大兴国际机场临空经济区成立以来，深入贯彻落实习近平总书记重要指示精神，朝着建设国家发展新动力源的目标奋进，努力

---

* 唐鑫，北京市社会科学院市情研究所原所长、研究员，北京世界城市研究基地主任。田蕾，北京市社会科学院市情研究所助理研究员，北京世界城市研究基地专职研究员。

发挥在北京市"五子联动"中的枢纽作用,在产业构建、投资贸易、技术研发、京冀协同发展等方面取得了一定成绩,也存在一些制约高质量发展的问题。本报告坚持问题导向和目标导向相结合,分析北京大兴国际机场临空经济区发展中面临的主要问题,探索解决问题的现实路径,提出对策建议。

一 基本情况和文献综述

(一)基本情况

2015 年 7 月 30 日,北京大兴国际机场项目正式获得国务院的批准立项。习近平总书记指示要将大兴国际机场项目建成样板工程,做好周边临空产业规划,结合京津冀统筹考虑建设发展。2017 年 2 月 23 日,习近平总书记视察大兴国际机场建设工地,明确提出要将大兴国际机场建设成为"国家发展一个新的动力源"。依据国务院批复的《北京大兴国际机场临空经济区总体规划(2019—2035 年)》,临空经济区总用地规模约 150 平方公里,其中,北京部分约 50 平方公里,河北部分约 100 平方公里,区域战略定位为国际交往中心功能承载区、国家航空科技创新引领区和京津冀协同发展示范区,产业发展要结合北京非首都功能疏解和区域产业结构升级,重点发展航空物流产业和综合保税区,适当承接北京非首都功能转移,有序发展科技研发、跨境电子商务、金融服务等知识密集型、资本密集型的高端服务业,打造国际化、高端化、服务化的临空经济区。

北京大兴国际机场临空经济区处于京津冀协同发展的桥头堡,承担着形成国家发展新动力源的重大使命,拥有国际超大型综合枢纽,是全国唯一集国家级临空经济示范区、双自贸区、综保区、服务业扩大开放综合示范区、中关村自主创新示范区、数字贸易试验区以及贸易数字化示范区优势于一体的经济功能区。在这样的背景下，切实解决影响其发展的重大问题，推动区域高质量发展，具有重要意义。

（二）文献综述

近年来，中国临空经济快速发展，已成为提升区域综合实力的新引擎。[①] 随着机场基础设施建设的全面展开和配套功能的加速建设，临空经济对区域经济增长、产业结构、城市化进程等方面的影响更加明显，已成为区域经济融入世界经济的重要手段。[②] 这充分体现了空港作为不依赖沿海、沿江等区位优势发展的新型港口，将成为内陆地区"弯道超车"的重要功能依托。

但由于各区域临空经济面临着不同的发展环境及影响因素，科学合理地衡量临空经济发展水平，找出制约发展的关键因素，既成为当前区域临空经济深入发展亟须解决的难题，也引起了国内外学者的关注。Bakwer 等基于机场视角，以澳大利亚 88 个区域机场为例，采用实证分析法证明了机场与区域经济增长之间的双向正作用关系。[③] Díez-Pisonero 基于机场与城市融合视角，以西班牙的阿道夫·苏亚雷斯机场为例，采用定性分析方法对机场与城市的作用关系展开了研究，结果表明，机场能够吸引城市经济活动，成为城市经济中心与西班牙连接世界其他地区的交通枢纽。[④]

基于类似视角，薛贺香以郑州航空港为例，从政策环境、航空产业发展、区位优势 3 个方面选择指标，建立了临空经济区与腹地经济

① 赵玉娟、唐龙、朱佳等：《时空耦合视角下港产城融合发展的策略研究：以陕西省西咸新区空港新城为例》，《城市发展研究》2019 年第 S1 期。

② 班奕：《临空经济区—自贸区耦合关系的实证分析》，《统计与决策》2018 年第 16 期。

③ Baker D., Merkert R., Kamruzzaman M. D., "Regional Aviation and Economic Growth: Cointegration and Causality Analysis in Australia," *Journal of Transport Geography*, 2015.

④ Díez-Pisonero R., "Airports and Cities in the Context of Globalization: a Multidimensional Symbiosis in Adolfo Suarez-Madrid Barajas Airport," *The Geographical Journal*, 2019.

协同度评价模型。① 同样以郑州航空港为例，Wang 等建立了包括基础条件、产业发展、辐射效应和发展环境这 4 个一级指标的机场经济高质量发展评价指标体系，并利用 GEMS 方法建立了评价模型。② 马晓科则采用理论分析方法对临空经济与区域经济之间的作用机制进行研究，并指出临空产业和临空经济区的发展可极大地促进整个区域经济的崛起和发展。③ 曹允春等人运用系统学理论进行定性分析，强调临空经济发展的空港、产业和空港新城 3 个主体之间的互动关系。④

　　临空经济区高质量发展既是较新的学术问题，更是当前急需解决的实践问题。本研究更多关注实践问题，以上专家学者们的研究成果为研究实践问题提供了有益的启示，在一定程度上为厘清临空经济区高质量发展的内涵和外延提供了借鉴，为发现制约临空经济区发展的问题提供了认识路径，为正确处理临空经济区发展中的各类关系和解决问题提供了重要参考。

二　制约高质量发展的主要问题

　　大兴国际机场临空经济区处于开通运营初期，受新冠疫情等因素影响，前一阶段建设速度不及预期，基础性工作需要加强，当前急需解决航空枢纽效应不强、产业聚集发展不足、投资贸易便利化不够、京冀共建协同度不高等问题。

---

① 薛贺香：《航空港经济区的协同发展机制及协同度评价——以郑州航空港区为例》，《区域经济评论》2017 年第 1 期。

② Wang B., Zhao Y. L., Wang N., "Comprehensive Evaluation of Airport Economic Zone Development Quality Based on OWA Operator Wights," *Journal of Iterdisciplinary Mathematics*, 2017.

③ 马晓科：《临空经济与区域经济发展的耦合作用机理：以郑州航空港为例》，《技术经济与管理研究》2017 年第 7 期。

④ 曹允春、何仕奇、赵冰：《临空经济区"港—产—城"一体化发展研究》，《区域经济评论》2016 年第 4 期。

（一）机场航运业务结构需要优化

2023 年，首都国际机场执行航班约 38 万架次，旅客吞吐量约为 5285 万人次，其中，国际及地区旅客约 800 万人次，[①] 占比为 15.1%。大兴国际机场 2023 年全年执行航班约 29 万架次，旅客吞吐量约为 3941 万人次，[②] 其中，国际及地区旅客约 200 万人次，[③] 占比仅为 5.1%。相比之下，大兴国际机场进出港国际旅客及地区旅客比重较低。2023 年，首都国际机场货邮吞吐量为 111.59 万吨，位居全国第 4；大兴国际机场货邮吞吐量为 24.41 万吨，位居全国第 17，[④] 两者差距较大。大兴国际机场货运航线尚未开通，目前仅依靠客机辅仓带货，表明其对物流业的溢出效应几乎没有。国际航运和货运占比低，直接影响"两区"建设和国际消费枢纽的打造。

（二）园区内产业整体发展水平需要提高

临空经济区大兴片区规划了以生命健康产业为主导产业、以航空枢纽和航空服务保障产业为基础产业、以新一代信息技术和智能装备产业为补充产业的"1+2+2"产业体系。园区内缺乏工业用地指标，而且在其附近有北京亦庄生物医药产业园、中关村科技园区大兴生物医药产业基地，这三者之间的分工不明确，以生命健康产业为主导产业的定位难以落实。截至 2023 年 2 月，临空经济区大兴片区注册企业 4604 家，已

---

① 《2023 年首都机场旅客吞吐量预计超 5200 万人次》，http：//ent.people.com.cn/n1/2023/ 1228/c1012-40148762.html，2023 年 12 月 28 日。

② 北京大兴国际机场临空经济区联合管委会等：《北京大兴国际机场临空经济区一体化发展白皮书（2014-2023 年）》，2024。

③ 《2023 年北京大兴国际机场口岸出入境旅客突破 200 万人次》，http：//www.news.cn/ local/20240118/4a560527a0794bab8730f85d4658d78e/c.html，2024 年 1 月 18 日。

④ 《2023 年北京首都机场生产统计：旅客吞吐量、货邮吞吐量及飞机起降架次分析》，https：//www.huaon.com/channel/industrydata/978796.html，2024 年 4 月 18 日。

经注册的生命健康产业企业约有 200 余家,^① 其中,大兴机场综保区生物医药产业孵化器一期投运后,只签约了 3 家企业,入驻了 1 家企业。注册企业较多,实际经营企业较少;中小企业较多,大型头部企业和重大项目较少。这也是当前临空经济区大兴片区产业发展的特点。如已经注册的 84 家外资企业、20 家世界 500 强企业中,实际投资到位的不足 10%。

(三)投资贸易便利化政策创新需要加强

北京在临空经济区大兴片区投资贸易便利化方面做了一些卓有成效的工作,如建立京津冀地区首个新型国际贸易公共服务平台"京贸兴",截至 2023 年 8 月底,已为 15 家银行、8 家企业开设账号,为 40 余家企业提供核查服务,累计贸易结算额超 70 亿元,^② 但是在推动"1+2+2"产业体系发展与投资贸易便利化相结合等方面仍存在政策创新不足、政策储备不够等问题。针对新型跨境电商、离岸贸易、保税展示、保转跨、保转展、跨转保等贸易新业态、新模式的发展,发挥其作用助推产业体系国际化、高端化发展的相关政策创新不足。在服务贸易、通关便利、跨境金融、资金结算、人员出入境、人才引进、文化服务和教育医疗等相关方面,政策的"时、效、度"和整体性需要尽快提升,与高标准国际经贸规则接轨的步伐需要加快。

(四)大兴与廊坊片区协同发展机制需要完善

由京冀干部共同组成的大兴国际机场临空经济区联合管委会,在推动大兴、廊坊两片区协同发展中取得了一些成绩,在联合管委会的努力

---

① 《27 家企业集中签约入驻 大兴机场临空区发布新一批市级赋权项目》,https://invest. beijing.gov.cn/zwgk/sqgzdt/202302/t20230213_ 2915758.html,2023 年 2 月 13 日。

② 《投用仅一年! 超 60 家、70 亿元》,https://www.bjnews.com.cn/detail/169275477919739. html,2023 年 8 月 23 日。

下，综合保税区自 2022 年封关运行至 2023 年 6 月，已吸引 108 家企业到区内注册，全年平均进口通关时间为 13.79 小时，[①] 高于全国平均水平。但是也存在一些问题，如尚未由联合管委会牵头建立综保区统一招商工作机制以及研究制定统一的产业促进政策、入区标准、项目评估体系和招商方案，两片区的招商、建设与运营工作依然分属京冀两地独立开展；"管委会+平台公司"的运营管理体制机制还不完善，尚未建立由联合管委会统一管理的京冀两地财政资金支持保障机制和联合平台公司；围绕重点项目落地的跨区域土地供应机制有待建立，市政设施共建共享机制需要进一步完善等。

三　推进高质量发展的对策建议

针对上述问题，需要以强化航空枢纽功能为基础，以构建特色产业体系为支柱，以推进投资贸易便利化为要件，以完善管理体制机制为保障，汇聚发展资源，增强发展动力，推动临空经济区快速高质量发展。

（一）强化航空枢纽功能，吸引航空资源集聚

航地密切合作加强航空枢纽功能建设。把握建设国家发展新的动力源的总体要求，落实北京市人民政府与中国民用航空局签署的《关于推动北京民航高质量发展的战略合作协议》，推动北京民航业高质量发展。在市委、市政府的领导下，成立工作专班与民航局就推动空域容量提升、加大对外开放力度、完善扩大航线网络、提升枢纽运行效率、推动临空经济区建设、加快航空产业发展等建立协商合作机制，促进双方企业深入合作。对标国际一流航空运输枢纽标准，借鉴国内外航空运输先进经验，在基础设施建设、制度创新方向、新型运作模式、服务效率

---

① 《大兴机场综保区生物医药孵化器园区 6 月底交付》，https://www.beijing.gov.cn/ywdt/gqrd/202306/t20230612_ 3130094.html，2023 年 6 月 12 日。

提升、监管功能优化和产业配套建设等方面形成具有特色的标准、规范和政策，促进国际航空枢纽功能的提升。加快大兴国际机场服务品牌建设，以先进的服务理念推动服务管理规范化、服务标准优质化、服务能力国际化，推行高品质的个性化、差异化服务，彰显有本土特色的机场服务品牌，引导优质国际航空资源聚集。

履行属地责任支持航空货运业务拓展。采取税收优惠、降低航空公司运营成本、鼓励国际合作等措施，吸引航空公司在大兴国际机场投资并投放货运机队。密切配合协商谈判，积极争取更多的货运航权，增加航空公司在大兴国际机场的运营频次和目的地。同时，加强基础设施建设，完善以机场为核心的综合交通枢纽，畅通"微循环"，推进临空经济区内关键节点路网建设，提升包括运输、仓储、配送网络等在内的机场货运环境品质，以支持货运业务的发展。鼓励引入新经济和新业态，如跨境电商、快递物流等，拓展航空货运的应用领域。积极推广运用新技术，如无人机、自动化物流等，提升货运效率和服务水平。不断优化营商环境，充分发挥大兴国际机场链接区域资源、辐射国际国内市场的优势，夯实国际航空干线运输、多式联运转运、跨境物流等基本功能，拓展供应链集成、应急保障、冷链物流、信息平台服务等延伸功能，促进机场物流枢纽与产业链、供应链协同发展，保障机场物流有机融入全国"通道+枢纽+网络"的物流运行体系。

发挥首善作用引领世界级机场群发展。着眼于京津冀打造世界级机场群的目标，立足辐射京津冀和国内市场的产业链和供应链，加快将大兴国际机场临空经济区打造成国内大循环的中心节点和国内国际双循环的战略高地。积极争取中央的支持，联合天津、河北，深度整合京津冀空域资源、航线资源、机场资源、综合交通和政策资源，重塑京津冀航空运输市场新格局，推进京津冀打造世界级机场群的制度创新、管理创新、科技创新，打破垄断、拆除壁垒、裁撤藩篱，破解影响协同发展的深层次问题和矛盾，努力形成目标同向、优势互补、措施一体、互利共赢的发展格局。

（二）构建特色产业体系，优化产业结构布局

1. 把握规律调整主导产业定位

从国内外大型航空枢纽地区产业发展的规律看，在空港建设初期，航空核心产业与临空指向性较强的航空关联产业加速集聚，产业结构偏重于物流业和制造业。随着空港规模扩大、区域的城市功能拓展与基础设施逐步完善，总部经济、商务会展等生产性服务业发展起来，在产业结构上与物流业和制造业基本持平。空港进入与城市全面融合发展阶段后，科技研发、金融、保险、租赁等生产性服务业加快发展，产业结构发生显著变化，物流业和制造业的比重大幅下降。从产业的特质看，大型航空枢纽地区地价逐渐抬升，产业多具有高附加值、高时效性以及需要全球采购、生产、分销等特点。从现实状况看，临空经济区大兴片区缺乏工业用地指标，且附近已经有 2 个较大规模的生物医药产业园区，生命健康产业作为主导产业发展已经受到掣肘。因此，建议对临空经济区大兴片区产业体系进行调整，在现代服务业中培育并确立主导产业，构建具有区域特色的产业体系，避免同质化竞争，实现高质量发展。

2. 因地制宜优化生命健康产业

明确临空经济区与北京亦庄生物医药产业园、中关村科技园区大兴生物医药产业基地的分工，发挥空港在生物药品、医疗器械进口口岸资质方面的优势，研究制定特色鲜明的临空经济区生命健康产业发展规划，提供国内一流的临空政策环境和投资贸易便利，提升临空经济区对生命健康企业的吸引力。聚焦"两头在外"的生物医药、医疗器械生产等领域，明确产业定位，实现错位发展与优势互补。推动大兴与廊坊片区在医药贸易、协同监管、保税研发、中试、检测、医疗服务等重点环节政策的协同创新，完善各类功能平台和配套服务，提升进出口通关

效率。统筹规划空间载体，整合大兴与廊坊片区的土地资源，统一产业政策标准和布局，理顺施策环节与落地路径，加快产业项目落地。

3. 发挥优势提升航空科技服务业

发挥北京丰富科技资源的优势，发展航空科技服务业，吸引科技研发机构和智库入驻，开展有航空枢纽特点的研发业务，重点在新型材料技术、高效推进系统、智能导航和自动飞行技术、数字化服务保障等航空技术领域取得突破，促进科研成果转化。完善科技支持航空服务业发展政策，对运用新材料、新技术的航空制造、维修、服务类企业给予激励。加快培育航空科技服务产业集群，鼓励航空物流、航空保障、航空研发、基地运营服务、低空科技创新等领域重点企业落户，形成规模效应和有序发展格局。充分利用机场外围现有的"五纵两横"交通网络，通过数字化改造加快航空运输与铁路、公路运输的互联互通，优化京津冀交通运输体系，促进世界级机场群能级的提升。

4. 立足区位特点做大做强现代会展业

立足北京南中轴线的国际交往中心主要承载地功能定位，在临空经济区大兴片区发展临空会展业，布局建设大型会展场馆，盘活现有高品质酒店等资源，引进国际会展龙头企业，举办国际性博览会、展览会、交易会、贸易洽谈会、高端论坛和各类文体活动，打造包括组展企业、主场服务机构、物流企业、展台搭建机构、广告策划企业等在内的产业集群，主抓产业链上游的会展创意策划、招商组展、现场运营等产业发展，带动产业链下游的交通、通信、酒店、餐饮、旅游、零售、广告、印刷、装饰、物流货运等产业发展。

5. 精准发力发展金融、商业等服务业

聚焦"两区"建设，在临空经济区打造现代金融服务"桥头堡"，着力发展供应链金融、知识产权金融、跨境金融、离岸金融、境外金融等金融服务业，促进金融服务与科技服务融合发展。围绕国际消费中心建设，加快商业服务业发展，完善以机场为核心的商业服务网点，重点加强免税店建设，扩大以国际一线高端品牌为主体的免税商品阵营，推进实体店铺和线上销售相结合，提升旅客购物效率和线上平台正向评价的外部效应，树立国际知名品牌店的形象。着眼国际航空公司、进出口贸易公司等企业在临空经济区的发展需要，发展国际化、专业化的会计师和律师服务业，推动国际服务标准落地和现代产业体系的完善。

（三）推进投资贸易便利化，打造辐射力强劲的开放高地

1. 拓展外资准入经营范围

加强投资贸易促进政策创新，研究出台更具吸引力的外资政策措施，缩减自贸区外资准入负面清单，优化公平竞争环境，畅通创新要素流动。重点加大自贸区内与互联网数据中心业务、云服务业务相关的增值电信业务开放力度，积极争取国家先行先试政策支持，探索对外资开放互联网数据中心业务（IDC）、内容分发网络业务（CDN），逐步取消互联网接入服务业务（ISP）、在线数据处理与交易处理业务、信息服务业务等增值电信业务的外资股比限制。着力扩大医疗科技领域开放，争取在外商投资人体干细胞、基因诊断与治疗技术开发和应用等方面开展先行试点；深化跨境电商零售进口部分药品及医疗器械业务试点，争取将抗癌药、非处方药等药品纳入跨境电子商务销售医药产品试点品类，提升医药产品进口便利度。

2. 推动数字服务贸易扩大开放

加快数据流动政策与国际经贸新规则接轨，研究确定本市数字服务贸易对外开放范围与重点，积极扩大数字服务部门的对外开放水平，尝试推出同时能覆盖"跨境服贸"和"外资准入"的整合版负面清单。加强数字服务贸易开放的相关支撑技术探索，研究制定和出台产品层面的数字服务贸易分类体系，探索建设离岸数据中心。积极争取国家层面的支持，遴选具有数据跨境需求的代表性企业开展"沙盒监管"试点，明确沙盒的准入、测试、退出标准以及各方的风险防控责任和预警机

制，逐步建立包容审慎的数据跨境流动监管模式。开展特定场景和情境的数据跨境流动试点，在相关安全利益得到保障的前提下，探索数据便捷化出境的相关制度创新。

3. 促进外贸服务管理效能提升

创新物联网、云计算、大数据、人工智能和区块链等智能化卡口、电子信息联网管理模式，优化航空口岸货物通关便利政策，完善航空口岸综合服务功能，提升对外贸易服务管理效能。紧密结合对外贸易新业态、新模式，优化海关监管方式，加快推广国际邮件、跨境电商、国际快件集约式监管，进一步完善通关仓储、物流等配套服务。积极争取国家海关总署支持，对新一代信息技术、医药健康、新能源汽车、智能装备制造等领域符合条件的企业开展以企业信用为基础的"合格性保证+符合性验证"检验监管模式试点。统筹协调发改、商务、海关、税务、市场监管等部门形成合力，推出系统性的基于制度支撑的投资贸易便利化举措，加强业务整合，拓展市场深度，赋能产业发展，促进临空经济区成为首都经济新增长极，释放国际经济辐射力。

（四）完善管理体制机制，推进区域协同发展

1. 深化临空经济区管理体制机制改革

理顺临空经济区联合管委会与临空经济区大兴、廊坊两片区管委会之间的权责关系及运作机制，在三个管委会级别相同、互不隶属的情况下，先从职责分工入手深化协同制度改革。一是由联合管委会牵头建立临空经济区统一招商工作机制，研究制定统一的产业促进政策、入区标准、项目评估体系及招商方案，进一步完善和强化"管委会+平台公司"的运营管理体制机制。二是临空经济区大兴、廊坊片区管委会按照属地原则，联合本地工商、商务、税务、市场监管等部门做好招商引资服务工作，采取有效措施优化办事程序、提高办事效率。三是"两

片区"管委会联合园林、市政、海关、公安、应急等部门做好区内的绿化养护、市政道路和公共设施维护等公益服务，供水、供电、供气和电信等基础设施，以及海关监管软硬件设施和后勤管理等方面的服务保障工作；同时建立应急联动工作机制，确保迅速有效处理各类突发事件，保障安全运营。

2.推进综合保税区联合运营试点

一是按照京冀联合领导小组第一次会议中明确的"成立联合平台公司，实现综保区共建共管共享"的要求，京冀两地将综保区平台服务相关业务转交联合管委会负责，由联合管委会统一服务标准，统一编制预算，统一委托联合平台公司提供服务。二是按照京冀联合领导小组第二次会议明确的"一个机构、三方参与、一个平台、分建统管、协商分配"的原则，联合管委会参照市场价格，通过政府购买服务模式，委托联合平台公司开展招商引资服务和营商服务。三是由联合管委会设立产业发展专项基金，由京冀两地财政出资，用于支持综保区内重点产业发展，牵头推进跨界地块开发，统筹推进综保区高质量发展。

3.加快"两片区"政务服务一体化

在联合管委会主持下，建立临空经济区大兴、廊坊片区政务服务一体化机制，设立统一的临空经济区行政审批服务中心，整合相关部门资源，实现各项审批事项的"一次办好"，提高办事效率。通过推行"一网通办"等模式，简化企业办事流程，降低企业的办事成本。在联合管委会内部设立协同发展办公室，配置来自不同区域、领域的专业人才，负责协调各方利益、推动项目合作，推动要素链接、产能链接、市场链接、规则链接以及货物、服务、资金等高效有序流动。设立定期会议机制，由联合管委会主持，定期召开管委会负责人会议，分享信息，交流经验，解决问题，推进协同发展。

参考文献

蔡云楠、李冬凌、杨宵节:《空港经济区"港—产—城"协同发展的策略研究》,《城市发展研究》2017 年第 7 期。

Saaty T. L. , " Axiomatic Foundation of the Analytic Hierarchy Process," *Management Science*, 1986.

Saaty T. L. , "How to Make a Decision: The Analytic Hierarchy Process," *Management Science*, 1990.

北京超大城市都市农业
高质量发展路径研究[*]

方　方[**]

摘　要： 从绿色低碳视角探索超大城市都市农业发展规律，对于推动城乡融合发展与乡村产业振兴，实现都市农业高质量发展具有重要意义。本报告梳理了我国都市农业的发展历程及演化阶段，以北京、上海两个超大城市为案例，剖析了超大城市都市农业发展特征与功能定位，揭示了都市农业推动城乡融合发展与产业振兴的作用路径，最后提出了新时期超大城市都市农业发展战略方向与优化路径。研究结果表明，都市农业大致经历了初步发展期、快速发展期与稳步提升期三个阶段，具有生产、生态、社会、文化教育等主导功能。北京和上海都市农业生产规模及其比重呈现下降态势，农业农村财政预算支出呈波动性变化；都市农业示范引领农业现代化发展，推进农村一二三产业融合发展，通过出台各类农业支持性政策支撑引领都市农业高质量发展与乡村产业振兴。面向新时期都市农业高质量发展的战略需求，超大城市应加强不同规划之间的衔接，优化城镇体系空间布局；提升都市农业产业链价值链，探索特色化的都市农业发展路径；加大政策支持力度，完善农业政策支持与保障机制。

---

* 项目来源：本报告是北京市社会科学院激励课题"共同富裕目标下乡村振兴的路径与机制研究（2022C7324）"研究成果。

** 方方，博士，北京市社会科学院经济所副研究员。

关键词：超大城市　都市农业　农业高质量发展　城乡融合发展
绿色低碳

一　引言

都市农业是都市经济社会发展到一定阶段的必然产物，既反映了现代都市文明的内在需求，也是我国农村经济的重要组成部分。超大城市是都市圈空间结构的重要节点，也是推进城乡融合发展的前沿阵地。超大城市通常拥有较为发达的工业与服务业，同时，超大城市对农村地区的虹吸效应更为显著，大城市郊区农村点源与面源污染较为严重，可能导致农业生产效率低下、农村发展动力不足、农村发展短板明显、农业生态污染等问题，人地矛盾也具代表性。结合已有研究成果来看，国内学者开展了都市农业与城乡关系、都市农业功能定位与内涵特征、农业生态化与绿色农业、国外都市农业经验借鉴等研究。进入新发展阶段，基于都市农业相对特殊的经济、社会、生态功能，乡村地域多功能性受到社会各界的广泛关注，探索都市农业的功能定位、多功能内涵及其带动农村发展与产业振兴的路径，成为新发展阶段推进都市农业可持续发展与高质量发展亟待解决的关键问题。探索超大城市都市农业发展的一般规律，揭示都市农业的科学内涵、作用路径与优化对策，对于提升超大城市治理水平、促进城市消费多元化、推动乡村产业振兴与城乡融合发展具有重要的理论与实践意义。

二　都市农业的发展历程与功能特征

（一）都市农业的发展历程

都市农业是城市经济社会发展达到一定阶段形成的一种新型农业形

态，通常具有高投入、高技术、高效益的基本特征，其内涵可以概括为农业产业结构的市场化、农业生产方式的集约化、农业经营方式的多元化、农业生产技术的高科技化。都市农业是城乡融合互动过程作用于农村发展形成的特殊形态，城市性是都市农业区别于传统农业等其他类型农业的主要特征，都市农业强调农业与城市之间的共生。

从发展历程来看，都市农业的萌芽与发展通常伴随着工业化与城市化的大规模推进，其演化发展大致经历了三个阶段。第一阶段为初步发展期，都市农业的兴起依托于城市发展，最早出现在大城市郊区，郊区农村地区通过调整农业产业结构，满足城市居民对农产品的消费需求，具有城郊农业的基本特征。第二阶段为快速发展期，随着工业化与城市化的起步与发展，城市周边的农村地区结合乡村资源，不断促进传统农业向乡村二、三产业延伸，乡村产业由单一传统农业生产功能向生产、生活、生态等复合功能转变。这一阶段都市农业与传统农业之间的分化特征日趋明显，都市农业的兴起带动农村地区不断转型发展。例如，农用地结构趋于非粮化与非农化，农民收入结构非农化带来农村人口"空心化"，乡村产业无序发展带来环境污染问题等。随着国家对都市农业的重视程度不断提升，该阶段都市农业在提升农产品品质、保障食品安全、满足城市消费者多元化需求等方面发挥了日益重要的作用。第三阶段为稳步提升期，随着我国进入全面推进乡村振兴与共同富裕的新发展阶段，实现都市农业高质量发展对于农业的高科技投入、农产品品质、生产集约化等提出了更高的要求，都市农业在生产保障、休闲服务、研学教育、技术研发等领域的多功能性进一步被强化，都市农业产业链价值链不断完善，农村一二三产业融合不断加速，在带动农村产业兴旺、增强农村内生发展动力等方面的引领作用不断凸显。

（二）都市农业的主导功能

都市农业的功能定位是服务城市消费者，为城市居民提供高品质的农副产品，以及生态环境、农耕文化等无形产品，是经济、生态、社会、文化等多功能之间的统一与协调。具体来看，一是生产功能。都市农业具备农业生产的普遍性特征，为城市居民提供鲜活特优的农副产品，保障城市居民的物资供应。充分发挥大都市农业科技优势，开展数字化、智能化农业生产，转变传统农业生产方式，通过引入智能种植、精准种养等技术，促进农业资源高效集约利用；改变传统农业经营模式，通过整合乡村资源，延伸农业产业链，提升农业价值链，推进乡村产业多元化发展。二是生态功能。都市农业具备为城市提供生态产品、涵养水源等的生态功能，都市农业通过农业生态化改造，发展生态农业、循环农业，提升乡村生态环境质量；注重生态环境的保护和修复，着力构建人与自然、都市与农村和谐的生态环境，提升城市的生态宜居水平。三是社会功能。都市农业通过土地流转、入股分红等方式，有效整合农业资源，为农民提供更多的就业机会和增收渠道，具有明显稳就业的社会功能。都市农业采用高效的农业经营方式，使农民深度参与到农业产业链的不同环节，提高农产品附加值，进一步带动农民增收。四是文化教育功能。都市农业是城市经济社会发展的重要组成，注重农耕文明传承，具有文化教育功能，有利于强化城市与农村居民之间的社会交往与联系。都市农业通过举办农耕文化与民俗文化活动、发展休闲观光农业，使城市居民了解农耕文化，体验农业生产，提升城市居民对农业生产的认知度与参与度，增强居民对城乡融合发展的认同感。另外，都市农业由于现代化程度较高，对其他类型农业发展也具有一定的示范引领作用。

与传统农业相比，都市农业在驱动力、功能定位、发展模式、空间布局等方面具有一定的不同点与侧重点。在农业发展驱动力方面，都市农业着重缓解快速城市化过程中造成的土地资源稀缺、人地矛盾突出、生态环境压力大等问题，传统农业侧重通过农业现代化探寻农业发展带动农民增收路径；在功能定位方面，都市农业侧重于生态、文化教育等多功能，传统农业更侧重于农业生产与保障粮食安全等经济功能；在发展模式方面，都市农业通过采取小规模、高度集约生产模式，注重农业生产的科技化、绿色化与市场化，传统农业通常采取规模化的农业生产模式，注重农产品的产量；在空间布局方面，都市农业通常分布于大都市及其周边农村地区，城乡融合程度相对较高，而传统农业通常距离大都市区较远，分布相对分散，与城市之间的联系相对较弱（见表1）。

表 1　都市农业与传统农业的对比

类型	驱动力	功能定位	发展模式	空间布局
都市农业	缓解土地资源稀缺、人地矛盾突出等问题	生态、文化教育等功能	小规模、高度集约生产模式	分布于大都市及其周边农村地区
传统农业	提升农业现代化水平，以农业发展带动农民增收	农业生产、粮食安全等经济功能	规模化农业生产模式	通常距离大都市区较远，分布相对分散

三　超大城市都市农业的功能定位与作用路径

本研究以北京和上海两个超大城市作为案例，分析超大城市都市农业发展特征，揭示新时期都市农业的功能定位，以及带动城乡融合发展与产业振兴的作用路径。

（一）超大城市都市农业发展特征与功能定位

1. 都市农业发展特征

通过收集2010~2022年北京与上海农业农村统计数据，本部分对比分析了超大城市北京和上海都市农业发展的主要特征。

一是农业总产值规模与比重总体呈现下降态势，农民收入持续增长。都市农业在推动大都市经济增长中的贡献较小，伴随北京、上海的地区生产总值持续增长，农业生产规模及其在地区生产总值中的份额均处于下降态势。2010~2022 年，北京、上海农业总产值分别由 154.2 亿元下降至 129.8 亿元、由 296.2 亿元下降至 265.9 亿元，农业总产值占GDP 的比重分别由 1.03%降至 0.31%、由 1.76%降至 0.60%（见图1）。以第一产业从业人员测算两地劳均农业产值，2022 年，北京、上海劳均农业产值分别为 51699 元和 126633 元，相差较大。对比北京与上海农村居民人均可支配收入的变化趋势，均呈现持续增长态势，2010~2022 年，北京、上海农村居民人均可支配收入分别由 12368 元增至 33303 元、由 13746 元增至 38521 元，北京农民人均可支配收入总体低于上海（见图 2）。

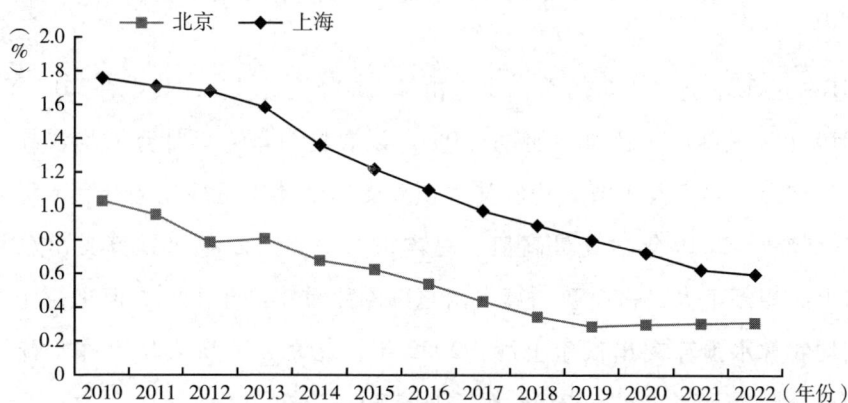

图 1　2010~2022 年北京、上海农业总产值占 GDP 的比重

数据来源：2011~2023 年《北京统计年鉴》《上海统计年鉴》，下同。

二是农业农村财政预算支出呈现波动变化趋势。在财政拨款支出结构中，农林水预算支出是地区在农业综合补贴、现代农业发展、农业科技、农业生态等领域的财政支出，反映地区对农业农村发展的财政支持力度。2010~2022 年，北京农林水预算支出总额由 158.6 亿元增至462.8 亿元，占当年一般公共预算支出总额的比重由 6.8%降至 6.2%，其比重总体呈现波动变化趋势，其中，2014 年、2017 年、2018 年、2019 年比重较高，均超过 7.5%；同期上海农林水预算支出总额由

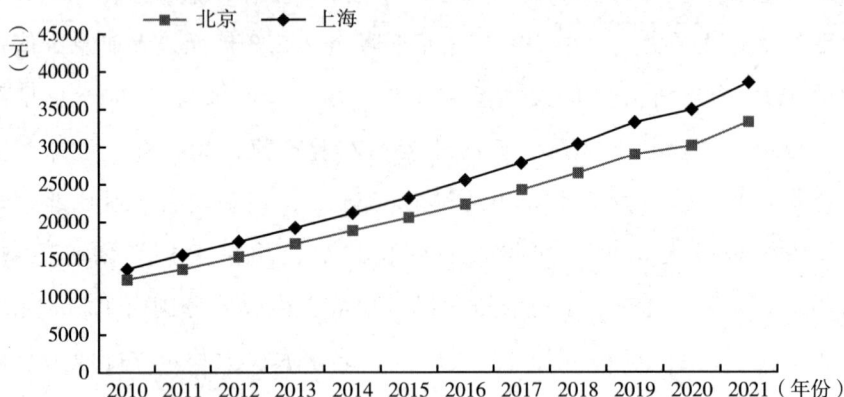

图2　2010~2022年北京、上海农村居民人均可支配收入

151.9亿元增至388.6亿元，比重由4.6%降至4.1%，其中，2017年、2019年为最高值，比重均超过6.0%。以农村户籍人口计算人均农林水预算支出，北京与上海人均农林水预算支出整体均呈现先上升后下降的变化趋势，2019年达到最高值。总体来看，北京农林水预算支出总额与上海相差不大，占财政预算支出总额的比重略高于上海，但是，北京人均农林水预算支出低于上海，2022年，北京、上海人均农林水预算支出分别为21892元、32144元（见图3）。

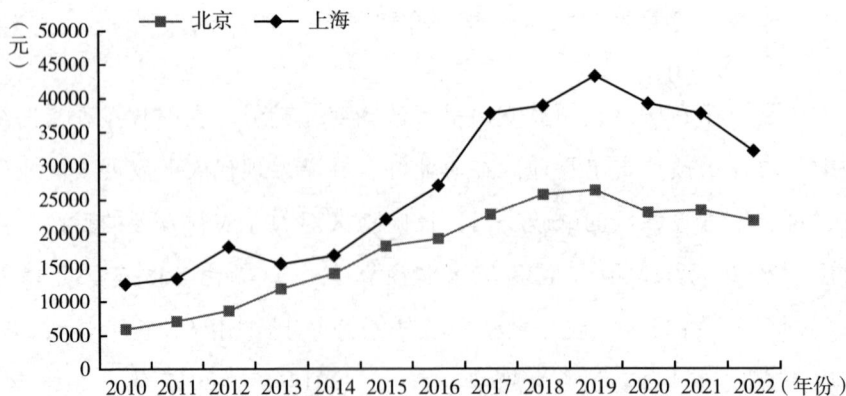

图3　2010~2022年北京、上海人均农林水预算支出

2. 都市现代绿色农业的功能定位

按照中央农村工作会议对实施乡村振兴战略的总体部署,各地明确了乡村振兴的时间表与路线图,细化了农业农村现代化的思路、目标与任务。新发展阶段,北京和上海结合产业发展基础与都市农业功能定位,进一步制定了新时期都市现代绿色农业发展目标,明确了实施高效农业、绿色农业的战略方向(见表2)。在"十三五"时期,北京重点发展高效节水农业,农业绿色发展水平、农业科技进步贡献率稳步提升;上海着力构建了与超大城市相适应的乡村产业体系,实施了绿色农业发展三年行动计划,发展乡村休闲旅游业,两地均具备了实施高质量发展现代农业的产业基础。在功能定位上,北京明确乡村振兴以大城市带动大京郊、大京郊服务大城市为发展方略,以保供固安全、振兴畅循环为定位,以推进都市型现代农业高质量发展为目标;上海明确了超大城市都市农业保障供给、保持生态涵养的功能定位,以强化服务城市发展、承接城市功能外溢,凸显乡村地区的经济价值、生态价值和美学价值作为发展方向。在发展目标方面,北京进一步明确了构建现代乡村产业体系的目标与方向,促进农业高质高效、乡村宜居宜业、农民富裕富足,率先基本实现农业农村现代化;上海也提出率先基本实现农业农村现代化,基本形成城乡空间布局合理、功能多元多样、产业融合发展的城乡融合发展格局,并着力打造都市现代绿色农业发展示范区。

表2 北京与上海都市现代绿色农业的产业基础、功能定位与发展目标

地区	产业基础	功能定位	发展目标
北京	农业"调转节"任务全面完成。绿色发展水平稳步提升,蔬菜实现良种全覆盖,农业科技进步贡献率达到75%	以大城市带动大京郊、大京郊服务大城市为发展方略,以保供固安全、振兴畅循环为定位,促进农业高质高效、乡村宜居宜业、农民富裕富足	现代乡村产业体系基本形成。形成产品质量高、生产效率高、产业效益高、安全生产能力强的都市型现代农业新态势

续表

地区	产业基础	功能定位	发展目标
上海	构建与超大城市相适应的乡村产业体系；实施绿色农业发展三年行动计划，组建了7个现代农业产业技术体系；培育乡村新型服务业	增加绿色农产品供应，为上海超大城市提供高品质鲜活农产品；保持生态涵养功能，发挥水土保持、水源涵养、环境净化、生物多样性等作用	率先基本实现农业农村现代化，基本形成城乡空间布局合理、功能多元多样、产业融合发展的城乡融合发展格局；打造产品绿色、产出高效、产业融合、资源节约、环境友好的都市现代绿色农业发展示范区

资料来源：《北京市"十四五"时期乡村振兴战略实施规划》《北京率先基本实现农业农村现代化行动方案》《上海市乡村振兴"十四五"规划》《上海市都市现代绿色农业发展三年行动计划（2018—2020年）》。

（二）超大城市都市农业的作用路径

都市农业作为缓解城市资源环境矛盾、带动村强富民的载体，对于推进城乡融合发展与乡村振兴具有重要的桥梁作用。通过梳理北京与上海都市农业发展实践，从绿色低碳视角探索揭示都市农业在城乡融合发展与乡村产业振兴的作用路径。

1.都市农业示范引领农业现代化，推进农村一二三产业融合发展

都市农业通常具备高科技含量、高效要素组合方式和劳动生产率等农业现代化特征，都市农业成为示范引领农业现代化与助推农村一二三产业融合发展的主力军。

第一，都市农业利用技术、资本等优势示范引领农业现代化。都市农业依靠超大城市的技术、资本与市场等优势，借助先进的农业科技、农业设备与管理模式，推动生产规模化、集约化和标准化，技术、人才等创新要素集聚支撑农业科技创新力度不断加大，都市农业在推动农业现代化与农业生态化的示范引领作用不断提升。例如，2020年7月，北京最早提出农业中关村建设，至今已取得阶段性成果，果业、温室园艺示范园、奶业示范园等创新载体的基础条件不断完善，着力打造农业

中关村的核心引擎，促进创新资源加速集聚，创新环境不断优化，科技引领人才及创业新团队不断完善。北京不断强化都市农业种业研发与投入，通过与科研院所、高校等机构合作开展种业研发工作，建立种业创新平台，推动都市农业种业健康发展。2010～2022 年，受各种因素影响，北京种业收入总体呈下降态势，2019 年种业收入达到 15.1 亿元（见图 4）。上海市崇明区通过推广绿色种养模式、构建生态循环体系、强化生态农业科技支撑，加快推进都市现代绿色农业转型升级，崇明区绿色食品认证面积比重达 91.8%，绿色农产品供给持续增长，农作物秸秆综合利用率达到 97%，畜禽粪污综合利用率高达 100%，农业生态环境不断优化。

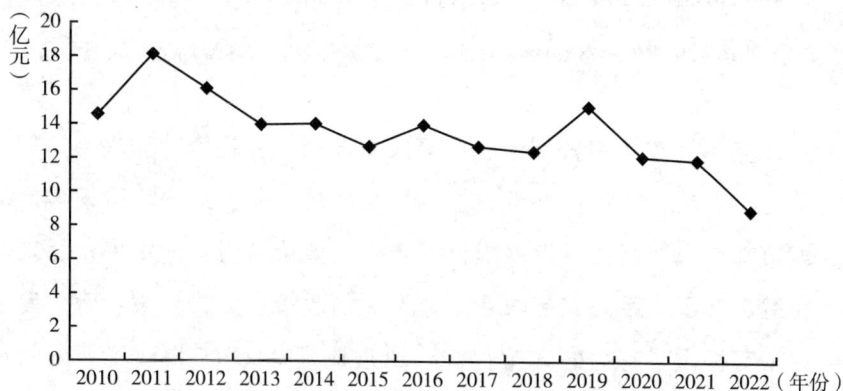

图 4　2010～2022 年北京种业收入变化趋势

第二，都市农业加快推进农村一二三产业融合发展。都市农业推动以要素重组升级为核心的农业产业革命，推动城乡要素双向流动，提高农业产业竞争力。都市农业通过整合与优化现有产业链，延长农业生产产业链，向加工、销售、服务等环节延伸，或向休闲农业、乡村旅游等服务业延伸，推动农业与工业、服务业的深度融合，形成一二三产业的联动发展格局。2010～2022 年，北京农业观光园与乡村旅游总收入呈现波动变化趋势，2017年达到最高值44.1亿元，高峰期从业人员最多达到将近7万人（见图5）。

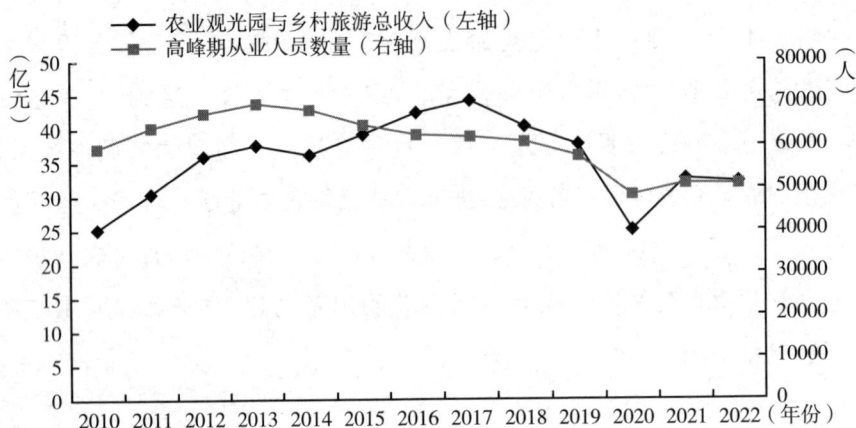

图5　2010~2022年北京农业观光园与乡村旅游总收入、高峰期从业人员数量

2.以支持性政策引领都市农业高质量发展与乡村产业振兴

政府层面出台的支持都市农业发展与乡村产业振兴的政策，为推进超大城市都市农业高质量发展提供了重要的政策指引。近年来，北京与上海相继出台了一系列支持农业产业发展的政策意见，为城乡融合发展与乡村振兴提供了有力的政策保障，通过梳理2023年北京与上海两地出台的主要政策文件，政策支持的侧重点及战略方向呈现以下特征。一是注重都市农业的绿色高质量发展。北京出台了奶业与蔬菜产业等重点农业行业高质量发展的行动计划，以农业产业提质增效，保障首都农产品供给安全；上海在高水平改革开放推动高质量发展行动方案中，将农业农村高质量发展作为行动目标之一，并明确粮食安全、现代农业装备水平等领域的重点任务，着力提升农业生产效率。二是不断细化完善乡村发展与乡村产业振兴的配套政策。北京出台了乡村振兴责任制实施细则、农业农村减排固碳方案、点状用地指导意见、支持农产品加工中小企业发展等政策，从乡村人才、土地、基础设施建设等角度为乡村产业发展提供保障；上海也出台了农村综合帮扶、乡村振兴责任制、乡村民宿高质量发展、农业种质资源保护资金与现代农业建设项目资金管理的政策文件，从人才、机制、资金等角度支持乡村产业、绿色农产品供给与现代农业高质量发展。2023 年北京与上海出台都市农业与产业振兴的主要政策文件及要点如表 3 所示。

四　北京都市农业高质量发展的路径选择

超大城市都市农业具有农业资源利用效率高、人才资源与科技创新资源相对丰富、城市消费市场与消费潜力较大等发展优势，与此同时，都市农业也面临着一些挑战。土地资源短缺、农业污染治理不足、农业科技创新成果转化不足、劳动力与土地资源成本上升、农业产业结构不合理等问题相对突出。随着超大城市进入城乡融合的新发展阶段，都市农业需充分利用特殊的城市环境和资源优势，结合新战略定位，围绕农业高质量发展与共同富裕目标，从绿色低碳视角探索适宜超大城市都市农业可持续与高质量发展的优化路径。

（一）加强不同规划之间衔接，优化城镇体系空间布局

在都市圈高质量发展、城镇体系组织优化方面，应从整体层面加强各类规划对都市农业发展的引领作用，加强各类规划之间的衔接与整合。一是加强都市农业规划引领作用，突出农业绿色发展。从区域协调与城乡融合发展视角，重新厘清都市农业的发展定位，注重都市农业空间布局对于优化城乡空间结构、提升城乡空间组织功能的引领作用，统筹城、镇、村等不同级别的规划，注重都市现代绿色农业规划、城镇村规划与都市圈规划之间的衔接，促进超大城市都市区、小城镇、都市田园乡村之间的协调发展。高标准推进乡村建设行动，不断完善服务于都市农业发展与乡村产业振兴的城乡基础设施规划，持续推动城乡要素双

表3 2023年北京与上海出台都市农业与产业振兴的主要政策文件及要点

	北京			上海	
发布时间	文件名称	要点	发布时间	文件名称	要点
2023年3月	《北京市乡村建设行动实施方案》	扎实推进乡村建设，全面提升乡村宜居宜业水平	2023年8月	《关于持续深化农村综合帮扶促进农村富民的指导意见》	加强农村集体经济高质量发展，促进农村居民共同富裕
2023年5月	《关于落实乡村振兴重点工作支持农产品加工中小企业发展若干措施》	支持农产品加工中小企业做强做优，提升科技创新、产业带动、服务保障能力，促进一二三产业融合发展	2023年10月	《上海市乡村振兴责任制实施细则》	全面落实乡村振兴责任制，构建超大城市空间新格局
2023年7月	《北京市乡村振兴责任制实施细则》	实行市负总责，区乡镇抓落实的乡村振兴工作机制	2023年11月	《中共上海市委关于深入学习习近平新时代中国特色社会主义思想深化高水平改革开放推动高质量发展的行动方案（2023—2025年）》	推动上海农业农村高质量发展，加快提升农业劳动生产率、土地产出率和资源利用率；提出粮食生产、现代农业设施装备等12项重点任务
2023年7月	《北京市农业农村减排固碳实施方案》	推进农业农村减排固碳工作，促进农业农村绿色高质量发展	2023年11月	《关于推进上海乡村民宿高质量发展的若干措施》	提出健全乡村民宿工作机制，规划引领等重点措施
2023年6月	《关于加强设施农业用地管理促进乡村振兴的指导意见（试行）》	促进首都乡村振兴，推进城乡融合发展，保障首都生态安全	2023年11月	《上海市农业种质资源保护管理细则》	规范种质资源保护管理，提高资金使用效率
2023年9月	《北京市奶业高质量发展行动方案（2023—2027年）》	实现奶业高质量发展，提高首都乳制品供给安全	2023年12月	《上海市都市现代农业建设项目资金和管理细则》	提升现代设施农业发展水平，推进都市现代农业高质量发展
2023年11月	《北京市蔬菜产业高质量发展三年行动计划（2023—2025年）》	保证一定菜篮子自给率，推动蔬菜产业高质量发展	2024年1月	《上海域外农场现代农业专项规划（2023—2030年）》	推动域外农场现代农业高质量发展，保障上海农产品供给

资料来源：北京市人民政府网站、上海市人民政府网站。

向流动。二是不断优化城镇体系和都市农业空间布局。结合超大城市都市圈的资源禀赋优势，着眼于破解都市农业面临的短板与弱势，进一步强化都市农业的经济、生态、文化等功能，探索适宜不同类型都市农业高质量发展路径，打造绿色农业先行示范区；完善乡镇在都市圈与城镇体系中的节点功能，作为承载农村一二三产业融合与农业新业态的平台载体；重构村域层面空间体系，改变农业生产规模小、分布分散的现状，不断优化农业空间布局，促进产业适度空间集聚。

（二）提升都市农业产业链价值链，探索特色化的都市农业发展路径

依托特色农业资源，注重本土性与文化性，高标准谋划符合超大城市需求的都市农业高质量发展路径，着重提升都市农业的生态化、科技化、品牌化建设。一是持续加大以绿色生态为导向的农业科技投入，加强农业科技成果转化。持续加大政府和企业对农业科技创新的投入，优化整合科研机构、高校和企业等资源，促进农业科技资源与绿色生产技术共享，共同推动农业科技创新和成果转化；加强科技创新服务能力建设，不断加大研发支持与创新服务力度，优化农业科技创新生态系统，吸引优质人才与资本集聚；强化对都市农业的重大科技方向的引导，通过科学系统规划与布局，加快实施具有前瞻性的农业科技创新项目，强化农业高新技术基地、项目、人才、资金等要素配置；通过合理规划创新主体布局，在科研项目申报、技术转化与创业等方面向农业农村领域倾斜，通过共建或联建实验室等方式，促进科技资源高效利用与实现最大化收益。二是持续提升绿色发展产业链价值链。深度整合都市农业产业链，不断加强对上游领域种养环节的环境监测与农产品质量把控，不断提升中游领域加工、储运等环节的资源利用效率，持续优化下游的销售、旅游等服务水平，构建集约高效、环境友好、绿色安全的都市农业绿色产业链；加强物联网、大数据、智能温室等设备投入，推动传统种

养农业数字化转型升级；促进农产品向加工业、休闲农业、乡村旅游等领域拓展，为企业主体提供用地、人才、信贷等政策支持；整体谋划都市农业优质农产品品牌化建设，打造都市农业区域公用品牌，加强农业品牌精品培育，积极打造符合新时代需求的都市农业高质量发展样板，在产品渠道对接、媒体宣传、产品展销、金融信贷、海外推广等方面为品牌建设提供政策支持。

（三）加大政策支持力度，完善农业高质量发展保障机制

都市农业是一个相对较新的农业产业形态，未来应对都市农业绿色发展给予更多的政策支持与引导。一是优化完善农业产业绿色发展的配套服务。为提升都市农业生产效率，应完善都市农业高质量发展所需的技术、金融、信息、政策法律等配套服务，构建以资源节约、产业准入负面清单为主的绿色农业发展的制度体系。在人才配备上，实施农业技术服务行动计划，动员农技人员做好农情监测、宣传培训、政策宣传、农业技术咨询、推广新技术等工作。出台完善重要农产品稳产保供与农田水利基础设施建设的金融服务，健全完善重点种业企业投融资机制，探索构建多元化食物供给体系的金融服务。优化农业机械服务体系，为生产经营主体购置农机科技装备提供信贷补贴等惠农政策，提升农业科技装备水平。二是探索完善农村要素市场化配置机制。以市场机制配置农村土地、劳动力、资本、技术等主要生产要素，促进城乡要素双向流动，探索创新农村土地产权制度、价格机制与信息机制。率先在近郊型都市农业的农村地区探索农村集体经营性建设用地入市的创新路径，健全土地增值收益分配机制，试点探索农村宅基地所有权、资格权、使用权分置的实现形式；探索出台与要素市场化配置改革相适应的财税制度、户籍制度、农村社会保障制度等配套改革政策。

参考文献

蔡建明、杨振兴：《国际都市农业发展的经验及其借鉴》，《地理研究》2008 年第 2 期。

曹林奎、陆贻通、李亚红：《都市农业的基本特征与功能开发》，《农业现代化研究》2002 年第 4 期。

方志权、吴方卫、王威：《中国都市农业理论研究若干争议问题综述》，《中国农学通报》2008 年第 8 期。

刘慧、沈桂龙、汝刚：《超大城市增强农村产业发展的动力机制与国际经验》，《农村经济》2020 年第 1 期。

杨振山、蔡建明：《都市农业加工型企业的发展机理与模式——以互润食品集团为例》，《地理研究》2007 年第 2 期。

城市治理与社会建设篇

功能演变视域下北京超大城市
治理与高质量发展研究

任　超　　蒲红铮*

摘　要：北京超大城市治理与高质量发展是建设国际一流的和谐宜居之都的重要内容。基于功能演变的视角，本报告对北京城市定位与空间变迁进行梳理，探讨影响北京高质量发展的历史因素与空间因素。北京超大城市治理与高质量发展存在传统文化空间、工业文化空间、国际交流空间在城市建设中的交叠与混杂，公共空间占城市空间比重低、公共空间缺少生态性和可持续性，社会公共服务存在治理困境，缺乏超大城市治理经验等难题。新征程上，应加强顶层设计，加强对传统文化空间、工业文化空间和国际交流空间的有机融合和传承利用，优化城市空间布局，深挖现有公共空间资源，推动多元参与、建立跨部门协调机制。切实提升超大城市治理水平，推动首都高质量发展。

关键词：北京城市功能定位　空间变迁　超大城市治理　高质量发展

　　北京作为中国首都，随着时代发展，逐渐发展成为文化中心、经济中心、科技中心和国际交往中心。一方面，城市功能需要相应的空间载

---

　　* 任超，博士，北京社科院市情所助理研究员；蒲红铮，博士，重庆理工大学管理学院讲师。

体来支撑，推动城市空间拓展。另一方面，城市功能的转变也要求城市空间进行相应的调整和优化，以适应新的功能需求。因此，北京城市定位与北京城市空间变迁二者紧密相连。党的二十大报告明确指出，"高质量发展是全面建设社会主义现代化国家的首要任务"；中央经济工作会议指出，"把坚持高质量发展作为新时代的硬道理"。对于北京而言，城市功能定位的演变与空间变迁对北京超大城市治理与高质量发展有着重要意义。城市功能定位的演变是推动高质量发展的重要动力。随着城市功能的拓展和优化，北京的城市功能结构得到了调整和优化，新的产业和业态得到了发展，这为北京高质量发展提供坚实的支撑。空间变迁是推动高质量发展的重要手段，通过优化城市空间布局、提高公共服务水平等措施，提高城市宜居性，增强群众幸福感。

一　北京城市功能定位的演变

1949年，中华人民共和国成立，北京进入了新的历史阶段，以人民当家作主的社会主义生产方式决定了新的北京城市功能。

（一）以"社会主义工业体系"为指导的生产型城市（1949~1978）

中华人民共和国成立后，北京主要围绕社会主义制度与社会主义生产方式进行城市功能定位。1953年，中央提出把北京建设成为工业化城市。同年成立北京城市规划小组，制定《改建与扩建北京市规划草案要点》，北京作为国家首都具有示范效应，要把发展"重工业"，建设工业城市放在首位。在优先发展重工业的基础上，有计划地建立新厂和充分发挥企业特性，初步完成首都工业化。1958年，《北京城市建设总体规划初步方案》进一步提出，北京是我国的政治中心和文化教育中心，要迅速地把它建设成为一个现代化工业基地和科学技术的中心，让它站在技术革命与文化革命的最前列。此规划为北京成为我国重要的工业城市与科技中心奠定了基础。

（二）以"中国特色社会主义经济建设"为指导的国际型城市（1978~2014）

1978 年邓小平同志提出"解放思想，实事求是，团结一致向前看"，这个时期北京城市建设的主要目标是以发展社会主义市场经济为纲领，积极融入国际社会。

1997 年，北京提出"大力发展首都经济"，北京不再采用"发展经济就是发展工业"的理论，北京的城市定位开始调整，焦化厂停产、首钢外迁。2001 年中国加入世贸组织后，北京被定位为国际城市和宜居城市，以经济发展带动城市功能发展。因此，形成了与国际接轨的生产性服务业、文化创意产业、高新技术和现代制造业，打造国际化的"首都经济产业体系"。这个时期，北京的国际化参与程度明显提高，1998~2003 年，北京大型项目的国际方案达到了全国的 51%，加深了北京的国际化地位。2008 年，北京进一步提出要建设成为具有国际影响力的金融中心城市。

（三）高质量发展时期的国际宜居型城市（2014年至今）

习近平总书记在 2014 年、2017 年两次视察北京，对首都发展提出明确要求，即"建设国际一流的和谐宜居之都"。"宜居"的本质就是坚持人民城市为人民，以北京市民最关心的问题为导向，以解决人口过多，交通拥堵，房价高涨，大气污染等问题为突破口，提出解决问题的综合方略。这意味着北京进入了一个新的发展时期——"人民城市为人民"的国际和谐宜居之都。为人民解决问题成为北京新的发展方向，也成为北京城市发展的关键内容。

除此之外，为了更好地发挥"都"与"城"的城市功能，北京开始建设城市副中心，这也标志着中央职能与北京职能的区分。核心主城区与通州新城形成"一主一副"的定位。北京通过疏解中心城区人口，让核心城区更好地发挥国际交往职能，强化城市功能的作用，提升国际影响力。人民诉求与高质量发展成为当前北京城市建设的主要内容。

北京城市功能定位如表1所示。

表1 北京城市功能定位

年代	城市定位	功能定位	文件
1949~1978年	政治中心、文化教育中心、科学技术中心、工业发展中心	建设社会主义工业化城市	《改建与扩建北京市规划草案要点》《北京城市建设总体规划初步方案》
1978~2014年	政治中心、文化中心、国内外交往中心、国际城市	国际化大都市	《中共中央、国务院关于对〈北京城市建设总体规划方案〉的批复》《北京城市总体规划（2004—2020年）》
2014年至今	政治中心、文化中心、国际交往中心、科技创新中心	国际一流的和谐宜居之都	《北京城市总体规划（2016—2035年）》

二 北京城市空间变迁过程

随着社会发展以及城市定位的不断调整，城市空间也正发生不断变化。对于北京而言，良好的城市空间能够凸显首都功能，使其所包含的"国家功能"与"城市功能"在空间上得到更好的协调与发展，城市功能更好地服务国家功能，并为政治、文化、科技创新、国际交流的发展需求提供空间保障。

1949年至今，北京城市空间变迁可以分为三个阶段。第一阶段是1949~1978年，这期间北京城市空间呈"分散式集团"发展模式，城市空间以服务社会主义工业化为主，所以城市内具有社会主义特征的工业要素显著增加。第二阶段是1978~2014年，随着改革开放以及中国加入世界贸易组织，北京与国际接轨，更多地参与到国际合作中，这时城市空间围绕"两轴—两带—多中心"发展，呈现出民族性与国际性特征。第三阶段是 2014 年至今，由于我国国际地位增强以及人民生活水平提高，北京需要实现高质量发展来满足人民生活与社会生产需要，城市空间发展与规划开始跻身世界一流城市，发展建设开始围绕世界一流和谐宜居之都进行。

（一）第一阶段：打造工业化特征的城市空间（1949~1978）

这一阶段，政治地位导致北京追随苏联的脚步最为紧密，大量学习苏联的城市规划和建筑设计经验，变消费城市为生产城市成为北京城市发展的主要方向。为此，北京大力发展工业，各种工业区域在城市空间内铺开。受当时"分散集团式"发展思路影响，城市工业区域的分布呈现多个分散的产业集团。20 世纪 50 年代初，北京还未形成社会主义工业体系，基本以发展原料工业为主。20 世纪 60 至 70 年代，社会主义工业体系初步形成，电子工业、化学工业快速发展。因此，北京东南郊分布大量棉纺织、化学工业和电子产业集群。除此之外，西郊钢铁、煤炭和电力工业区域发展迅速，西南郊则主要发展石油化工产业。在这个时期，大量工业制造业区域开始融入北京城市空间（见表 2）。

表 2　1949~1978 年北京工业群的城市分布

年代	工业区	工业类型	主要工厂	位置分布
1949 年始	门头沟、石景山工业区	电力、煤炭、钢铁工业	首都钢铁厂（扩建） 石景山发电厂	西部
1955 年始	垡头工业区	化学工业	北京焦化厂 北京染料厂 北京化学试剂厂	东南部

续表

年代	工业区	工业类型	主要工厂	位置分布
1956 年始	朝阳酒仙桥工业区	电子仪器工业	北京电子管厂 华北无线电器材厂 北京电线厂	东部
1964 年始	东郊棉纺区	纺织工业	北京印染厂 京棉二厂 北京第一针织厂	东部、北部
1965 年始	房山、燕山工业区	石化工业	东方红炼油厂 北京石油化工公司	西南部

（二）第二阶段：建设国际性大都市的城市空间（1978~2014）

1979~2014，随着国际交流合作的加深，北京城市空间发展开始对标国际大都市，打造国际化大都市的理念开始主导城市空间建设。《北京城市总体规划（1991 年—2010 年）》提出，进一步加强和完善全国政治中心和文化中心功能，建设全方位对外开放的国际城市。《北京城市总体规划（2004 年—2020 年）》进一步提出，北京做好四个服务的工作要求，强化首都职能；以建设世界城市为努力目标，不断提升北京在世界城市体系中的地位作用；充分发挥首都在国家经济管理、科技信息、交通等方面的带动作用；形成具有包容性、多元化的世界名城，提高国际影响力。

由于与国际交流逐步加深，北京的城市功能逐步增加。为了分散城市功能和人口，形成多中心城市结构，北京城市空间也开始转向"两轴—两带—多中心"发展结构，城市规模开始放射发展。同时，随着北京与国际社会的深度融合，北京的城市空间与地标性建筑越来越满足国际化需要，凸显国际性特征，各大建筑文化空间也开始以国际化为主。

（三）第三阶段：创建高质量的国际一流和谐宜居之都（2014年至今）

2014年，北京开始进入高质量发展阶段。这个时期，根据北京城市发展的实际情况以及对国际先进首都城市如日本东京、瑞典斯德哥尔摩城市空间建设的借鉴。北京开始围绕"一主、一副、两轴、多点空间"发展，其核心是在坚持以人为本、复合功能规划理念下，提升城市品质、疏解中心城市功能，加强副中心以及多点空间功能优化，以此促进高质量发展，建设世界一流宜居之都。

这个时期，北京空间发展分为五个区域。第一个区域是核心层级空间建设。是首都功能核心区，包括东城区和西城区。为了形成政务活动运行高效、环境优美和谐的中央政务环境，首都功能核心区以中南海——长安街沿线进行提升，降低人口密度，打造精品街巷。第二个区域是城市功能拓展区，即朝阳、海淀、丰台和石景山区。这4个区从前有大量的工厂与国企事业单位，中华人民共和国成立后，尤其是近30年，这4个区都经历了快速发展。国际化的城市空间要素大量增加，朝阳区加快综合示范区和自由贸易试验区建设，增加国家文创实验区，海淀区加快北部生态科技新区建设，石景山区打造现代化的服务业和高新技术产业区，丰台区则加快城市更新建设。第三个区域是城市发展新区。包括通州、顺义、大兴、昌平、房山区的平原地区，城市发展新区开始承接一部分城市功能拓展区的产业结构与城市服务，同时也承接外溢的核心区人口。第四个区域是生态涵养区。门头沟、平谷、怀柔、密云、延庆作为生态涵养区，为北京的绿色、环保提供生态支持。第五个区域是城市副中心。城市副中心在一定程度上承担北京的部分管理职能，分流主城区的交通压力、居住压力与管理压力。城市副中心除了承接核心区的部分功能外，在空间的打造上更加国际化和生态化，其主要目标是建成高效、便捷的国际一流和谐宜居之都（见表3）。

表 3　2016~2030 年北京国际一流和谐宜居之都空间建设

功能区	包含范围	主要功能
首都功能核心区	东城、西城	服务中央政治中心的职能
城市功能拓展区	朝阳、海淀、丰台、石景山	服务核心区的职能
城市发展新区	通州、顺义、大兴、昌平、房山区的平原地区	服务北京创新产业发展职能
生态涵养区	门头沟、平谷、怀柔、密云、延庆	提供首都生态涵养职能
城市副中心	通州	服务北京管理的职能

通过分析北京城市空间演变历程可以发现，随着时代的发展，北京城市空间受到城市功能变化而发生改变，其变化的根本原因是由服务主体对城市空间的不同需求决定的。中华人民共和国成立后，随着北京作为首都的榜样作用凸显以及与国际社会的深度融合，城市空间满足的是生产与国际交流的需求，随着需求的不断转变与深化，其城市空间要素不断增加与扩展，北京城市空间功能与文化的叠加与错落，这也给当前北京城市的高质量发展带来了问题与困境。

三　功能演变视域下北京超大城市治理存在的问题与高质量发展对策建议

（一）存在的问题

第一，城市功能定位的转变，造成传统文化空间、工业文化空间、国际交流空间在城市建设中的交叠。北京的传统文化空间、工业文化空间、国际交流空间并不是在同一时期有序出现的，这使得北京在城市发展过程中的定位不断变化，城市土地资源日益紧张，传统文化空间与工业文化空间受到挤压，一些具有历史和文化价值的建筑和遗址无法得到有效保护。同时，传统文化空间、工业文化空间和国际交流空间代表了不同的文化背景和价值观。在城市建设中，不同时期形成的文化空间,往往存在空间叠加后文化理念错乱的问题,致使文化空间很难相互融合。除此之外,在高质量发展的今天,一些传统文化空间和工业文化空间可能无法满足当前北京城市的功能需求,例如交通、居住、人口。这又使大量传统文化空间、工业文化空间出现失能的问题。

第二,城市功能定位的现实原因,致使北京公共空间占城市空间比重低、城市空间缺少生态性和可持续性。北京城市高质量发展最重要的目标之一就是建立全球宜居城市。但相较于哥本哈根、阿姆斯特丹这些国际宜居城市而言,北京城市的公共空间占城市空间比重低,城市公共空间过于追求实用性,而忽视了城市的生态性和可持续性。以哥本哈根市为例,城市在规划和设计中特别注重公共空间。整个城市大约有40%的面积用于公共绿地和休闲场所,城市建设更强调城市的生态平衡和可持续发展,同时为居民提供更舒适和宜居的生活环境。而北京城市的公共空间的占有率仅为29.2%,尤其在生活便利度和城市生态化方面还存在较大的距离。主要原因可以归结为两个方面。一是城市规划与历史遗留问题。北京城市的历史定位不同,城市功能与城市空间占北京公共空间的比例较低,北京更侧重于居住、商业和工业等功能区的划分,而对生态与居住适宜度的考量较低。二是土地资源紧张与经济效益考量。北京土地资源有限,城市开发者往往更倾向于建设能够带来直接经济效益的项目,而忽略生态与可持续发展。

第三,城市空间拓展与人口激增导致社会公共服务存在治理困境。随着经济发展与人口增长,北京城市空间不断扩张,给北京的高质量发展带来一系列社会治理与文化治理问题。一是人口管理问题。随着北京城市空间扩大,人口规模增加,大量流动人口出现,各类人群有不同生活背景、不同职业阶层、不同文化习惯,为城市的高质量发展增加难度。二是公共服务问题。北京作为超大城市往往存在公共服务供给不足、服务需求多样的特点。北京核心城区可能拥有更多的社会公共资源，而北京郊区则可能缺少必要的资源与公共服务，从而造成各区之间资源配置不均衡、居民生活质量差异大的现象。三是公共交通拥堵严重问题。由于职住失衡，北京城市的交通流动量大，大量的车辆和人口使得交通拥堵成为常态，严重影响居民日常生活的宜居度。除此之外，基础设施建设、环境保护等方面的城市问题也会制约北京城市的高质量发展。

第四，缺乏超大城市治理经验，还未形成有效的超大城市治理体系。习近平总书记指出，"要树立全周期管理意识，加快推动城市治理体系和治理能力现代化，努力走出一条符合超大型城市特点和规律的治理新路子"。目前而言，北京超大城市治理体系建设主要存在社会治理法规、规划、标准不完善，基层社会治理平台不巩固，关键性环节不完善，应急管理和技术支撑不足等问题。

因此，为了解决以上问题，必须从顶层设计、城市文化空间、城市空间布局以及治理理念等层面入手，提升治理水平，推动北京超大城市治理与高质量发展。

（二）高质量发展对策建议

1. 加强顶层设计，推进治理体系法治化、智慧化、协同化

北京作为中国的首都和超大城市，构建超大城市治理体系是一个复杂且重要的任务。因此，要谋求高质量发展，必须强化顶层设计和战略规划，制定全面的城市治理规划和战略，明确治理目标、任务和措施。加强顶层设计，确保各项政策和措施之间的协调性和一致性。推进城市治理法治化，通过加强城市治理领域的法律法规建设，确保各项治理活动有法可依、有章可循。提高城市治理的法治化水平，保障公民、法人和其他组织的合法权益。同时，利用现代信息技术手段，推动城市治理的数字化、智能化。通过大数据分析、物联网等技术手段，提高城市治理的效率和精准度。推进区域协同发展，通过加强北京与天

津、河北等周边地区的协同发展，推动形成区域一体化的城市治理体系。加强与周边城市的合作，共同应对超大城市治理面临的挑战，减少城市压力。

2. 提升城市文化空间的丰富性、传承性、可利用性

北京的传统文化空间承载了历史记忆、民族特色和地方文化。工业文化空间则体现了我国革命的发展史和现代化进程。国际文化空间是我国融入国际社会、展现本国风貌的重要窗口，在北京城市高质量建设中有着重要的文化意义与城市作用。因此，文化空间的有机融合，不仅是空间问题，更是文化问题。

为此，在保护和利用传统文化空间的基础上，除了融入现代元素和科技手段，实现传统文化的创新发展和传承，还要通过政策支持和资金引导，推动工业文化空间的转型和再利用，实现城市功能的多元化和空间的活化。使传统空间与工业空间通过有机融合释放出新的城市功能，发挥新的城市作用。同时，还要加强国际交流空间的建设和管理，借助国际交流空间传播我国的优秀文化、展示我国的国家面貌，提升北京作为国际大都市的文化魅力和吸引力。

3. 优化城市空间布局，深挖现有城市空间资源，促进功能提升、资源优化、服务共享

首先，通过科学的城市空间规划，合理布局各类公共设施，释放没有得到有效利用的城市空间，提高城市空间的利用效率。通过利用有限的公共空间，增加城市的开放度与宜居度。其次，对现有的公共设施资源进行合理利用和优化，增加城市空间的功能性。例如，可以将投入使用的公共设施如文化中心、新建体育馆、服务中心等进行功能区隔，丰富空间的功能性，以满足市民的不同需求。再次，深入挖掘地区内的闲置空间资源，推动空置建筑的合理利用，增加社区服务、物业管理以及社区图书馆、活动室、志愿者工作站等社区配套功能。最后，统筹周边地区资源，实现区域公共设施的共享共用。利用绿色产业用地建设体育

设施，适当扩大教育设施规模，加快实施相关开发项目，以补充有关地区的相关配套公共服务设施缺口。

4.树立多元治理理念，推动超大城市治理综合施策和协同解决

北京作为超大城市，要实现高质量发展除了依靠科学有效的管理制度、良好的城市空间和文化环境，更主要的是鼓励社会主体积极参与到城市治理之中。北京作为超大型城市，各种问题层出不穷，只有社会主体的有效参与，才能及早发现问题，提出解决策略，这就有必要建立健全全社会多元参与的治理理念。为此，要重视社会组织、居民等多方面的意见和建议，加强居民参与公共服务治理的机会和途径。通过社区建设、居民自治等方式，激发居民的参与热情，提高他们对社会治理的满意度和归属感。

为解决治理碎片化等问题，应进一步建立健全跨部门协调机制。面对具体问题灵活施策，通过共享信息、整合资源和优化流程，提高公共服务的整体效率和质量，减少重复和遗漏，促进不同部门、机构和大众之间的合作与沟通。在财政方面，可以探索多元化的资金来源渠道，通过政府与社会资本合作（PPP）模式吸引社会资本参与公共服务建设。在技术方面，与高校、科技公司积极合作。利用大数据、人工智能等先进技术改进治理方式。这种灵活的、多元的、协同化的解决方式，不仅可以减少政府治理成本，还可以让全社会作为治理者参与到北京高质量发展中来。最重要的是，多元治理理念能进一步推动社会公共资源分配的标准化和均等化。通过制定统一的服务标准和规范，确保所有居民都能享受到基本公共服务。关注弱势群体和特殊群体的需求，提供有针对性的支持和服务。建立科学有效的大城市治理体系，优化城市布局，盘活现有公共资源，挖掘公共空间，鼓励多元参与，树立多元治理理念，逐步改善公共服务质量和效率，满足居民的高质量发展需求，为首都市民创造更加宜居、舒适的城市环境。

参考文献

北京大学历史系北京史编写组编《北京史》，北京：北京出版社，2012。

北京市测绘院编制《北京地图集》，北京：测绘出版社，1994。

侯仁之主编《北京历史地图集》（人文社会卷），北京：北京出版集团，2013。

王冰冰：《变迁：北京城的远去与再生》，北京：机械工业出版社，2018。

王妍慧：《京华梦寻——北京城市形象变迁研究》，上海：中西书局，2021。

北京市社区工作者队伍管理的问题与对策

刘　阳[*]

摘　要：社区工作者队伍在疫情防控期间得到了磨炼和证明。当前，社区工作者待遇提高，近年来招募的社区工作者比例高，正是完善队伍建设管理的大好时机。针对社区工作者队伍管理存在的工作考核难以量化、奖惩难以明确，相关制度可操作性不强，无报酬加班广泛存在，专业化培训较为薄弱等问题，本文提出以规范社工队伍管理基础性制度为主轴，以创新考评奖惩激励制度为动力翼，以专业培训、实务操练提升专业水平为能力翼的"一轴两翼"队伍建设管理提升思路。

关键词：基层治理　社区工作者　北京

社区是城市基层治理的"最后一公里"。近年来，随着党建引领基层社会治理逐步深入，首都超大型城市治理现代化持续推进，北京社会治理重心不断下移，社区作为社会治理基本单元的地位和作用更加凸显。在基层社会治理格局中，社区工作者作为社区治理队伍的重要主体，是执行党组织治理部署、直接服务居民群众、推进社区自治的主体

---

* 刘阳，博士，北京市社会科学院助理研究员。

性力量。2022 年，北京市制定实施了《社区工作者管理办法》（以下简称《办法》），在社区工作者的待遇、保障、工作激励等方面都进行了显著提升和优化。《办法》的落实，也是破解社区工作者队伍管理中的难题、更新队伍管理机制的一个契机。本报告以东城区某街道为例，探讨当前社区工作者队伍建设管理中面临的实际问题，并提出解决对策。

一　H 街道社区工作者队伍基本情况与现状分析[①]

东城区位于首都功能核心区，区位特征及城市服务特征明显。H 街道辖区面积约 6.4 平方公里，有大街 19 条、背街小巷 24 条，下辖 20 个社区，常住人口 10.22 万人，是东城区面积和常住人口最多的街道之一，社区工作者承担的基层社会治理责任和工作任务也相对较重。根据相关制度文件，H 街道社区工作者队伍编制员额共 410 人，而截至 2023 年 9 月，实际社区工作者人数为 372 人。

（一）人员结构与职数配备基本情况

1. 人员结构

由表 1 数据可以看出，在社工年龄结构方面，40 岁（含）以下和 40 以上的人数大体相当；社区工作年限分为三档，基本各占约 1/3 的比例，相对合理；学历和取得资格证书的比例较为理想；党员占比接近一半，较为合理；失衡比较严重的有两方面，一是男女比例，约为 1∶3；二是专业对口比例严重偏低，社会类专业毕业的社工只占 4.6%（见表 1）。

2. 人员配备方式

严格按照市区相关文件要求，坚持精干高效原则，根据社区规模大小合理配置。社区党委班子一般设 5~9 人；社区居民委员会由主任、

[①] 本报告数据由本研究调研对象 H 街道提供。

副主任、委员共 5~9 人组成；根据社区实际管辖户数，以及划分网格数量，合理分配服务站工作人员和网格助理员。

表 1 H 街道社区工作者队伍基本情况

单位：人，%

项目	基本情况	人数	占比
性别	男	99	26.6
	女	273	73.4
年龄	40 岁（含）以下	172	46.2
	40 岁以上	200	53.8
学历	本科及以上	262	70.4
	大专及以下	110	29.6
资格证书	初级	127	34.1
	中级	63	16.9
专业	社会类专业	17	4.6
	非社会类专业	355	95.4
政治面貌	中共党员（含预备党员）	174	46.8
	非党员	198	53.2
从事社区工作年限	5 年及以下	114	30.6
	6~10 年	119	32.0
	11 年及以上	139	37.4

资料来源：H 街道提供。

（二）工作内容及工作负担

社区工作者所需承担的工作内容多种多样，目前将社区工作内容和职责分为两类：一是依法履行职责类，包含 5 类 14 项，如民主自治、社区服务、平安建设、文化教育、环境卫生；二是依法协助政府工作职责类，包含 6 类 14 项，如社区管理、社区服务、卫生健康、文化教育、社区环境等。根据社区工作者的数量配备与工作职责类型的匹配，每位社区工作者至少承担 3 项工作内容，才能保证社区各项工作的正常开展和运行。此外社工还必须兼顾很多临时性、阶段性任务和行政工作。

（三）薪资待遇及福利保障

为进一步规范和提高社区工作者工资待遇和职业保障，加快推进社区工作者专业化、职业化进程，2023 年 1 月起，东城区发布《东城区2022 年规范社区工作者工资待遇方案》，进一步调整社区工作者工资待遇，达到原则上不低于上一年度本市全口径城镇单位就业人员平均工资的水平，并在每个届期内至少调整一次。

H 街道严格按照区相关文件，将社区工作者的工资待遇分为"3等、4 级、12 档"，建立了"职务工资+专业技术等级工资+综合补贴+绩效工资+其他待遇和惩戒"的薪酬体系。职位上分为 3 等，即正职、副职和一般工作人员；职务年限补贴分为 10 年及以下、11～20 年、21～30 年、31 年及以上 4 级；专业技术等级工资与社区工作者本人所取得的社会工作者职业资格挂钩，共分为 12 档。通过调整优化工资结构，为进一步激发社区工作者积极履职、热心奉献创造条件。

二　当前社区工作者队伍建设中存在的主要问题

（一）队伍自身存在的问题

1.结构不合理

一是性别结构失衡，男女比例约为 1∶3；二是专业结构失衡，社会学相关专业的社区工作者仅占 4.6%，大多数社区工作者所学专业与社会治理等关系不大；三是年轻社工数量偏少，40 岁以上的社区工作者占多数，30 岁（含）以下的社区工作者仅占总人数的 3.5%。

2.稳定性不足

社区工作者流动频繁是当前各地方普遍面临的问题。2022 年 H 街道共有 50 余名社区工作者离职，占总人数的比重超过 13%。特别是对年轻群体而言，部分年轻社区工作者都将社区工作作为临时跳板，在通过教师编、事业编、公务员考试之后，或有其他更好的就业机会时就会选择离职。

3. 专业化水平较低

当前社区工作日益呈现复杂性、综合性、专业性的特点，给社区工作者的理论素养、专业能力等提出了更高的要求。通过社区居委会换届选举和社区工作者统一招考的专职社区工作者中，部分人考取了专业资格证，虽然在文化水平和年龄结构上逐渐得到优化，但是整体来看，社区工作者运用社会工作专业知识和技能开展社区工作的能力不够全面，难以提供系统化、多样化、个性化的专业社会服务。

4. 职业认同感、荣誉感不高

当前，部分社区工作者的职业认同感不高，在工作中获得的被尊重感不强，在工作中存在倦怠、懒散等消极态度。这一方面与社区本身的工作特性密切相关，社区工作者每天面对各类居民，处理家长里短的纠纷问题，社区工作者很容易陷入日常事务无法脱身，从而难以获得自身价值感。另一方面，社会大众普遍对社区工作者队伍存在一定程度的认知偏差，不了解社区工作者的工作职责和工作内容，缺乏对社区工作的深刻认识，可能没有给予社区工作者足够的重视和尊敬，这也会降低社区工作人员的工作认同感。

面对以上如性别、年龄、专业等结构失衡的问题，应通过改进工作组织方式、加强专业培训等方式弥补其不利影响；有的问题如职业认同感低、流动性高等，则需要通过科学化考核激励和职级晋升、提高工作的专业化水平和服务群众能力、提升团队意识和集体荣誉感、树立优秀典范等方式加以缓解。

（二）影响队伍建设的工作机制问题

1. 工作考核难以量化，奖惩等次难以明确划分和严格执行

如上所述，社区工作者的法定职责有 11 类、28 项，十分复杂，且

大部分是同居民打交道的事情,工作量和成效不易量化,也无法以此为基础形成划分工作表现优劣等次的客观标准。对于社区工作者的考核奖惩往往最终形成"奖优不罚劣"的局面,少数"滥竽充数""出工不出力"的人员混迹于勤恳敬业的大多数社工之中,既在一定程度上浪费了编制名额,又加重了其他社工的工作负担,影响到团队整体的工作士气。

2.相关制度可操作性不强,无法及时辞退不合格人员

街道对社工的用工管理存在重入轻出的倾向,忽视了从制度上畅通不合格人员退出的渠道。疫情防控期间,由于工作压力骤然加大,急难险重任务大增,个别社工人员的心理失衡、不服从加班安排等问题暴露。但相关制度可操作性差,对不合格人员的辞退往往容易引起劳动纠纷,也会给街道工作带来困扰。

3.用工性质与工作模式不匹配,无报酬加班影响士气也埋下纠纷隐患

在社工人员的薪酬制度上,忽略了对加班报酬的安排。因为加班数量存在不确定性,计算加班报酬就会带来工资总额的波动,这就在一定程度上对工资总额定额管理的财政安排形成挑战。无报酬加班加大了社区领导安排社工工作的难度,甚至可能引发社区领导与社工、社工与社工之间的矛盾。此外,个别社工可能在离职或退休后发起劳动诉讼,向街道追讨自己在职期间的加班工资。

4.专业化培训较薄弱,直接服务居民群众工作的实际地位不够彰显

社区工作承担着上级各个方面的工作落实任务。虽然市、区党委和政府近几年非常重视社区减负,但三年疫情客观上对社区减负的落实造成了一定程度的干扰;与此同时,"12345"市民热线案件的分派机制仍处于完善之中、多数案件仍会分派到社区。在这些因素的共同作用下,上级各方面的任务由社区来落实的做法和思维仍未改变,甚至出现了局部强化现象。这不仅是造成前述社工队伍问题的重要原因,也对专

业化培训工作、直接服务和组织居民群众工作产生了影响，造成培训工作不系统、服务居民工作地位不彰显，影响了社区工作专业化、群众性的提升。

三 改进街道社区工作者队伍建设管理的对策建议

北京市的社区工作者队伍在三年疫情中得到了锻炼和证明。当前社区工作者的待遇有所提高，招募的社区工作者比例高，正是完善队伍建设管理的大好时机。建议采取以规范创新队伍管理基础性制度为主轴，以创新考评奖惩激励制度为动力翼，以专业培训、实务操练提升专业水平为能力翼的"一轴两翼"队伍建设管理提升思路，改进街道社区工作者队伍。

（一）规范社工队伍管理基础性制度机制

一是以落实北京市《社区工作者管理办法》为契机，夯实社区工作者队伍管理的制度基础。在街道层面开展以《×街道社区工作者管理办法》（以下简称《管理办法》）为核心的社区工作者管理制度修订工作。积极与业务科室、社区班子成员、全体社区工作者进行意见和建议征求，并聘请律师对条文合法性进行指导。《管理办法》要以社工管理中遇到的各方面实际问题为导向，内容应全面系统，包括服务协议管理、考勤管理、考核考评管理、工作处分制度、退出管理等关键工作环节，为社工队伍规范化管理奠定基础。①

二是通过制度创新，积极推动解决无报酬加班的问题。比如可以根据往年的总体加班情况，在工资总额中预先提取加班报酬基金，再确定正常的薪酬奖金水平，这样既能不突破核定的工资总额，又可以更好地

---

① 《H街道社区工作指南（2023版）》，内部资料。

契合《中华人民共和国劳动法》对加班工资的规定,减少矛盾和纠纷,且社区领导掌握有酬加班的分配权,可以增强对社工的工作指挥权力,有利于社区工作顺畅开展。同时,还需要一定的制度设计防止各社区出现加班过多、过滥情况。无报酬加班改革应尽快探索推进。北京市社工工资刚经历了较大幅度的上升调整,广大社工群体可能还较易接受正常工资分出加班工资而小幅度的下调,此时一定程度上还属于增量改革。

三是通过规范化惩戒,畅通人员退出通道。在《管理办法》中应明确街道办事处可以直接辞退社工的各种具体情形,以便于实际操作,减少争议。如年度考核不合格、严重失职、不能胜任工作、因严重违反劳动纪律和社工管理规定而多次被谈话提醒和内部通报批评。这既保障了街道的社工用人自主权,同时在程序上比较严谨,也保障了被惩戒社工的正当权益。

(二)迎难而上,创新考评奖惩制度框架

社区工作内容庞杂、边界不清。缺乏客观考核标准,导致评优较易,评庸很难。但不评庸又难以在考评奖惩中实现真正的公平公正,从而影响队伍士气。应大力创新,探索构建多层次考评奖惩制度框架。

一是改进考评等次设置。以往社工考评等次设置为"优秀""合格""基本合格""不合格"4 等。除了极个别的特殊情况会被评为"基本合格""不合格"等次,绝大部分社工都以"优秀""合格"两个等次来评级,一般而言"优秀"等次约占 30%,"合格"等次约占70%。① 这样一小部分工作士气不高、工作状态不好或者工作能力不强的社工在考评等次上就可能与广大勤恳工作的社工无异,这样无法起到鞭策和激励作用。建议将考评结果在"优秀"与"合格"之间增加

---

① 该考评等次比例是北京市《社区工作者管理办法》实施之后的结果。原本的优秀比例为15%~20%,《社区工作者管理办法》将其提到 25%~30%。

"良好"等次，比例分布大致为"优秀"与"合格"各占25%，"良好"占50%。如此，虽然承认工作状态不好的社工的工作是"合格"的，但可以通过适度拉开年度绩效奖励体现区别。

二是实施分级考核、组合评优。增加考评等次也会带来新问题。原本一般只用2个等次来考评，街道只要控制"优秀"等次的名额就可以实现分等，具体考评基本可以委托到社区层面。现在常用等次增加到3个，大大增加了考评的区分度要求，无法完全委托到社区，但街道层面又无法对每个社工的工作状况充分把握。为此，应探索实行分级考核、组合评优的制度机制。具体而言，街道考评社区的年度和季度工作，按五星、四星、三星区分等次；根据各社区的星级等次确定其社工考评等次分布，如五星级社区"优秀"等次社工考评结果可以占到35%，"合格"等次则可以压缩到5%，社区再根据既定的指标组合确定每个社工的具体考评等次。

此种分级组合考评的做法，主要优点有三点。第一，充分利用街道、社区两级所掌握的信息。街道一般不掌握每名社工的工作情况，但对社区整体的工作情况和成效掌握得比较清楚，而社区精准掌握每名社工的工作情况，但又无法在全街道层面了解其相对位置。分级组合考评就可以充分发挥两级的信息优势，弥补各自信息差，使社工考评结果较为精准、公平。第二，推动社区层面更好地形成集体荣誉感、集体凝聚力。分级组合考评可以让每名社工都明白自己的工作表现会对整个社区团队的荣誉和切身利益产生影响，从而具有更强的工作动力和压力，同时，团队内的互帮互促、团队协作也必将得到更有效的发展。第三，促进社区内部考评的公平化。社区团队整体面临业绩竞争压力，只有保证内部考评的公平，才可以最大限度地激发大家的工作积极性，为整个团队争取更高的荣誉和利益。

三是以单项评优制度作为总体考评的补充。针对一些重点、难点工作，如市民热线案件办理、网格工作等，单独评选"最美办件员""最美网格员"等。此举可促进工作激励精准化，以及荣誉、奖励获取路径的多元化，提高了街道层级的考评导向作用，也是对看重团队表现的总体考评机制的有益补充。

（三）以专业化实战能力为焦点，多角度打造工作平台

建议在街道一级可设立多层次、多角度的专业性、实务性工作平台，锻炼和提升社区工作者的专业服务能力。

一是开展品牌活动，丰富社区建设特色内涵。例如，开展"社工宣传周"主题系列活动，为全体社区工作者营造积极向上、团结友爱的工作环境及氛围，搭建社区工作者业务能力提升和风采展示的平台，大力弘扬社工精神，积极传播社工理念；组织"社区邻里节"主题系列活动，搭建展示平台、挖掘社区特色，加强社区工作者与居民之间的互动交流，密切邻里关系，增强社区凝聚力和认同感。

二是依托优才计划和社工站建设，提升社工服务的专业性。选拔优秀社工参与北京市优秀社区社会工作专业人才培养试点（"优才计划"）项目，促进社工在价值理念、工作方法、服务能力等方面专业水平的提升。发挥街、社两级社工站作用，在社区遴选持证社工进行专业化实务督导，提升其专业化服务能力；入站社工定期轮换岗位以便得到全面的、专业化的提升。社工在这些业务培训和实务锻炼中的表现，应探索纳入社工年度考核评优，这样既能有效提升实务工作能力、促进社工成长，又使考评工作更全面、更科学。

三是联结专业资源，系统提升社工与社区居民的联结性。开展街道社区的社会组织调研，充分发挥社区资源优势，提升社区居民参与社区治理的意识与能力，引导辖区单位、居民共同参与志愿服务，充分动员居民关注社区事务，逐步形成多元主体共建、共治、共享的社区治理新格局。

参考文献

北京市东城区委组织部课题组：《关于擦亮"东城社工"品牌 2021 年深化基层社会治理的实践与探索》，载北京市党的建设研究会主编《北京党的建设研究报告（2022）》，北京：社会科学文献出版社，2022。

富大鹏、赵济贵、邢桂丽、祝金岳、刘玉、牛艺茗：《北京基层专业社会工作服务平台机制研究》，载包路芳主编《北京社会发展报告（2022~2023）》，北京：社会科学文献出版社，2023。

朱颖慧、连玉明：《关于白纸坊街道加强青年社工队伍建设的调研与思考》，载连玉明主编《北京街道发展报告 No.1——白纸坊篇》，北京：社会科学文献出版社，2016。

以科技创新赋能北京养老服务政策研究

李　原*

摘　要： 北京已进入中度老龄化社会，呈现老龄人口基数大、增长速度快、高龄化趋势明显、失能失智老人多、照护负担重等特点，特别是失能失智老年人逐渐增多、健康养老需求日益增长，医疗资源不足、护理服务匮乏、技术手段缺失等问题日益凸显。建议发挥首都科技创新资源优势，瞄准"老龄科技"新赛道，以老龄科技创新赋能失能失智老人健康养老产业。规划建设首都老龄科技创新园，发展老龄科技产业，助推首都养老事业高质量发展。

关键词： 人口老龄化　科技创新　养老服务

随着老龄化程度加剧，家庭少子化、空巢化趋势明显，特别是失能失智老年人逐渐增多、健康养老需求日益增长，面临医疗资源不足、护理服务匮乏、技术手段缺失等诸多挑战。2022年，北京市80岁及以上高龄人口高达69.9万人，同比增长8.7%，是近十年增速最快的一年。全市重度失能失智老年人有26.5万人，特别是首都功能核心区，人口密度高，老年人口比重大，失能失智老人的养老照护是一大难题。以

---

* 李原，博士，北京市社会科学院市情研究所助理研究员，北京世界城市研究基地专职研究员。

"老龄科技"破解超大城市养老难题，既是时代呼唤，也是群众期盼。"老龄科技"的创新链、产业链、供应链环节多，涉及和服务的对象多，对加快建设科技创新中心城市具有重要意义，对彰显首都服务功能和社会责任有重大助力，对加快培育新动能发展新质生产力有积极作用。

一 北京市老龄人口现状

人口老龄化问题已经成为社会普遍关注的问题。数据显示，北京已经进入中度老龄化社会，且老龄化将由缓速增长期转变为快速发展期，如何更好地满足"银发需求"成为首都民生需要关注的重要课题。总体来说，北京老龄化呈现人口基数大，增长速度快；高龄化趋势明显，失能失智老人多、照护负担重等特点。

（一）老龄人口基数大，速度增长快

北京市老龄办、市老龄协会发布的《2022 年北京市老龄事业发展概况》显示，北京市 60 岁及以上常住人口占比已经突破 20%，北京正式跨入中度老龄化社会。2022 年，北京市人口老龄化程度进一步加深，北京常住人口中，60 岁及以上年龄人口为 465.1 万人，比上一年增加 23.5 万人，同比增速为 5.3%，60 岁及以上人口占全市常住总人口的比重为 21.30%，高于全国平均水平 1.5 个百分点；65 岁及以上人口为 330.1 万人，比上一年增加 18.5 万人，占总人口比例高达 15.10%（见图 1）。从老龄人口分布来看，城市中心区老龄化更为严重。在总数上，60 岁及以上人口数量最多的三个区为朝阳区（69.8 万人）、海淀区（60.5 万人）和西城区（47.3 万人）；占比来看，60 岁及以上人口占总户籍人口比例最高的三个区为丰台区（35.4%）、石景山区（34.6%）和东城区（33.3%）。

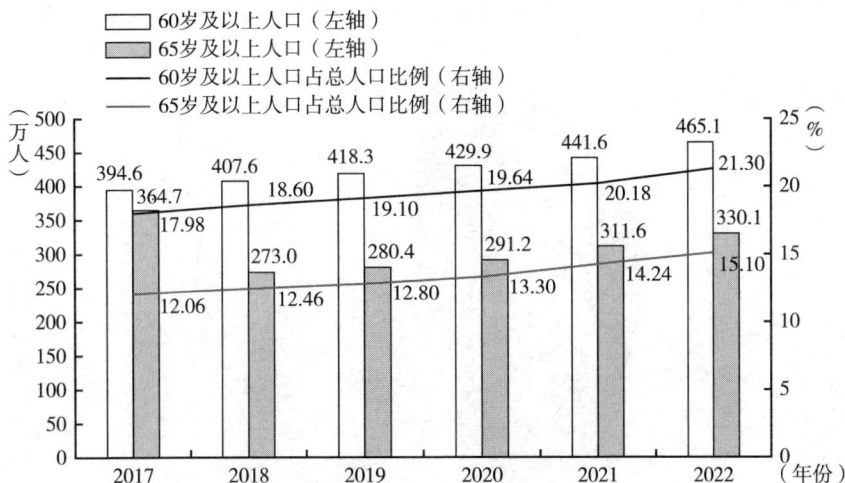

图 1　2017~2022 年北京市老龄人口数量及占比情况

（二）人口高龄化趋势显著，失能失智老人多

数据显示，2022 年北京市人口高龄化显著，465.1 万老龄人口中，80 岁及以上人口有 69.9 万人，占比超过 15%，总数比上一年增长 5.6 万人，同比增长 8.7%，为近 10 年新高。其中，58.4 万人为80~89 岁老人，比上一年增长 3.3 万人，同比增长 6.0%；11.5 万人为 90 岁及以上老人，比上一年增长 2.2 万人，同比增长 23.7%；百岁及以上老人的数量达到 1629 人，比上一年增长 212 人，创近年新高（见图 2）。

在人口老龄化趋势下，北京失能失智老人数量较多。据统计，北京失能失智老人数量约为 26.5 万人，占整体老年人口的比例为 4.78%。而北京养老机构收住的重度失能失智老年人有 2.58 万人，占全市重度失能失智老年人总数的 9.7%。也就是说，还有 90.3%，即 23.92 万名重度失能失智老年人未能接受机构护理。

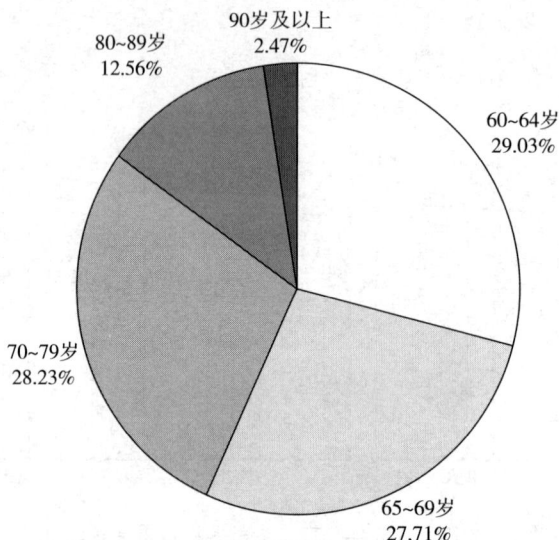

图2 2022年北京市60岁及以上户籍人口年龄构成

资料来源：《2022年北京市老龄事业发展概况》。

（三）基本养老保障体系和老年健康服务体系建立

为实现"老有所养"，解决民生关切问题，北京市初步形成了"居家+社区+机构"三位一体的养老服务保障体系。其中，居家养老是基础，社区养老是依托，各种公益性和商业性养老服务机构是补充，同时注重"医养+康养"相结合，依托市、区两级养老服务指导中心、街道（乡镇）养老照料中心、社区养老服务驿站，形成了四级养老服务管理体系。为了覆盖老年人周边、身边和床边的"生理+心理"双重照护需求，鼓励各级养老服务机构提供包括长期照护、康复护理、预防保健、教育培训、安宁疗护等在内的就近就便、综合多元的助老服务。针对老龄人口尤其是失能失智老人日常照护需求，北京共有95家医疗机构设置了安宁疗护科，其中，28家医疗机构能够提供650张安宁疗护床位，为失能失智老人提供专业的医疗照护服务。推进"医养+康养"融合发展，支持全市 215 家医养结合机构健康发展，包括提供嵌入式医疗卫生服务的 18 家养老机构，医养结合床位数共计约 5.9 万张。同时，鼓励老年护理中心业务转型，以老龄人口数较多的东城、朝阳等区先行先试，指导包括东城区朝阳门社区卫生服务中心在内的 10 家机构开展业务转型，改造出老年护理床位 200 张，培养老年护理员 50 人；指导包括北京市鼓楼中医医院在内的 6 家医疗机构转型建成老年安宁疗护中心。

（四）"智慧老龄"技术助力养老服务

北京多部门协调联动共同推进"智慧助老"常态化工作，实施"智慧助老"行动，帮助老年人跨越"技术鸿沟"，共享科技进步带来的养老红利。

一方面，探索搭建全市老龄信息化平台。依托大数据中心，将涉及民政、发改、卫健、市场监管等多职能部门和各区政府涉老数据进行统一收集、整理和分析，汇聚在"北京养老服务网"这一公共平台，将居家养老、机构养老数据，养老助餐点位，养老政策咨询以及康养资源服务对接等多个领域信息和资源整合在一起，为社会公众提供老龄信息服务。老龄信息化平台采取"市级总部+区级分部"形式，每个区形成"养老信息一张网"。以海淀区为例，建设海淀区养老服务指导中心，承担全区内的养老服务体系运行指挥、平台监测、行业监管等职能。

另一方面，建设智慧养老社区。在试点社区推广使用信息网络技术和智慧养老系统，应用场景从"智慧照护"逐步扩展到"智慧安防""智慧监测""智慧管理""智慧医疗"等多样化应用场景，引导更多老年家庭使用适老化、智慧化的居家养老模式。鼓励更多社区提供家庭智能养老床位服务，为中重度失能老年人提供床位健康监测及专业照护服务，实时监测老人的在床状态、心率、血压、呼吸、睡眠质量等健康数据并定期生成分析报告。部分试点社区搭建了"智慧养老小屋"，免费为老年人家中安装烟感、门磁、水浸等智能监测设备，24 小时监测老人状态并发送报警信息；设置社区无接触智能餐柜，组建专、兼职送餐队伍，从餐品订购、餐品制作到餐品配送形成了可视化可检测服务链条，以"中心配餐、网点取餐、就近用餐、上门送餐"的服务模式，为区域内老年人提供安心、便捷、实惠的餐饮服务。

二 科技赋能北京养老服务存在的主要难题

目前科技赋能养老的主要途径是推行"智慧养老"。《北京市积极应对人口老龄化实施方案（2021 年—2025 年）》提出，加强应对人口老龄化的科技创新支撑，推动"智慧养老院"及智能养老社区建设；《北京市养老服务专项规划（2021 年—2035 年）》指出，要提高为老服务的科技化水平、信息化水平，推动科技养老产业发展。北京市在搭建健康养老线上平台、联动养老服务供需数据、智能化监管与服务等方面做了很多有益探索，取得了显著成绩。需要注意的是，失能失智等特殊老年人群，需要医疗、护理、康复和社会支持等生理和心理多维度专业服务，在这方面北京存在供需缺口大、供需不匹配等问题，要以老龄科技破题。北京大学一项研究显示，失能老人将经历平均 7.44 年的失能期，因此，满足失能失智老人的照护刚需是养老服务体系建设需要解决的核心问题。[①]

（一）现有养老模式难以满足失能失智老人需求

北京市失能失智老人亟需专业护理和医疗照护。传统的"居家+社区+机构"的养老结构难以顾及失能失智老人。从医院角度看，紧缺的医疗资源无法为老人提供可持续的上门健康管理和长期照护，由于三甲

---

① Luo Yanan, Su Binbin, Zheng Xiaoying, "Trends and Challenges for Population and Health During Population Aging——China 2015-2050," *China CDC Weekly*, 2021.

医院床位紧张，医生只能根据老年病人到院体征数据和过往病例给出康复建议。从居家角度看，在老年患者转入居家或社区康复后，子女和家政护理人员可能无法保证照护的时间和操作标准。从养老机构角度看，高端服务的养老机构"一床难求"，而有的机构大量床位闲置，机构养老床位总量型和结构型问题交织。据统计，北京养老机构床位总体入住率仅为38%。失能失智老人大多伴随基础疾病，有医疗提供能力的养老机构十分有限，且自带医疗资源的高端自付型养老机构收费门槛较高；政府托底的普惠性养老机构收费较低但服务水平不高，难以满足失能失智老人需求。

（二）"数字鸿沟"导致智慧养老技术使用效率低

在实践中，智慧养老呈现出"唯技术论"倾向，"重技术、轻需求"，忽视了老年人尤其是失能失智老年群体的"数字鸿沟"问题。老龄人对互联网、人工智能等"陌生前沿科技"会产生焦虑心态、恐惧心理和排斥行为，进而导致其无法享受老龄科技创新带来的养老红利。大量复杂技术的应用与推广，诸如高端智能手表、可穿戴健康监测设备、家务机器人等高科技智能化老龄设备，在市场应用和推广过程中忽视了"需求导向"，使高科技老龄产品和服务的输送路径出现偏差，进而出现了"老龄科技"的供需结构性矛盾。在这种情境下，部分产品和服务过分强调科技属性而提高了老年群体接受康养服务的成本，导致智慧养老的服务效率和服务使用率均降低。部分老龄科技产品缺乏黏性，新功能、新界面的短期频繁更新升级忽略了对老年人需求的兼顾，"适老性"较差。已有研究发现，智慧养老总体使用率为46.2%，使用率最低的社区仅为15.5%。[①] 老年群体拒绝接纳老龄科技的最主要原因在于使用成本，包含技术安装和维护等显性成本和学习技术付出的时间和

---

① 张亚男、陈蔚蔚：《基于 PSR 模型的上海社区智慧养老发展路径研究》，《安徽行政学院学报》2017 年第 4 期。

精力等隐性成本，尤其是对失能失智老人来说，盲目叠加前沿科技的"智慧主义"反而加深了"数字鸿沟"和"科技鸿沟"。

（三）老龄科技产业市场化程度低

目前养老产业发展主要由政府主导，"福利依赖"惯性导致老年群体难以形成养老服务消费观念，进而阻碍了老龄科技养老服务的社会化、产业化进程。

一是科技适老盈利模式尚不明确，企业参与积极性不高。老龄科技创新与研发资本回收期较长、风险高，专门针对老年人群体的智能产品及服务"投入—产出"比较低，且资金进入和退出机制不明晰，社会资本参与热情不高。老龄人口对产品和服务倾向于极简模式，对适老化产品亦是如此，而这种消费和生活习惯与互联网盈利逻辑存在冲突，互联网产品通过开屏、弹窗和贴片等形式投放广告，这种营销手段不仅不能满足科技适老化需求，反而会给老年人带来使用困扰。不当的盈利模式易形成"互联网广告—老年人困扰—放弃使用适老化产品—科技适老盈利不足—加大投放广告以增加收入"这一恶性循环。

二是老龄科技产业链条不畅。由于老年人群体收入和消费水平较低，智能化产品使用能力不足，企业难以享受老龄科技创新带来的红利。因此多数企业选择通过搭建养老服务信息平台参与老龄科技产业链条，提供养老平台服务和支撑服务，却不愿成为养老服务供应商，依托老龄科技创新进入养老服务实体领域。这种背景下，一方面，依托老龄科技创新提供养老服务的实体组织机构缺乏，服务供不应求，难以实现养老服务"线上+线下"充分接入与整合；另一方面，从事康养信息交互服务的平台型企业过多，针对信息平台如何建设、老龄科技与养老服务怎样融合、信息保密规定等多种问题，尚未形成完备的制度保障与监督机制。

（四）存在数据隐私泄露和信息安全风险

一方面，老龄科技存在信息安全隐患。在依托科技为老龄人口提供健康养老服务的过程中，需要收集和处理大量个人信息数据，数据使用不当、泄露个人数据等行为会威胁到老龄人口的个人隐私安全。相比年轻人，老年人对信息的辨别能力较差，商家通过"标题党"为其构建虚假网络信息场，骗取老年人钱财，甚至盗取老年人身份信息从事违法活动。老人对信息技术缺乏信任与了解，对老龄科技产品和服务的信息安全、质量安全等也存疑。另一方面，老龄科技可能引发老年人用网风险与过度依赖网络问题。北京作为特大城市，老年群体独居、空巢等现象较其他中小城市更为普遍，老年群体缺乏亲人陪伴产生的孤独感和远离工作、社交的脱节感，使部分老年人对科技产品和虚拟网络形成依赖。部分科技产品打着"适老化"旗号，设计套路"收割"老龄人口流量，通过"做任务抢红包""砍一刀""不定期发红包"等形式吸引老年人，在一定程度上导致老年人用网过度，甚至出现个人信息泄露、财产损失、个人身体健康受损等后果。

三 以科技创新赋能北京养老服务的对策建议

面向人口老龄化难题及养老服务需求，加快北京老龄科技创新、发展首都银发经济大有可为。发展"老龄科技"，核心在"适老"而非"科技"。北京应依托丰富的科技创新资源，打造老龄科技创新产业发展高地，为积极应对人口老龄化挑战、增进老年福祉、服务全国乃至全球老年人发展，提供首都方案，贡献北京智慧。

（一）坚持需求导向前瞻性部署老龄科技发展战略

高度重视人口老龄化带来的一系列需求，强化应对人口老龄化的科技创新支撑。对于高龄、中重度失能、患有长期慢性疾病的老年群体，应满足其核心需求，即日常生活照料服务和医疗康养服务，包括养老配餐、清洁洗护、专业医疗照护、急病送医、精神慰藉、健康检测和居家安全保障等。

1. 针对老年人口增加产生的服务需求，依靠科技弥补人力资源缺口

积极推广在线就医、动态监测等方式，推广"无卡无码"老年人便捷就医方式。充分发挥人工智能、互联网、大数据、生物识别等技术优势，持续开发完善覆盖"食、住、行、护、医、乐、购"多场景应用的智能机器人、智慧医疗等智慧养老产品，实现跌倒监测、看护安防、健康监测、心灵关怀、疾病诊疗等功能。依托移动互联网、物联网、远红外线、蓝牙传输、射频识别、北斗定位等技术，构建包含多智能模块的系统化一站式智慧养老集成平台，进一步降低人力资源需求，通过"智慧养老平台+硬件设备+运营支持"开发"一站式"养老服务模式，提高工作效率，缓解养老产业劳动力短缺问题。

2. 针对新兴技术产业化产生的科技需求，持续优化老龄科技产品与服务

鼓励老龄科技赋能老龄化产品迭代更新，引导企业开发符合老年人，尤其是失能失智老人使用习惯的老龄科技产品，发展智慧健康管理产业（包括可穿戴健康检测设备、家庭医生便携式工具包、智能康复训练器和交互式智能健康机器人等）和智能养老监护产业（包括智慧呼叫终端、智能看护设备、健康监测设备、交互式养老机器人、虚拟养老院等）。拓展老龄科技赋能养老服务场景，主要包括个性化健康管理、线上健康咨询、慢性病用药、远程卧床护理、智慧药房、自助式健康检测、无接触智能消毒等智慧健康服务场景，以及无感监测报警、老年人能力评估、线上老年教育及购物、防走失等智慧看护场景。

3. 针对填补数字鸿沟产生的科技需求，加快科技适老化改造

推动助老科技、孝老科技和用老科技创新并进行适老化提升。提升

智慧健康养老技术研发能力，深度赋能无障碍信息交流，围绕老年人尤其是失能失智老年人衣食住行、心理慰藉、医疗照护等民生需求，鼓励企业加强适老化关键技术研发攻关，进一步降低高科技使用门槛。针对新闻资讯、社交通信、生活购物、便捷出行、日常饮食、健康检测等生活高频场景，鼓励企业尽量简化智慧养老产品的用户端操作，尤其是简化语音助手、手势识别等操作模式，将复杂的操作、信息流转等过程转移至系统中后台。利用人工智能技术开发更多具有"陪伴属性"的康养服务。

（二）激发市场主体活力，发展老龄科技产业

1. 大力发展药物研发、医疗技术升级等医疗科技

将应对人口老龄化作为北京重点研发任务纳入研究布局，在精准医学、癌症治疗、干细胞和再生医学、脑科学和抗衰老研究等全球激烈竞争的前沿热点方向加快攻关，推进衰老基础研究与临床实践。加强人体机能增强技术和产品的研发应用，优先开发机械外骨骼、视网膜植入、听觉增进装置、生物芯片及人机共融的智能机器人等智能产品。

2. 规划建设北京老龄科技创新示范区和银发产业科技园

在中关村医疗器械产业园等医护康养产业集聚区重点推进一批老年照料、生活辅助和功能代偿产品研发项目。开展康复辅助器具产业创业孵化和双创示范工作，实现自主创新成果产业化、规模化。充分发挥北京人工智能、物联网和5G通信等技术优势，优化老年辅助设备器具设计，为老年人功能退化缺损提供智能科技辅助和代偿。推动有需求的家庭和养老服务机构普遍配备康复辅助器具并提高智能化水平。持续扩大适老化智能终端产品研发与生产，积极推广健康管理类可穿戴设备、便携式健康监测设备、自助式健康检测设备、智能养老监护设备、家庭服务机器人等，满足多样化、个性化健康养老需求。

3.强化"政产学研用"联合，激发老龄科技协同创新潜能

统筹老龄科技创新资源，依托北京丰富的基础学科研究资源，引导高校、科研机构向社会有偿开放相关领域实验室与设备，与企业联合成立老龄科技创新中心和实验基地，为老龄科技产业化提供测试和应用场所。探索出台北京科技适老化改造的市场标准，保证产品在设计、升级和迭代链条中实现适老化的通用性与延续性。开展居家适老化改造三年行动计划，推动智慧养老院和智能化养老社区建设，在居家适老化改造清单中增加更多智能化、智慧化产品和服务。

（三）优化老龄科技发展生态

推行"传统+科技"的"双轨制"服务模式，通过政策引导实现"线上+线下""社区+机构+家庭+个人""软服务+硬体系"相结合的康养服务目标。

1.统筹老龄科技发展的经济效益与社会效益

在不摒弃科技适老公益属性的前提下，充分发挥市场资源配置作用，调动民间资本和社会组织参与老龄科技创新的积极性。一是提供财税支持，对符合一定标准的开展适老化科技研发企业和适老化服务提供商给予一定的财政补贴或税收减免。二是探索建立"科技创新企业+养老机构+老龄消费者"三方互惠共赢的商业模式，形成"科创企业依托科技创新减轻传统养老机构用工成本—养老机构让利老年消费者—老年消费者用户黏度持续增强—进一步激发老龄科技创新"这一良性循环。三是搭建平台促进科技适老化产品与服务的供需对接，举办中国老龄产业博览会、适老产品设计大赛、智慧康养服务专场推荐会等，汇聚老龄科技研发头部企业以及养老行业中的人才、产品、资金等优质资源，畅通科技适老化市场渠道，让企业在兼顾社会效益的前提下获得实质性经济收益。

2.搭建养老健康信息服务综合平台

以"北京养老服务网"为基础,持续打造养老服务"一网一端一平台",推进智慧康养应用系统集成。搭建全市养老健康服务一体化信息平台,汇聚市、区、街道(乡镇)等纵向养老资源供需数据,打通各部门涉老数据及科技创新成果等数据孤岛,实现数据共享。通过模块化系统开发实现养老服务各类事项全流程办理、涉老数据全要素记录,提升养老服务管理的科技化智能化水平。平台不仅汇聚养老机构、养老机构床位、养老服务驿站、养老助餐点等养老机构信息,还应增加社区卫生服务中心、医护服务人员分布等健康服务信息。简化网站及客户端操作流程,争取让老年人"三步之内"完成从"查找"、"预约"到"咨询"、"办理"的全流程。在保障数据安全的前提下,打通政府、科研机构、医疗机构和企业之间的"数据孤岛",通过资源共享,促进创新资源在老龄人口康养事业中应用与发展。

3.通过宣传与培训提高老年人对科技创新的接受度

一是分类摸排老年人"科技接受度和科技使用度"。比如多数智能化、数字化科学技术都依赖于看、听和读的能力,而老年人尤其是失能失智老人,存在视力障碍、听力障碍问题;空巢老人、独居老人、失智老人多数难以独自操作智能化养老产品。要摸清底数才能"对症下药"。二是广泛开展针对老龄人口的"数字技能提升"专项行动。动员社区、养老机构、老年大学、社会组织等多方力量,开设课程讲解智能手机 App 的使用方法,重点针对网络购物、智能导航、可穿戴智能设备等进行培训。三是多方共管保障老年人信息安全。完善涉老数据安全保障机制,探索地方立法创新,进一步细化包括数字包容在内的细则,解决养老领域立法和信息化领域立法的政策分裂困境。探索开发运用区块链技术保障老年人信息安全。提升老年人安全用网意识。开展形式多样的老年信息安全保护系列活动,通过发放网络安全大礼包、信息安全知识一对一讲解、有奖问答等形式,增强老年人对网络谣言、电信诈骗等违法行为的辨别能力，切实保障老年群体的"数字权益"。

参考文献

陈友华、邵文君：《智慧养老：内涵、困境与建议》，《江淮论坛》2021 年第 2 期。

丁丽婷：《当"数字化"遇到"老龄化"科技适老面临三大挑战》，《通信世界》2022 年第 9 期。

黄石松：《积极应对人口老龄化的北京探索》，《新理财》2023 年第 6 期。

苏牧：《人口老龄化背景下的科技发展需求分析 》，《中国科技论坛》2023 年第 3 期。

姚馨怡：《上海市社区智慧养老服务存在的问题及对策研究》，《经济研究导刊》2023 年第 17 期。

张榆、丁玎、陈俊峰等：《国内智慧养老研究的现状、热点与展望》，《中国农村卫生事业管理》2024 年第 2 期。

左美云、于越：《智慧养老的现状、问题与趋势》，《科技与金融》2023 年第 7 期。

北京市老龄工作委员会办公室、北京市老龄协会、北京师范大学中国公益研究院：《2021 年北京市老龄事业发展报告》，2022。

梁欣欣：《北京社区居家养老服务设施体系联动机制及协调中心研究》，硕士学位论文，北方工业大学，2023。

国际消费中心城市背景下
北京"美食之都"建设研究

赵雅萍*

摘　要: 到 2025 年,北京市要基本建成国际消费中心城市,并实现"一城、一都、一地、两标杆、四名片"发展目标,其中"一都"指打造荟萃全球风味的国际美食之都。以北京作为研究对象,探讨"美食之都"的建设路径与体系,对于促进北京文化、旅游、商业、餐饮等产业的高质量发展,推动北京国际旅游目的地、世界级旅游城市、国际消费中心城市的建设,乃至京津冀世界级城市群的发展都具有重要的现实意义。目前,北京"美食之都"建设存在观念错位、管理缺位、产业不匹配等问题,应加强专业研究和观念转变,推动政府统筹与系统谋划,重视市场激活与创新加持。

关键词: 国际消费中心城市　美食之都　美食旅游　餐饮业

2019 年 10 月,商务部等 14 个部门联合印发了《关于培育建设国际消费中心城市的指导意见》。旅游是打造国际消费中心城市的重要抓手,要加快培育包括旅游在内的服务消费产业,打造一批商旅文体联动

---

* 赵雅萍,博士,北京社科院市情所助理研究员,北京世界城市研究基地专职研究员。

示范项目，推动商旅文体、游购娱融合发展。《北京培育建设国际消费中心城市实施方案（2021—2025年）》指出，建设国际消费中心城市，是落实首都城市战略定位、推动高质量发展的必然要求，是实施扩大内需战略、融入新发展格局的重要抓手，是顺应消费发展新趋势、满足人民美好生活需要的关键之举。美食是人民美好生活的基础支撑，也是旅游吸引物体系中的重要组成部分，建设国际消费中心城市是旅游餐饮转向美食旅游的内在动能和演化机制。餐饮和美食的质量、丰度和美誉度是衡量国际旅游目的地和世界级旅游城市的重要衡量指标，而作为生活性消费的重要组成部分，餐饮和美食消费的体量和能级也是国际消费中心城市建设的重要衡量指标。因此，发展美食旅游，建设"美食之都"是建设国际消费中心城市的重要抓手。

一 北京"美食之都"建设的背景与意义

（一）北京"美食之都"建设背景

1. 发展美食旅游，市场主体的探索已如雨后春笋

市场主体的主动作为比行政引导更能形成产业推动力。鉴于旺盛的游客需求和不可忽视的战略作用，结合消费升级、团餐崛起等综合影响，敏锐的资本市场已对餐饮领域做出积极反馈，形成了强大的市场动能。受疫情影响，2020年以来小微餐饮企业受到较大冲击甚至倒闭，但优质餐饮企业却获得了升级和扩张的机会，资本和餐饮企业的接触更为频繁，餐饮及相关产业的投融资数量、交易额较2019年不降反升，甚至被称为"餐饮供应链爆发的一年"。特别是2022年，餐饮及相关板块，上市、融资案例接踵而至，过亿级融资超过15起（见图1）。在餐饮板块，部分老字号企业或品牌深厚的传统企业上市公司恢复强劲，并通过菜品创新、调整成效不断地拓宽市场版图。

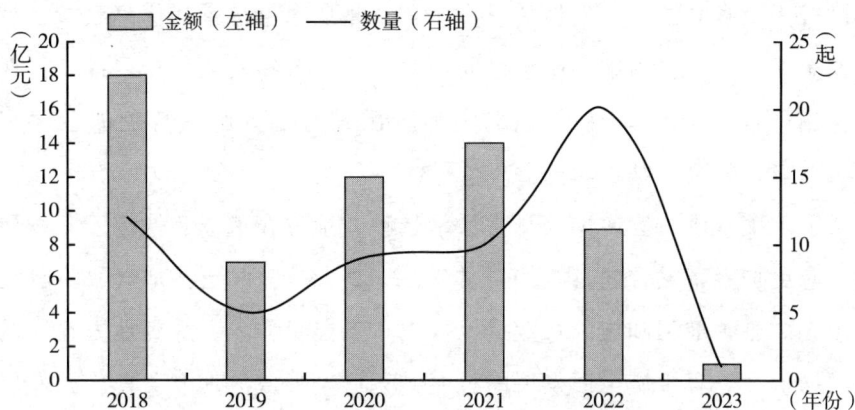

图 1 2018~2023 年中国餐饮行业融资整体情况

注：2023 年数据截至 2023 年 3 月。
资料来源：前瞻产业研究院。

美食旅游强大的关联效应，也是市场关注的焦点。全球知名的米其林餐厅，起源于轮胎制造商，其核心商业逻辑是通过培育餐饮业态，延伸产业链条。美食能推动居民和游客消费，而游客消费又反过来促进餐饮企业的升级提质，促进文旅深度融合。美食是人们感知当地历史和文化的重要途径，可通过包装和营销，让美食旅游成为地方文旅发展的品牌形象。美食旅游的战略地位所形成的市场动能，将是建设现代旅游业体系不可或缺的关键力量。

2. 发展美食旅游，多省市已领先北京

近年来，消费促进政策持续发挥效能，多地相继出台政策措施，扶持餐饮企业，培育美食品牌，规划美食街区，推广美食旅游，积极举办文旅与美食、夜间经济、展演与美食等消费促进活动，推动餐饮行业迅速恢复。2019 年 10 月，继澳门、成都和顺德之后，扬州获得了联合国教科文组织命名的中国第四个"世界美食之都"称号，政府十分重视，举办节事、宣传推广如火如荼。多地"十四五"旅游业规划将发展美食旅游作为重点工程。浙江省的"百县千碗"，安徽省的"百城千味"，都已成为全省旅游产业发展的重点工程。重庆市推出系列优惠政策扶持餐饮企业，将美食街纳入旅游观光项目，计划 8 年建成美食之都。江西省实施"创赣菜品牌四百工程"，培育出具有地方鲜明特色的赣菜名菜、名点，赣菜大师、名师。

追求美食已成为中国人日常生活选项，地方在遴选和扶持产业发展时，应更加紧密贴合老百姓的日常生活，产业战略才更接地气、更具长远眼光。旅游部门和旅游行业携巨大的市场能量介入，受到地方政府的积极回应，美食旅游全面发展的社会共识已经形成。地方美食旅游发展的蓬勃局面，也引起了国家主管部门的重视，《"十四五"文化和旅游发展规划》提出，要提升旅游餐饮品质，推动旅游餐饮与文化结合，发展美食旅游。

（二）北京"美食之都"建设的战略意义

1.建设"美食之都"是旅游业高质量发展的现实选择和长远考量

近年来，我国居民的出游认知不断变化，旅游和休闲的边界变得模糊，旅游空间距离逐步压缩，在近郊和周边进行美食体验成了高频次的休闲方式。美食是人民美好生活的基础支撑，北京旅游业也到了更加关注以美食为代表的综合生活品质提升的发展阶段。综合资本市场对美食旅游的积极反馈和地方政府的发展动态，发展美食旅游、建设"美食之都"已经成为释放旅游消费需求，培育旅游业态的现实路径；长期来看，也是扩大旅游消费，促进旅游业高质量发展的有效路径。

全面建成小康社会，老百姓居家吃好了，出游只能更好，这就更加坚定了"食"的基础地位和更高要求。大众旅游发展了 20 年，我国的旅游业从美丽风景走向美好生活，自然和人文的传统属性在降低，以美食为代表的综合生活品质地位在提升。2019 年，我国国内旅游人数为60.06 亿人次，其中八成以上的游客已经跨越单纯欣赏美丽风景的初级阶段，开始进入感受美好生活的中高级阶段，以旅游的方式享受异地美食成为重要选项。① Booking 网站的调查数据显示，75%的受访者会根据美食来决定旅游目的地。国家统计局数据显示，2023 年我国餐饮收入为 5.3 万亿元，比上年增长 20.4%（见图 2）。人们对"餐"的追求变得更加纯粹和执着，异地美食依然是强烈的追求目标，美食旅游也已然成了惯常的生活方式。

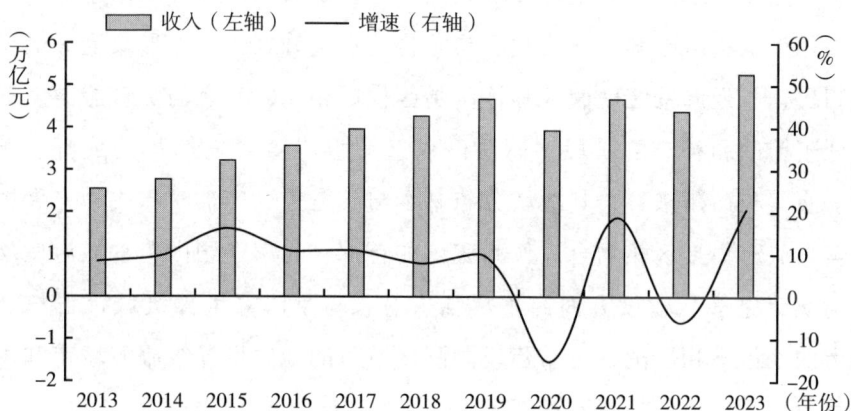

图 2　2013~2023 年中国餐饮收入及增速

人们对餐饮的需求是美好生活的基础支撑。在现代旅游业建设过程中，不发展餐饮，就无法实现北京旅游业高质量发展。如果餐饮缺失，北京现代旅游业的治理体系和治理能力的现代化提升就会落空，关键要素就会缺位。

2.建设"美食之都"是建设国际消费中心城市的应有之义

2021 年 8 月，《北京培育建设国际消费中心城市实施方案（2021—2025 年）》提出，到 2025 年，北京市要基本建成国际消费中心城市，明确了"一城、一都、一地、两标杆、四名片"发展目标，其中"一都"指的就是打造荟萃全球风味的国际美食之都，是国际消费中心城市建设的重要内容。2023 年 4 月，北京市商务局发布《加快恢复和扩

---

① 《"吃"出旅游新动能》，《人民日报海外版》2023 年 9 月 20 日，第 2 版。

大消费 持续发力北京国际消费中心城市建设 2023 年行动方案》，明确了 22 项年度重点任务。其中，餐饮业高质量发展也被列入当年的重点任务。作为发展美食旅游，建设"美食之都"的重要依托，北京的餐饮业在消费力度、投资力度、供应与产业规模、餐饮政策、美食文化包容性、领导消费时尚和示范效应等许多方面都具有其他城市无法相比的优势。然而，纵观世界旅游经济版图，可以观察到，与日本东京、西班牙马德里、法国巴黎、意大利罗马等将美食上升到目的地形象支撑的做法相比，与强调景区度假区和休闲街区推广相比，北京的美食旅游发展还处于辅助和补充的阶段。而从已入选"世界美食之都"的成都、顺德、澳门和扬州来看，其地域分布基本与长三角、粤港澳和成渝三大中国美食旅游集聚区相吻合。作为我国的首都，北京在国内美食旅游发展和"美食之都"建设方面尚不尽如人意，与京津冀世界级城市群核心城市的地位不相匹配，更与建设国际旅游目的地、世界级旅游城市和国际消费中心城市的目标不相匹配。

因此，以北京作为研究对象，探讨"美食之都"的建设路径与体系，对于促进北京文化、旅游、商业、餐饮等产业的高质量发展，推动北京国际旅游目的地、世界级旅游城市、国际消费中心城市的建设，乃至京津冀世界级城市群的发展都具有重要的现实意义。

二 北京"美食之都"建设的现状

2023 年，随着北京国际消费中心城市培育建设稳步推进，餐饮消费市场逐步恢复，对经济发展的基础带动作用增强。北京市统计局公布的数据显示，2023 年 1~7 月，北京餐饮收入约为 769.75 亿元，同比增长 34.3%（见图 3）。① 2023 年 1~6 月，北京餐饮业新增注册企业 7610

---

① 《前七月同比增长 34.3%，北京餐饮消费显现强活力》，《国际商报》2023 年 9 月 13 日，第 8 版。

余家，与 2022 年同期相比上涨 63%。首店方面，2023 年 1~5 月，共有
403 家品牌首店落户北京，从业态分布看，餐饮业占比最高，为 63%。①

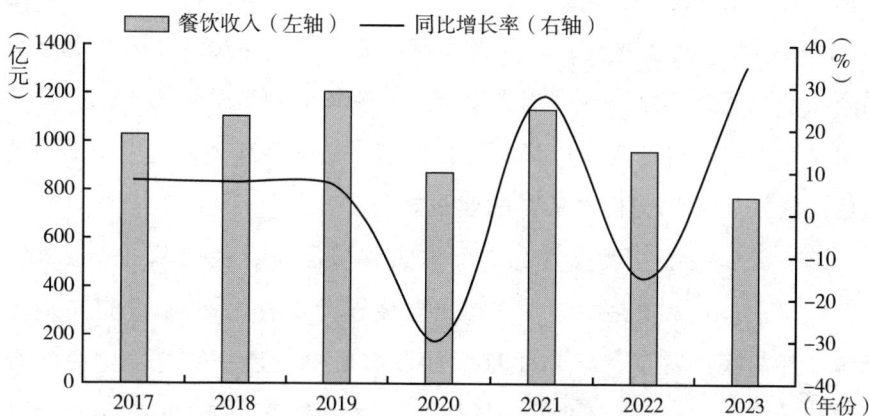

图 3　2017~2023 年北京餐饮收入及同比增长率

注：2023 年数据截至 7 月。

（一）坚持政策引导，推动美食旅游快速发展

作为国际消费中心城市，北京餐饮产业坚持政策引导，持续加强餐
饮领域政策扶持和企业培育，为北京餐饮企业提供保障，助力北京美食
旅游快速发展。一方面，北京坚持多措并举，助力餐饮企业生存发展。
自 2020 年以来，为支持餐饮企业提高风险应对和抵抗能力，北京市结
合环境实际、功能定位和发展方向，先后出台了精准帮扶餐饮业政策措
施、支持"深夜食堂"特色餐饮街区挖掘培育、加大连锁企业补贴力
度、鼓励首店首发项目、依托"消费季"推进消费升级等多项扶持政
策，多管齐下为餐饮企业营造更优发展环境。另一方面，坚持"节事
搭台、旅游唱戏"，以"北京消费季"为抓手，用贯穿全年的节事活动
为美食旅游的发展穿针引线。2023 年，北京陆续开展了牛街美食文化

① 《寻路国际美食标杆城市》，《北京商报》2023 年 9 月 6 日，第 7 版。

节、文化西城美食节、北京国际美食荟等系列美食旅游节事活动，以及中国京菜、夜经济、中轴线、北京小吃等餐饮业主题促消费活动，举办中国国际服务贸易交易会北京餐饮品牌大会。2024年，北京将搭建"1+17+14+N"活动框架，推出北京国际美食荟、寻找原汁原味老字号系列活动、北京燕京国际啤酒文化节、北京体育消费节、第十二届北京惠民文化消费季等活动，以形式各异的节事活动为载体，进一步助力美食旅游的发展和"美食之都"的建设。

北京美食旅游发展有着扎实的政策保障土壤，在此基础上，2024年2月以来，北京更是接连发文提出要建设"美食之都"。北京市商务局等9部门联合发布《推动北京餐饮业高质量发展加快打造国际美食之都行动方案》，围绕促进北京餐饮业高质量发展、打造国际美食之都提出具体措施。北京市商务局发布《北京培育建设国际消费中心城市2024年工作要点》，提出将加快建设"美食之都"。推动餐饮品牌集聚、服务提升，促进北京餐饮国际化、品质化、特色化、便利化发展。

（二）坚持兼收并蓄，助力国际消费中心建设

作为国家消费中心城市，北京餐饮产业坚持兼收并蓄，百花齐放，中国潮与国际范共荣共生。

一方面，坚持传统导向，将既有优势传统京菜做大做强。京菜有着深厚的文化内涵和底蕴，是"京味儿"文化的重要代表。自2017年《振兴繁荣中国京菜文化工程实施方案》发布以来，京菜有了很大发展，形成了中国京菜概念；树立了一批中国京菜名店、名菜和名厨；完成了60个中国京菜的团体标准；成立了中国京菜研究发展中心；出版了中国京菜传承谱系；组织了中国京菜文化论坛、京菜美食节、京菜技艺展演、京菜美食之旅、京菜产业研修体验等系列活动。全聚德、便宜坊、鸿宾楼、谭家菜、东来顺等23家餐厅被命名为"中国京菜名店"；挂炉烤鸭、炙子烤肉、涮羊肉、砂锅白肉、鱼头泡饼等42道菜品被命

名为"中国京菜名菜"；21 名中青年工匠被命名为"中国京菜名厨"①。

另一方面，积极推进北京餐饮市场国际化发展。在壮大传统餐饮市场和推动"老字号"品牌扩容的同时，北京也打开文化交流的大门，将诸多国际美食引了进来。截至 2023 年 6 月，北京国际美食餐厅已近9000 家，涵盖了包括欧洲、美洲、亚洲、非洲、大洋洲的特色菜品。美团发布的《中国精致餐饮行业报告 2023》数据显示，在北京精致餐饮 Top5 商圈中，位于朝阳区的商圈占 80%。精致餐饮品牌是朝阳区打造"美食之城"的一个缩影，也是北京市打造"美食之都"的一个窗口。2023 年，朝阳区在美团平台上有交易的餐厅数量达到 26885 家，汇集了全市 30%以上的国际美食餐馆，除了涵盖丰富的传统中国菜系，还包括西餐厅 710 家，日餐厅 686 家、韩餐厅 108 家、东南亚菜馆 102家。② 在推动国际美食"引进来"的同时，北京还大力推进本地餐饮的国际化发展。2021 年"北京消费季·国潮餐企星厨秀"通过知名京菜品牌展示、名厨推介、中华烹饪非遗技艺展示等活动，向共建"一带一路"国家驻华使馆展示京菜魅力和内涵。

（三）坚持数字化、融合化发展，助力餐饮高质量发展

作为国际消费中心城市，北京餐饮产业坚持数字化和融合化发展转型，助力首都餐饮业的高质量发展。首先是推动数字化发展，北京致力于打造餐饮数字化新高地。近年来，为了推动餐饮数字化转型升级，北京市出台、推动了多项助力餐饮业数字化的行动举措，如相继推动了餐饮业数字化升级 1.0 行动、餐饮业数字化升级 2.0 行动，并通过线上消费券拉动服务消费、引入智慧餐厅等新型经营模式、推动数字技术落地更多餐饮消费场景、提升餐饮服务监管效能等全方位保障餐饮业高质量

---

① 《第七届中国京菜美食文化节开幕》，《首都建设报》2023 年 5 月 29 日，第 2 版。
② 《北京 38 家餐厅上榜"2023 黑珍珠餐厅指南"》，《中国视频安全报》2023 年 2 月 11 日，第 A3 版。

发展。越来越多的北京品牌餐饮商家抓住机遇，在致力经营好线下堂食"总店"的同时，通过模式创新做好线上"分店"。2023 年，全市限额以上批发零售业、住宿餐饮业企业触网率达 48%，较上年提升 2.1 个百分点，与 2019 年相比提升 13.7 个百分点。其中，限额以上餐饮业企业触网率为 60.5%，分别较 2022 年和 2019 年提升 0.9 个百分点和 8 个百分点（见图 4）。

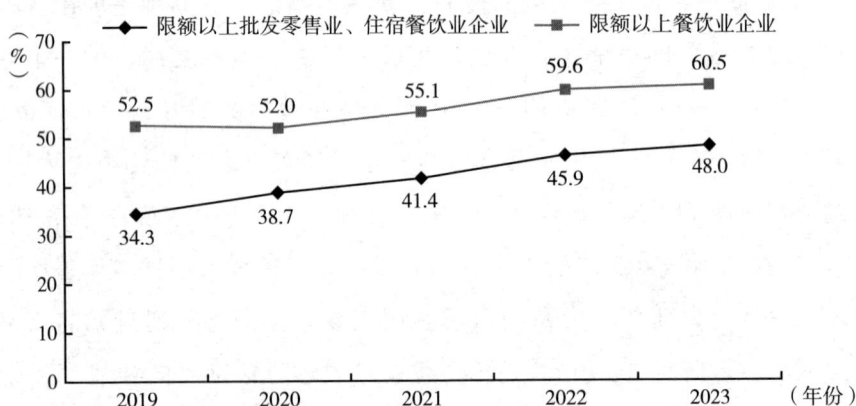

图 4　2019~2023 年北京限额以上批发零售业、住宿餐饮业企业和限额以上餐饮业企业触网率

《2022 北京餐饮业观察报告》显示，2021 年 6~7 月，北京线上餐饮订单规模高于线下餐饮订单规模。2023 年，包括东城区簋街、海淀区悦界、通州区月亮河休闲小镇、朝阳区蓝色港湾、大兴区龙湖时代天街等在内的北京首批数字化餐饮街区落地，致力于从经营管理、营销推广、供应链管理等方面加快北京餐饮业的数字化转型发展。同年，北京依托全国市场监管数字化试验区（北京）建设，在餐饮服务安全监管领域推行数字化改革，推出"餐饮开店掌中宝"小程序和"云踏勘"远程核查新模式，[①] 着眼提升监管效能，搭建大数据监管平台。

---

① 《"线上办"让餐馆开张提速》，《北京日报》2023 年 11 月 15 日，第 1 版。

促进融合化发展，打造餐饮融合发展新趋势。近年来，北京餐饮环境、消费趋势发生了巨大的变化，也倒逼着餐饮行业做出变化，打造融合发展的新前沿。第一，"餐饮+新媒体"。例如，四季民福充分利用故宫店所处的优越地理位置，以故宫作为直播间的"背景墙"进行直播，自带流量。第二，"餐饮+展演"。例如，2022年前门宫宴联合科技公司创办了《画游千里江山——沉浸式光影展演》，融合 VR、全息、升降等舞美技术展出了故宫出品的复刻版《千里江山图》长卷，为给观众营造了集视、听、触于一体的高品质的文化艺术体验。第三，"餐饮+元宇宙"。例如，2022年全聚德推出"百年炉火 生生不息"系列数字藏品，藏品包括 1 款"百年炉火"视频和 6 款萌宝鸭造型数字藏品盲盒。其中，数字藏品盲盒限量发售 20158 份，6 小时内全部售罄。第四，"餐饮+主题文化"。例如，2022年全聚德推出了"宫囍龙凤呈祥"主题餐厅，以故宫的建筑、书画以及全聚德非遗技艺为元素，利用数字多媒体技术，打造多元餐饮体验。

三 北京"美食之都"建设的主要难题

北京的美食资源历史悠久、丰富多彩又特色鲜明。尽管广大人民有需求、市场主体有动力、地方政府有关注，近年来也取得了一些成绩，但在实践中仍存在历史渊源与品牌建设不匹配、承受风险与主体能力不匹配等问题。在国际消费中心城市建设背景下，在旅游业高质量发展的战略考量中，北京美食旅游发展、"美食之都"建设处在需要进行系统谋划和战略布局的关键时期，为此，应该客观而理性地审视发展中的主要制约因素。

（一）观念错位

一直以来，北京城市发展理念都更加强调北京作为首都的政治、文化、科技等功能，而对于旅游、休闲等功能的重视程度不够。这种背景所形成的社会观念认为餐饮是满足人们的基础需求，导致北京餐饮行业出现典型的两极分化现象，一种发展方向为高端、考究的国宴和宫廷菜，一种是普通的餐饮业态。而当代北京旅游业是从入境旅游和观光旅游发展起来的，其主要特点是在需求既定的情况下，解决供给短缺问题。旅游目的地建设和发展也是围绕所谓的资源普查、形象推广、景区开发、酒店建设、旅行社审批和市场治理展开的，评五星、创5A、争牌子、招商引资，都是这个思路和模式的具体表现。在入境、观光和团队旅游时代，这样做没有问题。① 但是在以国民消费为主体的大众旅游新时期，如果继续沿用传统的思维，过于注重传统资源，忽视现代旅游生活资源，忽视以餐饮美食为代表的生活方式和商业空间的吸引力，就会造成事倍功半，甚至南辕北辙的情况。

观念错位导致北京的传统美食土壤不够牢固，发展先天不足。北京传统美食包含京味小吃和京菜，其中的帝王菜、官府菜等不乏世界水平的精品。无论是烤鸭涮肉炸酱面，还是鲍参翅肚清宫宴，都经历了文化沉淀与积累，但北京烤鸭源起于明永乐迁都的"南京味道"；以"仿膳"为代表的清宫宴，其基础也是满族同胞的家乡菜。因此，尽管历史的机缘让诸多美食在北京交汇，却也造成了一个不争的事实，那就是北京传统美食的土壤不够牢靠。与讲究食材新鲜、技法考究的淮扬菜、粤菜相比，北京的传统美食在知名度、美誉度和丰裕度上都略逊一二。在新发布的《2024北京米其林指南》中，北京有3家三星餐厅入选，潮上潮是潮粤美食，新荣记是江浙菜，而京兆尹虽然名为京菜，但主打素食，似乎又与顾客传统印象中的京菜有所不同，传统京菜的尴尬地位可见一斑。

---

① 《全域旅游在美丽风景里也在美好生活中——中国旅游研究院院长戴斌谈青海旅游发展》，《青海日报》2018年6月13日，第2版。

（二）管理缺位

2018 年国务院机构改革，商务部负责餐饮业的市场运行、流通秩序、信用建设等职责，国家卫生健康委员会负责食品安全风险评估等职责，国家市场监督管理总局负责制定食品安全重大政策并组织实施、建立全过程的监督检查制度和隐患排查治理机制并组织实施。上述设定的基本思路是从供给端入手，发展经济，保障供给，满足人民获得基本的健康、安全的餐饮需求。除了上述行政部门，餐饮业归口的还有中国商业联合会、中国餐饮协会、中国烹饪协会、中国饭店协会等，但这些都只是行业组织。餐饮作为旅游要素之首，仅从供给端管理是不够的，更需要研究人民群众真正的美食需求特征，激发需求潜力，培育消费业态，由需求牵引供给，带动产业经济发展。这是餐饮业的内在需求，也是旅游部门需要承担的职责。

管理的缺位导致北京餐饮发展缺乏顶层设计，使本土美食与餐饮缺少系统、长远的创新、研发、宣传等规划。以研发与创新环节为例，由于北京美食和餐饮发展缺乏顶层设计，重视程度不足，因此，尽管北京高等院校云集，却在烹饪人才培养、本土美食文化研究方面鲜有涉足。全聚德似乎成了烤鸭厨师的培训学校，厨师流失快。相比较之下，成都的四川旅游学院烹饪学院、扬州的扬州大学旅游烹饪学院、顺德的顺德职业技术学院厨师学院的专业设置、师资队伍、课程体系、教学条件和培养质量等在业界都具有较高的知名度，在川渝、淮扬、潮汕菜系的传承和创新方面都发挥了重要作用。此外，北京餐饮业在宣传方面也缺乏统一的战略性规划，在宣传方式与内容等方面存在平台分散、乱而无序的现象。特别是短视频、直播带货等营销宣传方式的兴起使这一问题更加凸显。

（三）产业不匹配

观念错位和管理缺位，导致北京美食产业地位与美食资源和文化的厚重严重不匹配。北京的美食资源历史悠久，但总体而言，与历史渊源深厚的美食资源相比，北京美食品牌的规模、等级特征，品牌建设的观念理念，尚不能与之匹配，这也影响了北京美食旅游产业价值的实现。众多老字号餐饮企业存在共性问题，从内部来看，是产品和服务滞后于市场需求，特别是"Z世代"消费群体的兴起，消费需求转换迅速，而部分老字号餐饮企业的餐饮及包装都存在产品陈旧、创新不足、调整缓慢等问题，与年轻顾客的消费认知形成了差距；从外部来看，餐饮经营类型更加多元化、差异化，市场进入者众多，正餐市场客源分流明显，特别是在预制菜、地方特色美食不断渗透的背景下，部分老字号餐饮企业经营模式和产品类型单一，行业扩展不足，因此客流量呈现连续下降。当下，亟须通过现代生产方式改革来武装从业队伍，由此培育出更多专业化的餐饮企业和餐饮品牌。

四　北京"美食之都"建设的对策建议

（一）加强专业研究和观念转变

引导专业研究机构关注美食旅游发展和"美食之都"建设，以权威性的专题研究报告和市场数据，引发行业和社会对美食旅游发展和"美食之都"建设的关注，形成旅游市场振兴的舆论热点，引导美食旅游培育为北京旅游业的基础产业。加强美食旅游的理论研究，重点关注文化挖掘、品牌建设、市场主体、产业价值等内容，形成专题数据库，召开专题发布会，以意见领袖引领热点形成。

餐饮是旅游产业的核心要素，是人民旅游追求的基本需求，发展餐饮就是传统要素创新的动能。从国家层面进行观念导入，是旅游业高质量发展的必由之路，是大国工匠培育、中国服务培育的现实路径。将包容共享理念全面充分运用到美食旅游高质量发展和"美食之都"高质量建设的进程中。美食文化挖掘既要尊重对北京传统美食、本土特色、老字号的保护和传承，也要面向未来，重视年轻消费者对时尚、新颖、潮流的追求，营造形成主次分明的多元餐饮业态体系。美食场馆布局要高低兼容、档次互补，尤其重视规划布局以北京特色美食为主的大排档形式的美食街区，让最能体现美食旅游的人间烟火氛围对接大众旅游。美食旅游消费要兼顾本地居民和外来游客的需求，将美食体验融入当地居民的日常生活中。美食旅游氛围要整合交通、娱乐等商业接待体系和游客问询、公共厕所、投诉救援、应急管理等公共服务体系，形成美食体验为主，综合商业配套完善的休闲空间。通过包容共享，将目的地打造成集美食品尝、文化体验、观光游览、娱乐休闲于一体，既与当地社区融合，又高度体现地方特色的旅游场所。

（二）推动政府统筹与系统谋划

完善顶层设计，政府统筹，制定规划和政策文件，瞄准将美食旅游培育成基础产业的战略愿景，实施一揽子工程。高标准编制"美食之都"发展规划和行动计划，明确发展目标，细化行动计划、重点任务和保障措施。完善"美食之都"建设工作架构。成立以政府部门主要负责人为组长的"美食之都"建设领导小组，形成统筹协调机制，凝聚发展合力，广泛吸纳专家学者、国际专业人才参与其中，实现效益化、市场化运作。充分发挥行业协会、高校和科研机构作用。

开展"美食之都"品牌建设和宣传推广计划。在官方媒体平台上多方位展示北京美食，学习借鉴《寻味顺德》《川味》等美食纪录片，拍摄展示北京历史文化和特色美食的专题宣传片；加强与新锐网络平台合作，制作"小而精"的视频，运用学习强国、抖音、快手等传播平台，打造"网红"美食城市。与成都、顺德、澳门、扬州等"世界美食之都"共同开展学术研讨和技艺交流，打造国内美食高端论坛。借助东亚文化之都城市群、东盟与中日韩文化城市网络等平台，做好北京美食活动的宣传策划。依托美食旅游街区、美食旅游线路，分别设置市、区级美食旅游品牌认定和颁授办法，以评促建，加快北京整体美食旅游和"美食之都"品牌体系建设。鼓励各区的发展规划和政策文件将美食旅游列为重点支持的产业类型，推动形成社会共识，凝聚政策、市场、舆论等形成合力。挖掘民间大厨、非遗传人、美食文化、美食达人、传统美食、老字号、历史街区、居民社区等利益相关者，梳理优势资源和利益诉求，发挥行业协会的作用，根据各区的发展规划和产业布局战略，整合大众媒体平台和自媒体传播渠道，与 OTA 平台等专业销售机构合作，共同推动北京美食旅游品牌。

（三）重视市场激活与创新加持

联合市商务局发布促进美食旅游发展和"美食之都"建设的文件，主要内容包括但不限于目标、指导思想、线路、产品、推广方式、示范区等。实施分级分类的市场主体培育计划。大型餐饮企业的标准化和抗风险能力，小微企业的特色化和人性化，都是美食旅游发展和"美食之都"建设所必需的。对大型企业而言，宜结合标准化管理和社会责任，采取授牌等激励措施。对小微企业而言，宜针对特色服务和经营管理采取金融等奖励措施。扶持美团黑珍珠、携程美食林等品牌培育和推广模式。鼓励本土企业积极参与黑珍珠、"中国餐饮 100 强"、米其林等国内外美食评选活动。成立由政府有关部门、专家学者、美食大咖等组成的美食评选团，每年评选一批"美食之都"最佳示范店、最佳创意餐厅和最佳场所并授牌，打造覆盖面广、多层次、多类型的"美食之都"美食餐饮店体系。通过专业数据、专题报告和中国旅游集团年会等平台，引导美食餐饮成为旅游集团的重要板块。支持北京宴、同庆楼、九毛九、巴比馒头等餐饮企业融入文化内涵，创新服务特色，提升企业品牌力。推广千岛湖鱼头模式，鼓励将土特产等餐饮资源产业化，创新经营方式，延长产业链。在旅游休闲街区和城乡休闲空间建设方面，鼓励不同菜系、各地美食融合发展，培育多元化的市场参与主体，共同营造餐饮门店百花齐放的主客共享美好生活空间。

参考文献

程小敏、魏胡婷、宫润华：《基于品牌个性理论的扬州"美食之都"品牌塑造》，《美食研究》2023 年第 2 期。

甘慕仪、綦恩周：《顺德世界美食之都品牌形象提升与创新研究》，《中国食品工业》2022 年第 19 期。

刘光宇、张晓静：《创意城市网络中的美食之城》，《科技智囊》2014 年第 1 期。

刘社建：《"双循环"背景下上海构建国际消费城市路径探析》，《企业经济》2021 年第 1 期。

汪婧：《基于熵权法的国际消费中心城市竞争力评价》，《商业经济研究》2020 年第 21 期。

谢宗福、陈啸林等：《新冠肺炎疫情前后餐饮行业的市场比较——基于"世界美食之都"广东顺德的调研数据》，《商业经济研究》2022 年第 20 期。

杨柳：《试论四川饮食文化与成都美食之都的构建》，《四川教育学院学报》2011 年第 4 期。

赵明辉：《关于推进青岛国际消费中心城市建设的路径研究》，《青岛职业技术学报》2020 年第 1 期。

周睿：《新媒体时代美食文化旅游形象传播策略研究——以国际"美食之都"成都为例》，《美食研究》2016 年第 4 期。

季楠、宋军、郭晓林、商桐：《青岛建设国际消费城市研究的思考》，载中国城市规划学会编《活力城乡，美好人居——2019 中国城市规划年会论文集》，2019。

谢丽娜：《粤港澳大湾区"美食之都"品牌视觉形象设计研究》，硕士学位论文，广东工业大学，2021。

文化发展篇

以习近平文化思想为指引
推进北京城市文化建设研究

贾 澎[*]

摘 要：习近平文化思想是在"两个结合"基础上形成的重要理论成果，是新时代中国特色社会主义文化建设的理论纲领和行动指南，为北京城市文化建设提供理论指引、指明前进方向。以习近平文化思想为指引推进北京城市文化建设、推进全国文化中心建设，要坚定"以人民为中心"的文化观、弘扬社会主义核心价值观；要实施全面协调可持续的城市文化发展战略，进一步推动文化领域创造性转化和创新性发展；要深入推进"第二个结合"，以文化传承谋文化发展。

关键词：城市文化 全国文化中心 北京

习近平总书记在文化传承发展座谈会上强调，在新的历史起点上继续深入推动文化繁荣、建设社会文化强国，要把马克思主义基本原理同中国实际相结合、同中华优秀传统文化相结合，坚持守正创新，谱写当代华章。习近平文化思想是新时代中国特色社会主义文化建设的理论纲

---

* 贾澎，哲学博士，北京市社会科学院市情研究所助理研究员，北京世界城市研究基地专职研究员。

领和行动指南，为推动我国社会主义文化繁荣和文化强国建设提供有力的指导，是马克思主义中国化的最新理论成果。城市不仅是经济资源和政治资源的聚集地，也是文化资源的聚集地。城市文化建设是中国特色社会主义文化建设的重要组成部分。党的十八大以来，习近平总书记多次视察北京，围绕"建设一个什么样的首都，怎样建设首都"作出一系列重要指示。在文化建设领域，主要体现为深入贯彻落实习近平总书记重要讲话精神，以习近平文化思想为指引，持续推进全国文化中心建设。

一 习近平文化思想的理论指引

习近平总书记十分重视社会主义文化建设。党的十八大以来，习近平总书记就文化建设作出一系列相应部署，发表了一系列关于中国特色社会主义文化本质、发展道路、坚定文化自信、推动中国式现代化文化建设、增强文化使命和文化担当等有关文化的重要论述，这些实践性的工作部署和重要论述形成了习近平文化思想的理论体系。习近平总书记在文化传承发展座谈会上强调，"全面建设社会主义现代化国家，必须坚持中国特色社会主义文化发展道路，增强文化自信，围绕举旗帜、聚民心、育新人、兴文化、展形象建设社会主义文化强国，发展面向现代化、面向世界、面向未来的，民族的科学的大众的社会主义文化，激发全民族文化创新创造活力，增强实现中华民族伟大复兴的精神力量。"[①] 可以说，习近平文化思想立足新时代，在"两个结合"基础上，系统阐述了中国特色社会主义文化的本质和发展道路，科学回答了一系列关于繁荣社会主义文化、实现中华民族伟大复兴的重大问题。

---

① 习近平：《在文化传承发展座谈会上的讲话》，《求是》2023年第17期。

（一）坚持党对文化工作的绝对领导，筑牢意识形态根基

习近平总书记多次强调党的领导在各项事业中的绝对核心地位。"党政军民学，东西南北中，党是领导一切的。"[①] 坚持、巩固和加强党在社会主义文化建设的领导权是确保我国社会主义文化发展方向的必然要求，习近平文化思想为党在文化领域的绝对领导提供了理论指引和实践指南。坚持、巩固党在文化领域的领导权必须筑牢意识形态根基。"意识形态工作是为国家立心、为民族立魂的工作"，[②] 重视意识形态工作、建设具有强大凝聚力和引领力的社会主义意识形态是习近平总书记反复强调的一切工作的重心，这不仅关乎文化建设的方向问题，更直接决定中国特色社会主义道路的方向。因此，在全社会培育和践行社会主义核心价值观被纳入了治国理政的基本方略，与此同时，提升整个社会的文明程度、坚持正确的舆论导向也是维护意识形态安全、巩固党的领导的重要途径。

（二）坚定文化自信，坚持"两个结合"

习近平总书记强调，文化自信，事关国运兴衰。"坚定中国特色社会主义道路自信、理论自信、制度自信，说到底是要坚定文化自信。文化自信是最基本、最深沉、最持久的力量。"[③] 文化自信，是对中国特色社会主义文化发展道路的实践自信，是对中华优秀传统文化的历史自信。具体来讲，就是在文化领域坚持马克思主义同中国实际相结合、同中华优秀传统文化相结合。以伟大建党精神为源头的中国共产党人精神谱系是马克思主义与中国实际相结合的典范之一，习近平总书记高度重

---

① 习近平：《决胜全面建成小康社会 夺取新时代中国特色社会主义伟大胜利——在中国共产党第十九次全国代 表大会上的报告》，北京：人民出版社，2017。

② 习近平：《高举中国特色社会主义伟大旗帜 为全面建设社会主义现代化国家而团结奋斗——在中国共产党第二十次全国代表大会上的报告》，北京：人民出版社，2022。

③ 习近平：《在哲学社会科学座谈会上的讲话》，北京：人民出版社，2016。

视中国共产党人精神谱系的研究阐释工作，强调其对于坚定文化自信、保持民族精神独立的重要价值。"第二个结合"则体现了马克思主义时代化的新飞跃，实现了马克思主义与中华优秀传统文化的相互贯通，增强了马克思主义理论与中华优秀传统文化在中国式现代化中的文化主体性地位，进一步筑牢中国道路、增强文化自信。

（三）建设社会主义文化强国，增强与世界文明交流互鉴

中国共产党历来重视文化建设，认为文化建设事关社会主义事业全局。党的十八大以来，党中央对社会主义文化强国建设作出一系列战略部署。十九届五中全会明确提出要在 2035 年把我国建设成社会主义文化强国的目标，党的二十大提出"推进文化自信自强，铸就社会主义文化新辉煌"。进入新时期，我国文化软实力和中华文明影响力都得到显著提升，向着建设社会主义文化强国的目标稳步推进。建设社会主义文化强国，增强中华文明影响力是中国式现代化的本质要求和文化阐释。建设社会主义文化强国，蕴含着推进物质文明与精神文明协调发展和加快构建中国特色哲学社会科学体系、提升文化软实力的内在要求，也有助于在世界范围内推动尊重世界文明多样性、弘扬全人类共同价值。"文明交流互鉴，是推动人类文明进步和世界和平发展的重要动力。"[①] 这体现了中国共产党人胸怀天下的宽广胸襟。

二 北京城市文化建设的战略意义与现实困境

当前北京城市文化建设成果丰硕，已具备较为丰富多元的城市文化特色、城市文化类型、城市文化景观、市民文化生活等；具备较为全面和高水平的公共文化服务体系，已接近世界先进水平；文化产业已经成

---

① 习近平：《论党的宣传思想工作》，北京：中央文献出版社，2020。

为主要经济增长点和引领经济发展的重要引擎，与互联网、科技、金融等领域的融合成为发展趋势。当前北京城市文化建设无论在广度还是深度、硬件还是软件方面都取得很大的成就，但仍存在一些亟待解决的问题。

（一）城市文化建设的意义

在新的历史起点上，要实现中华民族伟大复兴，离不开中国特色社会主义文化强国建设，而城市文化建设是实施文化强国战略不可或缺的组成部分。

从外部环境看，城市文化建设有助于提升城市竞争力，促进城市文化走向世界，在国际上争取更大的知名度。联合国教科文组织认为，区域的发展和发达程度最终将以城市文化的发育和繁荣程度来考量，文化繁荣被认为是发展的高级目标。毫无疑问，文化的发展对于提升城市软实力具有重要作用。随着经济全球化的发展、国家实力的提升以及全球城镇化进程的加速，世界范围内城市之间的竞争也必将由经济等硬实力竞争转而演变为文化软实力的较量。在全球化的竞争浪潮中，一个城市要想提高自身的知名度，就必须提升文化软实力，加快推进城市文化的创新性发展。

从城市自身发展看，城市文化建设有助于推动城市全面健康发展。随着城镇化进程的快速推进，城市发展的文化转向愈发明显，文化在城市发展中的核心作用日益凸显，文化与其他领域的跨界融合现象也日益普遍，文化建设的程度甚至影响到城市发展水平。如文化与科技的融合促进新媒体及数字化平台的迅猛发展；文化与经济的融合有力地推动文化产业逐渐成为城市经济发展的支柱力量等。可以说，城市文化建设在推动城市发展和城镇化进程中具有前瞻性的引导作用，可整合或引导城市政治、经济、社会、生态全面健康发展。

从市民生活看，城市文化建设有助于促进宜居城市建设。现阶段城镇化进程的高速推进带来了经济水平的大幅提升，人们的物质生活充盈起来，但同时也呈现出较为显著的发展不平衡现象——社会和文化的发展长期跟不上经济发展的节奏。因此，要兼顾政治、经济、文化、社会、生态全面发展，城市定位也应由过去的功能型城市向宜居型城市转变。城市发展的文化转向决定了城市文化建设在整个城市建设总体布局中的重要位置，对促进宜居城市建设也将起到重要作用。在此基础上，城市文化建设将提升市民对城市的归属感、家园感和文化认同，提升城市凝聚力，促进城市全面健康发展。

从文化本身看，城市文化建设是整个文化建设的重要组成部分，有助于推动文化的传承和创新，已被列入国家战略的高度。伴随城镇化进程的发展，城市文化在我国文化建设中所占的比重越来越大。因此，城市文化建设必将成为影响整个国家文化建设水平的关键组成部分，国家文化战略的实施效果在很大程度上取决于城市文化建设的水平。此外，城市文化建设有利于弘扬传统文化、培育文化精品，这对文化自身发展将产生积极意义。在当今城市发展文化转型的趋势下，城市的文化创新必将对城市发展产生深刻影响。

对北京而言，全国文化中心是中央赋予北京的城市战略定位之一。在全面建成社会主义现代化强国、实现第二个百年奋斗目标新征程中，北京市要体现首善标准、深入推进全国文化中心建设。2023 年，深入学习贯彻习近平文化思想的热潮深入人心，北京在全国文化中心建设方面取得了显著的成绩。2024 年是新中国成立 75 周年，是实现"十四五"规划目标任务的关键一年，也是京津冀协同发展战略实施 10 周年，在文化建设领域，要继续深化理解、学习贯彻习近平文化思想，深入推进全国文化中心建设，繁荣兴盛首都文化，坚持以文铸魂、以文兴业、以文育城，奋力建设中国特色社会主义先进文化之都。①

---

① 《2024 年北京政府工作报告》。

（二）北京城市文化建设的困境

虽然北京"四个中心"建设取得显著成效，但文化发展与其他领域发展不协调所引发的各种社会问题仍然存在。城市文化建设成为当前北京高质量发展迫切需要重视和着力发展的领域。

1.缺乏支撑城市文化建设的理念

城市文化建设离不开文化理念的支撑。党创造性地提出了创新、协调、绿色、开放、共享的新发展理念，要求转变经济发展方式并调整产业结构，重视生态保护，落实社会主义文化强国战略。这就需要将宏观层面的新发展理念进一步融入城市文化建设之中。就目前来看，支撑城市发展的文化理念大多还处于酝酿之中，尚未形成科学的理论形式。在具体的建设实践中，包括北京在内的各城市还需进一步将新发展理念深化细化，结合城市自身的文化发展优势、劣势，因地制宜，形成更为完善的城市文化建设理念。

2.尚未充分满足市民日益增长的文化需要

推动城市文化建设必须不断满足市民日益增长的基本文化需要。这些基本的文化需要包括市民接受基础教育、开展基本文化活动、享受公共文化服务等。随着城市的高质量发展，北京已基本实现以较为充足的投入满足人们基本文化需要，城市公共文化设施和服务水平也明显改善。但北京市民的文化需求是不断增长的，这也对文化供给的要求不断提升，但实际上的文化供给与市民不断增长的文化需求存在一定差距，文化建设水平尚不能与市民更高层次的文化需求相匹配。

3.城市文化个性不突出

城市文化建设要突出城市自身的文化特色和个性优势，切忌千篇一律。目前，城市文化建设还存在一个普遍的问题，即我国大城市的文化建设模仿国外大城市，我国中小城市的文化建设则模仿我国大城市。该问题导致文化面貌趋同、文化形态上缺乏特色。北京应根据城市的历史文化资源、自然景观、发展定位和发展程度，凝练、整合出有别于其他城市的文化特色，例如，北京具有与其他城市不同的红色文化、当代首都文化、皇城文化、四合院文化、清朝文化等。只有立足现在、回首历史、面向未来，既深刻把握中国式现代化的要求，又充分挖掘和汲取北京历史文化的养分，为北京城市文化建设和发展提供源源不断的力量，更好地体现城市精神，更好地打造北京城市文化金名片，提升城市文化竞争优势，保持城市文化发展活力。

三 以习近平文化思想为指引推进北京城市文化建设路径

党的二十大报告作出战略部署，明确要推进文化自信自强，铸就社会主义文化新辉煌。城市文化不是各种文化资源在城市中的简单叠加和堆砌，而是一座城市在漫长的历史长河中积淀而成的精神命脉，具有鲜明的历史传承性和时代感召力。城市文化是人为活动的结果，是人们选择创造的结果，因此，城市文化建设不能片面地遵循"自然发育"的方法，必须坚持发挥人的主观能动性与坚持客观规律性相统一的原则。推动城市文化建设是贯彻习近平新时代中国特色社会主义文化发展道路的重要环节。习近平文化思想为建设怎样的城市文化指明了方向，可以说，北京深入推进全国文化中心建设是习近平文化思想在京华大地的生动实践。

（一）坚定"以人民为中心"的文化观，弘扬社会主义核心价值观

马克思主义的文化观是人民大众的文化观，"以人民为中心"观念的提出是马克思主义中国化的科学成果。习近平总书记强调，"要树立以人民为中心的工作导向，把服务群众同教育引导群众结合起来，把满足需求同提高素养结合起来，多宣传报道人民群众的伟大奋斗和火热生活，

多宣传报道人民群众中涌现出来的先进典型和感人事迹,丰富人民精神世界,增强人民精神力量,满足人民精神需求"。① 继而论之,以人民为中心的文化观就是要保证人民群众推动城市文化发展的主体地位。一方面,人民群众是文化创作、文化传播的主力军,是工具性的主体;另一方面,人民群众有享受文化成果、消费文化产品的权利,是目的性的主体。因此,在城市文化建设领域坚持以人民为中心的发展思想,不仅是对马克思主义文化观和建设社会主义文化强国的贯彻落实,也是保证人民群众主体地位的内在要求,同时还是营造健康良好社会氛围的有效途径。具体来说,一方面要让文化建设服务于广大市民群众的日常生活,让人民群众在城市文化建设中充分展现其主人翁地位、发挥其创造力,并结合其历史传统与民族特色创造出新的健康向上的文化内容、文化形式;另一方面,要坚持以人民为中心的城市文化发展导向,大力发展公共文化事业,健全公共文化服务体系,加快推进文化惠民工程,面向基层、服务市民,开展群众性文化活动,发展市民喜闻乐见的城市文化形态和样态,保障全体市民共建共享城市文化发展成果的权利。

文化的核心和灵魂是价值观。习近平总书记指出,"我们提出的社会主义核心价值观,把涉及国家、社会、公民的价值要求融为一体,既体现了社会主义本质要求,继承了中华优秀传统文化,也吸收了世界文明有益成果,体现了时代精神。我们提倡和弘扬社会主义核心价值观,必须从中汲取丰富营养,否则就不会有生命力和影响力"。② 城市文化建设应与社会主义核心价值观相适应,从文化顶层设计、文化战略、文化政策、市民文化认同这一城市文化建设"四位一体"模式中贯彻落实社会主义核心价值理念。首先,在国家文化制度的顶层设计上必须贯彻社会主义核心价值理念,使其成为文化顶层设计的内在要求,建立平等、先进、全局性的文化顶层设计。其次,在文化战略上必须贯彻社会

---

① 习近平:《在全国宣传思想工作会议上的讲话》,《人民日报》2013 年 8 月 21 日。

② 习近平:《保持战略定力和坚定信念 坚定不移走自己的路》,《党建》2014 年第 6 期。

主义核心价值理念。社会主义核心价值理念不应只体现在策略、办法的层面，应贯彻在超越性、前瞻性的战略制定和实施上；不应只是体现在对阶段性目标的追求上，应贯穿在整个社会主义先进文化建设的全过程。再次，在文化政策上必须贯彻社会主义核心价值理念。文化政策是保障文化发展和走向的直接依据，在文化政策上贯彻落实社会主义核心价值理念的要求，就是要建立普惠的、合作的、开放的、公开透明的文化发展政策，保障文化发展的成果惠及全体人民、促进社会主义各项事业的发展、增强我国的国际竞争力。最后，在市民文化认同上必须贯彻社会主义核心价值观。社会主义核心价值观具有提升民族凝聚力和向心力的作用，应成为广大市民共同的精神支柱，引导市民树立爱国爱家、尊老爱幼、敬业爱岗、勤奋创新、健康向上的精神追求。

北京持续推进弘扬核心价值观。2023 年，持续深化建设建党、抗战、新中国成立三大红色文化主题片区；"进京赶考之路（北京段）"全线贯通；通过考评，对 27 家市级爱国主义教育基地开展奖励扶持；连续第十年开展"北京榜样"评选活动、第九届首都道德模范评选活动；首都注册志愿者达 461 万名，注册志愿服务团体 7.5 万个，发布志愿服务项目 69.8 万个。社会文明程度不断提升，调查数据显示，截至 2023 年 4 月，北京市民公共行为文明指数达到 90.69，实现十七连升。[①] 社会主义核心价值观在北京广泛践行。2024 年，北京将继续发扬首善标准，打造精神文明最好的城市，持续加强北京市习近平新时代中国特色社会主义思想研究中心建设，大力开展习近平新时代中国特色社会主义理论阐释工作，繁荣发展首都哲学社会科学；进一步推进抗战主题红色文化片区规划建设，进一步打造红色文化片区思政课堂；在全国文明城区创建活动方面深化公共文明引导。

---

① 《精神文明有法依》，https：//www.beijing.gov.cn/renwen/jrbj/202306/t20230605_3121121.html，2023 年 6 月 5 日。

（二）实施全面协调可持续的城市文化发展战略，进一步推动文化领域创造性转化和创新性发展

党历来重视正确处理物质文明和精神文明的关系、推动"两个文明"协调发展。在此基础上，党的十九大将"推动社会主义精神文明和物质文明协调发展"列入中国特色社会主义文化建设的基本纲领，党的二十大则将"两个文明"协调发展作为中国式现代化的本质要求。这彰显出"两个文明"协调发展对整个中国特色社会主义事业发展中的重要作用。在城镇化深入发展这一历史趋势的深刻影响下，城市成为一个国家的名片，它的发展程度在很大程度上代表了国家的整体发展水平。就文化建设来讲，伴随人民群众物质和精神需求的极大提高，城市发展中的文化跨界融合现象普遍存在，如文化与科技的融合发展、文化对城市经济和社会发展的正向推动、通过文化宣传教育促进城市生态文明建设等。可以说，城市文化建设的内涵得到不断丰富和延伸、对整个社会发展的作用日益凸显。因此，在进行城市文化建设的过程中，注重物质文明和精神文明的协调、经济效益与社会效益的统一，以"五位一体"协同发展的方式贯彻落实文化强国战略，实施全面协调可持续的城市文化发展战略，是城市文化建设的内在要求。当然，文化的发展具有独立性，在很大程度上可以独立于政治、经济、社会、生态，呈现出文化与其他领域发展的不平衡性。因此，实施全面协调可持续的城市文化发展战略，一方面应充分发挥文化对推动整个城市经济社会全面发展的积极作用；另一方面要重视城市文化发展内在规律。总之，坚持走跨界融合、全面协调可持续发展的城市文化建设之路，是顺应高质量发展必然趋势的历史选择。

2023 年，北京市持续推动文化创造性转化和创新性发展，繁荣首都文化发展。在文化惠民工程方面，举办首都市民系列文化活动 1.7 万场；在文艺演出方面，出台《北京市建设"演艺之都"三年行动实施方案（2023 年—2025 年）》，营业性文艺演出突破 4 万场；在"博物

馆之城"建设方面，新增 11 家博物馆备案、挂牌 27 家"类博物馆"；在文旅建设方面，创新改进旅游景区门票预约机制；在文艺作品供给方面，11 部文艺作品荣获全国"五个一工程"奖，获奖数量连续三届居全国首位。2024 年，北京市将继续推进文化创新发展，加大"演艺之都"建设力度，打造更多文化精品力作，构建多集群协同发展的演艺空间格局，培育更多演艺新空间，擦亮"大戏看北京"文化名片，推进"北京大视听"品牌建设，推动更多优秀演艺机构、精品剧目"走出去"，在国际舞台上展现中华文化的魅力。

（三）深入推进"第二个结合"，以文化传承谋文化发展

"第二个结合"是指马克思主义与中华优秀传统文化相结合。要实现中华民族伟大复兴，就要提高中华文化的国际话语权，充分体现中华文化特色。我们党历来重视坚守中华民族的文化立场。在民主革命时期，毛泽东同志就指出新民主主义文化的民族性问题。[1] 邓小平同志继承了毛泽东同志的思想，在改革开放初期提出对外来先进文化学习的同时，"一定要用马克思主义对它们的思想内容和表现方法进行分析、鉴别和批判"。[2] 在新的历史条件下，习近平总书记继承和发扬毛泽东同志、邓小平同志的思想，指出中华文化有着多民族几千年悠久灿烂的历史，所蕴含的丰厚文化资源已经成为中华文化在世界文化中的特色和核心竞争力。在此基础上建设中国特色社会主义城市文化，就要立足本来、吸收外来，以传承谋发展，用城市传统文化精髓净化城市文化灵魂、弘扬城市精神、彰显城市个性、激发城市发展的活力、提升城市文化认同感和归属感。一方面，要培养高度的文化自信、形成深层次的文化自觉，重视城市文化发展的区域性、民族性，注重对历史文化遗产的保护，挖掘并传承传统文化的精华；另一方面，要兼顾城市文化民族性

[1] 《毛泽东选集》第二卷，北京：人民出版社，1991。
[2] 《邓小平文选》第三卷，北京：人民出版社，1993。

与世界性的统一、历史性与时代性的统一，以发展的眼光、包容的态度吸纳世界文化优秀成果，与时俱进地摒弃那些阻碍当代城市文化建设的落后因素。总之，在以城市文化建设促进全国文化中心建设的过程中，要坚守中华民族文化立场，以开放的态度建设城市文化，实现文化传承与文化发展的统一。

2023 年，北京融合了人文景观、生态景观与现代设施的城市文脉呈现出崭新面貌。以中轴线申遗为契机，提升对老城的整体保护。目前，中轴线申遗保护三年行动计划已经全面收官，庆成宫整体院落腾退等 48 项重点任务已经全面完成，国家话剧院高层住宅楼拆除，中轴线景观廊道凸显，北京老城壮美秩序清晰。三条文化带建设方面，大运河源头遗址公园一期和长达 445 公里的"京畿长城"国家风景道已经全面亮相。2024 年 1 月 5 日，国家文物局授牌"三山五园"国家文物保护利用示范区，这意味着北京"三山五园"国家文物保护利用示范区创建完成。2024 年，北京将继续全面加强历史文化名城保护与传承，加快推进院落腾退、文物修缮和历史建筑保护，讲好文化遗产故事。在文化带建设方面，进一步强化大运河文化的保护传承利用，对长城及附属文物进行修缮，提升改造中国长城博物馆，修复永定河文化景观，巩固并拓展"三山五园"国家文物保护利用示范区创建成果；在非物质文化遗产保护方面，加强对非遗传承人的培养和激励，让非物质文化遗产在现代生活中焕发新的生机。

北京博物馆之城的建设成效与发展路径

于书平[*]

摘　要：北京博物馆之城建设自 2020 年提出，就引起人们的广泛关注。本报告从理论研究和工作实践两个维度梳理 4 年来北京博物馆之城的建设成效、存在问题，并展望博物馆之城建设的发展路径。应加大理论研究力度，建设研究型博物馆；加强顶层设计，完善政策保障体系；实行高位推动，有序推进博物馆之城建设；完善体制机制，激发内在活力和创造力；多措并举促进博物馆数量增长；深化文化旅游融合模式；提升博物馆的国际交往能力和国际传播水平。

关键词：北京　博物馆之城　北京文化

博物馆浓缩着一座城市的历史，折射着一座城市的文化底蕴。北京博物馆之城建设是推进北京"四个中心"首都功能建设的重要举措，是深入推进全国文化中心建设的重要任务之一，是彰显"首都风范、古都风韵、时代风貌"城市特色的重要使命。2020 年 4 月，北京市发布了《北京市推进全国文化中心建设中长期规划（2019 年–2035 年）》，提出要打造"布局合理、展陈丰富、特色鲜明"的博物馆之城，这是北京

---

* 于书平，中共北京市委党校（北京行政学院）图书馆副馆长，北京市情研究中心副主任、副研究馆员。

首次明确提出"博物馆之城"建设；2021 年 11 月，《北京市"十四五"时期文物博物馆事业发展规划》进一步提出要从博物馆体系布局、机制体制、服务效能、藏品管理、文物文创产品开发 5 个方面推动"博物馆之城"建设。近年来，无论是理论研究，还是实际工作，北京博物馆之城建设都取得了显著成效。

一　理论研究蓬勃发展：博物馆之城的内涵日益清晰

建设博物馆之城，首先要明确"博物馆之城"的定义以及衡量标准。纵观国内外，关于"博物馆之城"的概念并不清晰，叫法不同，衡量标准各异。

（一）博物馆之城的内涵

"博物馆之城"一词最早于 20 世纪中后期在一些西方国家出现，但叫法略有差别，有的称之为"博物馆群"，如英国巴斯；有的称之为"博物馆岛"，如德国柏林；有的称为"博物馆一英里""博物馆之堤"，总之都是博物馆聚集的区域。国内最早开展相关研究的是吕济民先生，他于 1989 年提出了"博物馆城"的概念，2001 年上海提出建设"博物馆群"的理念，2005 年广东东莞率先明确提出建设"博物馆之城"的目标，近 20 年来，国内大约有 30 余个城市提出要建设"博物馆之城"。

在国内博物馆学界，"博物馆之城"与"博物馆城"、"博物馆之都"等概念具有相同的含义。按照汉语习惯，称呼某个城市为"博物馆之城"，指的是这个城市的博物馆数量多、类型丰富、体系完善。有学者认为，博物馆之城建设正在成为文化导向城市更新中的重要方向。[①]

2021 年，中宣部等 9 部门联合印发的《关于推进博物馆改革发展

---

① 　谢涤湘、褚文华：《城市更新背景下的博物馆发展策略研究》，《城市观察》2014 年第 4 期。

的指导意见》明确提出，探索在文化资源丰厚地区建设"博物馆之城""博物馆小镇"等集群聚落；同年10月，国务院办公厅印发的《"十四五"文物保护和科技创新规划》再次强调，探索在文化资源丰厚地区建设博物馆之城。至此，博物馆之城建设成为国家层面的博物馆发展战略。

但各地"博物馆之城"的标准不一。在数量上，2005年，东莞市提出用5年时间建30座以上博物馆，达到每20万人1座博物馆的标准；2018年，西安市出台《西安博物馆之城总体建设方案》，提出2021年要达到165座博物馆的数量目标，其中，二级以上博物馆达4~7座；2022年，南京市在《南京市建设"博物馆之城"发展规划》中提出"十四五"期间要实现等级博物馆占全市备案注册博物馆总数比例突破30%；佛山市提出"到2025年市域范围内完成建设博物馆（陈列馆、名人故居）204家、美术馆（艺术馆）102家"的目标。在空间布局上，有些城市是划定一定的区域空间打造博物馆之城，如南通环濠河博物馆群（城）；有些城市则定位在主城区，如大同；有些城市则包括整个市域范围，如佛山。

（二）"博物馆之城"建设成为研究热点

1.学术论文出现两个研究高潮

2023年11月15日，在CNKI数据库中，选取"博物馆之城"进行题名检索，检得文献129篇。其中学术期刊43篇，报纸70篇，会议论文4篇。从时间维度来看，博物馆之城自1989年提出后，2009年、2010年形成了一个小的研究高潮，每年发文10篇以上，随后的10年间研究又趋于平缓；到2022年、2023年又达到了一个新的研究高潮，每年发文30篇左右。这些研究主要聚焦在"博物馆之城"的定义、评判标准、各城市的主要做法、发展成效等方面。

2. 研究专著初露锋芒

关于"博物馆之城"的图书也开始出版。2014 年许勤华编著的《博物馆之城》一书由杭州出版社出版，成为国内第一本研究博物馆之城的著作。2022 年 8 月，李晨、耿坤主笔的《博物馆之城：城市文化更新的前沿探索》一书由江苏凤凰文艺出版社出版，该书以北京博物馆之城建设规划编制工作为依托，系统阐述了北京博物馆之城建设的背景、内容、路径、主要模式和建设策略，为北京博物馆之城的建设工作提供了理论支撑。北京市博物馆学会 2021 年、2023 年研创出版的两部《博物馆蓝皮书：北京地区博物馆发展报告》由社会科学文献出版社出版，对北京地区的博物馆、博物馆之城建设的背景、资源禀赋、建设意义和发展现状进行了系统梳理。2023 年，北京档案馆编的《档案中的北京博物馆之城·北京档案史料》（2023 年第 1 辑）由新华出版社出版，展示了档案中留存的珍贵的博物馆史料。

3. 学术活动日益丰富

一些高校、研究机构、学会纷纷举办关于博物馆之城的学术会议、学术论坛，对相关主题开展研讨。2023 年 5 月 30 日，中国人民大学、北京博物馆学会和中国文化产业协会共同举办了首都文化论坛（总第 4 期），以"博物馆之城：让人民生活更美好"为主题，探讨了博物馆赋能美好生活的相关问题；2023 年 9 月 15 日，"文化遗产：系统保护与活态传承"作为北京文化论坛的一个平行论坛成功举办，专家学者围绕文化遗产及考古、博物馆最新研究成果和实践经验进行了广泛交流；北京市政协委员也高度关注博物馆之城建设，开展专题座谈会、调研，提出了很多建设性意见和议案。一些高校、科研机构等单位也纷纷就博物馆之城的主题开展调查研究，撰写智库研究报告，提出系列对策建议，取得了比较丰硕的研究成果。

理论研究是实践的先导和指南，通过广泛研究，北京"博物馆之城"建设的内涵日益清晰：打造全市域活态的博物馆，形成"布局合理、结构优化、内容丰富、特色鲜明"的发展格局。

二　北京博物馆之城建设成效显著

四年来，北京博物馆之城建设呈现出良好的发展态势。博物馆的数量、密度、空间布局、服务效能等方面都取得长足进展，在国内形成了规模最大、实力最强的博物馆体系，取得了良好的社会效益和较高的观众认可度。

（一）顶层设计日趋完善

2021年5月，国务院明确提出要"支持北京、西安、大同、南京建设'博物馆之城'"，北京成为国家重点支持建设"博物馆之城"的四个城市之一。"如何建设博物馆之城，怎样才能建成高品质的博物馆之城"成为北京迫切需要回答的课题。2021年5月，北京市政府和国家文物局签署了《共建北京"博物馆之城"战略合作协议》，2023年，《北京博物馆之城建设发展规划（2023-2035）》编制完成，并向全社会征求了意见，即将审核发布。这是北京市第一部博物馆之城建设的专项规划，为"博物馆之城"建设做好了市级层面的顶层设计和总体部署。区级层面，各区也相继推出了专项行动计划，如朝阳区推出的博物馆之城规划和行动方案。

（二）博物馆总体数量持续提升，标志性场馆建成开放

北京是全国博物馆数量最多的城市，具有中央大馆集中、门类丰富、一级博物馆多的特点。博物馆之城建设战略实施以来，备案博物馆的数量不断增加。从2019年的183家增长到2022年的215家，博物馆在数量上增长了17%。2023年新增备案博物馆11家，至此，备案博物馆数量相比2019年增长了23%，增幅显著。馆藏总量从2019年的463万件增长到2022年的1784万件，增长了285%（见表1）。2023年，北京一级博物馆有18家，在全国城市中居首位。

表1　2019~2023年北京备案博物馆数及藏品数

单位：家，万件

年份	备案博物馆数	藏品数
2019	183	463
2020	197	1625
2021	204	1629
2022	215	1784
2023	226	—

资料来源：2019~2022年数据来源于《北京统计年鉴2023》，2023年数据来源于北京市人民政府网站。

截至2022年底，北京全市共有7处世界文化遗产、3840处不可移动文物、501万件（套）国有可移动文物，入选联合国教科文组织"人类非物质文化遗产代表作名录"的非遗项目有12个，国家级非遗代表性项目有144个，市级非遗代表性项目有325个。北京有着丰富的文物及非物质文化遗产资源。

近年来，一批新馆、大馆等标志性文化场馆相继落成开放，如北京大运河博物馆（首博东馆）、中国共产党历史展览馆等；还有一些博物馆完成改扩建工作，重新开放，如北京艺术博物馆、北京古建博物馆等；一些博物馆由市级馆升格为国家馆，如北京自然博物馆升格为国家自然博物馆，并在南中轴大红门地区开始建设新馆。

（三）博物馆群的聚集效应凸显

博物馆群就是博物馆相对集中的地区。经过多年的发展，北京已形成了天安门、奥森公园、什刹海、隆福寺、三山五园等10多个博物馆集聚区，集聚效应凸显。有学者认为，推动博物馆在空间上集聚，一方面以空间集聚为优势，让区域内的博物馆与文化机构、商业机构的资源实现互通共享，弥补单体博物馆的资源缺陷，产生规模效应，提升博物馆服务能力；另一方面可以有效节约市民旅游参观的出行成本，丰富观众的参观体验，拉动周边地区的文化消费，建立从陈述历史转向构建引领未来消费价值的体验过程，将碎片化的文化遗产和城市记忆，编织成被当代人所理解的文化产业叙事。①

在空间布局方面，各区的博物馆之城建设各具特色。东城区和西城区利用腾退后的文物建筑、名人故居等空间，建设了一批"小而美"的博物馆；朝阳区利用工业园区腾退空间，打造各类主题博物馆；海淀区则大力发展高校博物馆；石景山区利用首钢园打造数字博物馆；经开区致力于打造"科技馆之城"。每个区都根据各自的资源禀赋，因地制宜，大力推进博物馆之城建设。

（四）类博物馆成为新生力量

《关于推进博物馆改革发展的指导意见》明确提出了"实施类博物馆培育计划"的部署要求，并将类博物馆定义为"具有部分博物馆功能、但尚未达到登记备案条件的社会机构"。既包括厂史馆、校史馆、村史馆，也包括陈列馆、规划馆、名人故居等。2022 年，北京市文物局调研统计，北京有类博物馆 561 家，并出台《"类博物馆"开放培育试点工作实施方案》，选取了 13 家单位作为试点。经过一年的培育，2023 年，北京有 27 家"类博物馆"挂牌开放，覆盖了北京 14 个区和经开区，其中，通州区有 5 家，朝阳区有 4 家、海淀区有 2 家、石景山区有 2 家、西城区有 2 家、顺义区有 2 家，大兴区有 2 家，东城区、昌平区、怀柔区、密云区、丰台区、平谷区、房山区、经开区各有 1 家。类博物馆成为博物馆之城建设中的新生力量，与中小型专题博物馆、非国有博物馆相比，类博物馆分布的区域更广泛，更贴近民众的生活，发挥了促进文化消费的作用。

（五）博物馆服务效能不断增强

近年来，博物馆的年观众数量呈现"井喷式"增长趋势，逛博物

---

① 罗小力：《中国博物馆集群发展模式探析》，《博物院》2022 年第 1 期。

馆已成为深受群众喜爱的生活方式。"不是在博物馆，就是在去博物馆的路上"已经成了博物馆迷的生活日常。为了满足人们对高品质文化生活的需要，博物馆不断挖潜，服务效能持续增强。"十三五"期间，全市博物馆累计推出陈列展览 2000 余个，举办社教活动上万场；年均接待观众 5000 万人次，平均观众满意率为 99.54%。2023 年，全市博物馆推出约 700 场展览活动，举办文化活动 1000 多场。2023 年 5 月，北京市文物局举办了首届"北京博物馆活动月"，举办 300 余项展览和近千项文化活动，其中，北京博物馆文创市集、百家博物馆进校园、"百千万"惠民活动、博物馆延时开放等多项品牌活动，吸引了众多观众走进博物馆。博物馆的公共服务效能不断增强，社会关注度日益提高，在经济社会发展中的作用持续显现，人民群众的文化获得感、幸福感不断增强。

（六）博物馆数字化建设蓬勃发展

博物馆数字化建设发展迅速。随着互联网、大数据、人工智能等现代信息技术的不断发展，智慧博物馆成为发展新趋势。《北京市"智慧文博"总体规划（2023 年—2025 年）》编制完成，推出了北京市大数据平台，提升数据赋能能力；上线"北京博物馆云"微信小程序，实现了博物馆的"资源云聚""服务云通""数据云连""展示云浸"，推动博物馆公共服务触手可及，加速博物馆数字化转型促进"馆城"线上线下融合互动。2023 年 12 月，文物数字化创新联盟成立，旨在积极探索通过数字化技术和手段，激发文物的价值和活力，让数字化助力文物活起来。

云端博物馆、虚拟展厅、数字展览、数智人、数字藏品等各种形式的博物馆数字化产品不断推陈出新。例如，在故宫博物院官网的《何以中国》云展厅中，观众可以沉浸式游览"文华殿"；数字文物库汇集了 25 大类 8 万余张文物高清影像，并将持续"上新"。故宫通过 App、微信小程序等新媒体矩阵打造了一座"永不闭馆"的博物馆。中国国家博物馆于 2023 年 5 月推出了《数说犀尊》展览，打造了集三维数据采集、数据融合、互动展示、活化利用、环境监测于一体的智慧展厅；2023 年 11 月，"中华文明云展"上线，推出了我国博物馆界首个数智人艾雯雯担纲导览，引领观众沉浸式观展，成为智慧博物馆的最新尝试。

（七）"博物馆+"的效能日益增强

"博物馆+旅游"效果显著。2023 年 5 月 19 日，在中国国家博物馆的举办的"博物馆与旅游融合发展研讨会"上，北京市文物局发布古都文化、红色文化、京味文化、创新文化 4 个文化主题共 10 条博物馆研学线路，涉及 70 多个博物馆点位（见表 2）；2024 年春节期间，又聚焦北京市文博资源富集区，兼顾交通便利程度与观览需求，为观众推荐"可观、可游、可娱、可购"的博物馆主题游线，包括隆福寺文博区、什刹海文博区、西四文博区、南长河文博区、木樨地文博区、崔各庄文博区、奥森文博区、香山文博区、模式口文博区、副中心文博区等 10 条线路，各具特色，汇集博物馆精品展览和特色活动及周边公园、商圈、休闲等元素，为市民游客新春出游提供更多选择。

表 2　北京博物馆研学路线

主题	博物馆研学线路	博物馆数	博物馆名称
古都文化	中轴线上的博物馆	7 个	中国国家博物馆、故宫博物院、文化和旅游部恭王府博物馆、中国铁道博物馆正阳门展馆、北京市钟鼓楼文物保管所、文天祥祠、王府井古人类遗址博物馆
	北京人和城市的起源	8 个	周口店北京人遗址博物馆、上宅文化陈列馆、山戎文化陈列馆、北京考古遗址博物馆（琉璃河遗址）、北京考古遗址博物馆（金中都水关遗址）、昌平区博物馆、平谷区博物馆、顺义区博物馆

续表

主题	博物馆研学线路	博物馆数	博物馆名称
古都文化	古代坛庙中的博物馆	11 个	北京孔庙和国子监博物馆、雍和宫藏传佛教艺术博物馆、北京房山云居寺石经博物馆、北京历代帝王庙博物馆、北京市白塔寺管理处、北京市大觉寺与团城管理处、北京文博交流馆（智化寺）、大钟寺古钟博物馆、北京艺术博物馆、北京石刻艺术博物馆、北京法海寺博物馆
红色文化	中国共产党早期北京革命活动主题博物馆	5 个	中国共产党早期北京革命活动旧址博物馆（北大红楼）、李大钊故居、慈悲庵、李大钊烈士陵园、长辛店二七纪念馆
	抗日战争主题博物馆	5 个	中国人民抗日战争纪念馆、焦庄户地道战遗址博物馆、平北抗日战争纪念馆、平西抗日战争纪念馆、冀热察挺进军司令部旧址陈列馆
	进京赶考路上的博物馆	4 个	香山双清别墅、香山革命纪念馆、清华园车站和颐和园益寿堂
京味文化	民俗博物馆	6 个	北京红楼文化艺术博物馆、北京宣南文化博物馆、北京空竹博物馆、北京励志堂科举匾额博物馆、北京荣唐连环画博物馆、北京九鼎灶文化博物馆
	传统非遗博物馆	9 个	北京龙顺成京作非遗博物馆、北京工艺美术博物馆、北京金漆镶嵌博物馆、北京市天佑兰亭书法文化博物馆、北京御生堂中医药博物馆、北京文旺阁木作博物馆、北京燕京八绝博物馆、北京二锅头酒博物馆、北京九鼎灶文化博物馆
创新文化	行业博物馆	9 个	首都博物馆、中国农业博物馆、中国航天博物馆、中国航空博物馆、中国华侨历史博物馆、中国法院博物馆、中国电信博物馆、詹天佑纪念馆、中国印刷博物馆
	科技博物馆	9 个	中国科学技术馆、中国铁道博物馆东郊展馆、中国民航博物馆、中国电影博物馆、国家自然博物馆、中国园林博物馆、北京汽车博物馆、北京中药炮制技术博物馆、北京百年世界老电话博物馆

　　博物馆成为人们旅游打卡的主要目的地。北京文旅局还推出了关于备案博物馆的文体旅游服务地图，包括文体旅游路线、路线简介、探访

点位、路况说明、适用群体、建议旅游时长、途经区域、路线链接等，推出了觉醒年代青春骑行、最美中轴品味古今等 21 条骑行路线，为人们更好的旅游体验提供了成熟的路线规划，更好地满足了人们的文化需求。

"博物馆+商圈+消费"提升文化软实力。随着北京国际消费中心建设的提出，博物馆也在探索"夜经济"模式。自 2019 年元宵节夜故宫博物院首次举办"灯会"之后，多家博物馆纷纷开启夜间模式。2020 年夏秋之际，北京多家博物馆在重点节假日开设夜场专场；2021 年首都博物馆在"国际博物馆日"举办了博物馆之夜活动，吸引众多观众参与。2024 年春节期间，中国工艺美术馆·中国非物质文化遗产馆迎来了近 5 万名游客。

"博物馆+艺术"催生了一批新的文化作品。如《永乐天地·中国节》主题视听音乐会、原创民族音乐史诗《紫禁城》、舞蹈诗剧《只此青绿》、"漫步中轴之中轴遇见博物馆"系列直播、大型融媒体节目《文物里的北京》、文博探秘类文化互动真人秀《博物馆之城》。这些作品从另一个视角来审视博物馆的价值，揭秘了隐藏在博物馆背后的故事，让文物的价值活起来，给人们带来了全新的体验。随着歌曲《鼓楼》在短视频平台走红，带火了 750 多岁的北京鼓楼，静止的建筑与文物通过新的艺术形式，走进了时代生活。在北京，中轴线、颐和园、北大红楼等原创 IP 兴起成为文化新时尚。

三 北京博物馆之城建设中存在的问题

经过四年的发展，北京博物馆之城建设取得丰硕成果，但也存在着一些需要解决的问题。

（一）理论研究还需进一步强化

在理论研究方面，研究成果还不够丰富，研究的深度、高度、广度有待进一步强化。已有研究大多聚焦于具体的博物馆业务研究、个案研究等微观层面，宏观层面的研究比较缺乏；研究成果尤其是一些调研报告、智库建议等内部文献还不能共享，导致各方力量存在研究壁垒，同一问题多家调研、重复调研，而有的问题无人调研。

（二）博物馆治理体系、治理水平相对滞后

北京地区博物馆隶属关系复杂，人员及经费管理渠道多，政府部门的宏观管理缺乏有效手段，博物馆行业发展的地方性法规还没有出台，博物馆发展运行中一些重要问题缺少法律支撑。

（三）博物馆总体发展不均衡、不充分

在空间结构上，北京市的博物馆主要聚集在中心城区，远郊区博物馆数量较少，发展相对缓慢。目前，东城区博物馆数量最多，达38家，平均每10万人拥有4.4家博物馆，人均拥有量在全市位列第一，密云区只有1家。在发展质量上，中央所属和市属大型博物馆发展质量高，基层中小博物馆发展相对薄弱；一些非国有博物馆还面临着难以可持续发展的窘境。

（四）博物馆服务效能有待进一步提高，竞争力、引领力还需强化

从北京地区博物馆功能的发挥和博物馆职能的履行上看，服务效能不高，全国文化中心的引领辐射作用不够。北京市拥有国家一级博物馆的数量在全国居于首位（18家），但定级博物馆的数量较少（39家），占比不高（19.1%），不及其他一线城市；一些博物馆的硬件老化，展品陈旧，竞争力不足。博物馆与其他城市功能之间缺乏互动，部分博物馆，尤其是部分规模较大的博物馆或博物馆集群的周边缺乏相应的公共设施，各类交通设施转乘接驳复杂，导致场馆可达性差，带动性不强，

引领力、辐射力较弱。作为全国文化中心和国际交往中心，北京的博物馆之城建设目标不仅应着眼于北京地区建设，还应辐射全国，发挥示范引领作用。博物馆的服务尚不能对北京远郊居民、中小学生实现全覆盖，很多远郊区居民尚未享受到博物馆文化权益。

（五）博物馆国际化程度与大国首都的国际交往功能不相适应

博物馆对于国际交往活动专业化服务保障水平非常有限，多数博物馆不具备多语种导览接待能力。对博物馆文化的价值解读和阐释工作不够，与国外博物馆合作开展的研究、交流活动数量非常有限，进出境展览项目较少，对外宣传工作力度相对有限，国际传播能力有待提升，难以发挥博物馆在文明交流互鉴中的特殊作用，也无法支撑北京作为国际交往中心的文化交流需要。出境办展、办分馆的力度不足，有待进一步提升。

四 北京博物馆之城建设的发展路径

北京要建设全国首善一流、与大国首都地位相匹配的博物馆之城，就要围绕全国文化中心建设，不断完善博物馆体系，推动各项工作向着品质化、高端化、融合化、国际化发展。

（一）加大理论研究力度，建设研究型博物馆

把科研能力作为北京博物馆之城的核心能力，以高质量的理论研究成果为博物馆赋能。注重提高博物馆学理论研究水平，加强学科建设，支持大型博物馆设立研究院、研究所、研发中心等科研机构，将具备条件的博物馆纳入科研事业单位序列。挂牌一批北京市文物局科研基地（工作站），支持有条件的博物馆建设国家文物局重点科研基

地、文化和旅游部重点实验室。加强博物馆与在京高校、科研机构、智库机构的交流合作，联合建立国家级博物馆学科研究中心、文物保护利用科研中心和北京博物馆之城建设协同创新中心，推动研究型博物馆建设。

（二）加强顶层设计，完善政策保障体系

围绕博物馆发展的重点领域，加强政策储备、研究制定和协调落实，形成促进博物馆之城健康发展的政策保障体系，主要围绕特色博物馆建设、京津冀博物馆协同发展、非国有博物馆等重点领域和关键环节，做好政策法规的制定和落实。尤其要重视落实的细节，解决政策落地的最后一公里问题。

（三）实行高位推动，有序推进博物馆之城建设

建设博物馆之城需要人力、资金、政策的多维度保障。要充分发挥"博物馆之城"建设领导小组的功能，协调市委宣传部、文物局、文旅局、财政局、国土规划局、民政局等多部门联动，实现高位推动。在领导小组的统筹指导下，做好博物馆普查工作，摸清家底；做好规划，明确建设任务清单；各部门根据各自职能开展工作，细化分解任务；建立定期沟通协调机制，确保博物馆之城建设工作有序推进。

（四）完善体制机制，激发内在活力和创造力

建立分级管理体系。将扶植、推进博物馆建设发展的责任落实到各级政府职能部门中去，形成央、市、区、街乡、镇村的5级管理体系。针对不同行业类型、隶属关系、发展层次的博物馆，实施差别化的扶持政策和管理举措，构筑精准化服务管理格局。健全博物馆管理的体制机制，建设总分馆制，以大馆带小馆，通过资源共享、平台共用、人员交流等方式，实现融合发展和均衡发展。健全博物馆从业人员的人才评

价、选拔机制和多劳多得的激励机制，通过推动策展人制度等方式提升展览水平，激发博物馆内在活力和创造力。

（五）多措并举促进博物馆数量增长

按照北京市"十四五"规划，到 2025 年，每 10 万人拥有 1.2 家博物馆，备案博物馆数量超过 260 家。要实现这些增量指标，进一步实现博物馆提质增效，需要加大社会力量对于博物馆发展建设的参与度。

1.推动国家级、市级层面的大型场馆的建设进度

协调各方力量，推动国家自然博物馆、故宫博物院北馆等标志性文化工程的建设进度，在远郊区建设一些农业题材的博物馆，如在平谷布局一座国家级种子博物馆，利用房山、延庆的地质公园打造生态博物馆。推动中国长城博物馆、西山永定河博物馆的改造提升工程加速。

2.加大类博物馆的培育力度

类博物馆成为博物馆之城建设中的新生力量，成为文化创新的源泉所在。目前，北京已有 27 家类博物馆挂牌开放，但只占目前已知的类博物馆的 5%左右。未来几年，还需要加大类博物馆的培育力度。为缓解远郊区博物馆分布少的局面，尽可能引导类博物馆到远郊区安家落户。

3.借鉴国内外经验，推动已有的一些场馆、公园纳入博物馆体系

2022 年 8 月，国际博物馆协会（ICOM）通过了博物馆的最新定义：博物馆是为社会服务的非营利性常设机构，它研究、收藏、保护、阐释和展示物质与非物质遗产。向公众开放，具有可及性和包容性，博物馆促进多样性和可持续性。博物馆以符合道德且专业的方式进行运营和交流，并在社区的参与下，为教育、欣赏、深思和知识共享提供多种体验。① ICOM 认为，除了被指定为博物馆的机构外，还有 9 类机构具

---

① 《国际博协特别全体大会通过新版博物馆定义》，https：//www. chinamuseum. org. cn/cma/detail. html？id＝12&contentId＝12403，2022 年 8 月 25 日。

有博物馆资格，包括具有常设展览的图书馆、档案馆，历史古迹和遗址，植物园，动物园，水族馆，自然保护区等。而目前北京的博物馆体系中没有包括动物园、植物园、水族馆、自然保护区这些类别的场馆，因此，学界应该结合国内外建设经验，仔细论证，推动拥有常设展览的图书馆、档案馆，以及动物园、植物园、水族馆、自然保护区、国家公园等纳入博物馆体系。

（六）深化文化旅游融合模式

文旅融合作为国家文化强国战略的重要举措，为博物馆之城建设提供了良好契机。每逢节假日，各大热门博物馆均呈现"一票难求、门庭若市"的火爆景象，"文博游"的火热反映公众与日俱增的精神文化追求，集文化科教和娱乐休闲于一体的博物馆已经升级成为城市旅游业发展的重要文化资源和旅游休闲空间。通过联票、集印章等形式，推动博物馆之间、博物馆与旅游资源之间形成协同效应。在大型商场、热门商圈、机场、车站等人流密集的地方开设博物馆商店，抓好春节、国庆节、寒暑假等重要旅游节假日的时间节点，售卖与展品和展览相关的书籍，促进公益性博物馆与营利性文化创意产业融合发展。除了既有的按照空间就近原则推出的博物馆文旅线路之外，还可以按照主题推出博物馆游线路。也可以邀请网络达人在小红书、抖音、脸书、推特等社交媒体上分享博物馆游的攻略，推荐旅游线路。开发"流动博物馆"巡展服务路线，让优质的博物馆展览惠及远郊区的民众，让服务的触角在全市域通达。

（七）提高博物馆的国际交往能力和国际传播水平

用好各种传播渠道，加大一级博物馆的国际交往能力，建设多语种的博物馆网站，提供多语种导览设备；加大与国外一流博物馆开展合作、交流活动的力度，多举办出境展览，争取引进国外知名博物馆分馆在北京落地；加大对外宣传工作力度，提高国际传播水平，增强文化传播的创造力、感召力，在讲好中国故事、北京故事上主动作为，为推动中华文化走出去贡献博物馆的力量。

参考文献

陈名杰：《建设国际一流的博物馆之城》，《前线》2023 年第 8 期。

李学军：《关于北京"博物馆之城"建设的几点思考》，《北京文博文丛》2021 年第 3 期。

北京博物馆学会：《北京"博物馆之城"建设工作报告》，载刘超英主编《博物馆蓝皮书：北京地区博物馆发展报告（2021~2022）》，北京：社会科学文献出版社，2023。

刘超英：《北京地区"博物馆之城"建设及博物馆事业发展新成就（2021~2022）》，载刘超英主编《博物馆蓝皮书：北京地区博物馆发展报告（2021~2022）》，北京：社会科学文献出版社，2023。

加快健全首都特色现代文化产业体系

田 蕾[*]

摘 要：现代文化产业体系是适应技术变革、需求升级的产业发展新架构，在产业结构、产业要素和产业功能方面表现出新经济特有的系统性、现代性和融合性特征。当前，北京文化产业进入高质量发展阶段，立足首都城市战略定位，聚焦痛点、难点加快健全首都特色现代文化产业体系。加快推进产业链整合，巩固壮大优势产业集群；加快传统文化产业数字化转型，激发产业创新活力；加快创新创意要素协同，大力发展新型文化业态；加快纵深推进"破圈"融合，拓展延伸文化产业链；加快提升空间资源配置效率，促进北京文化产业高质量发展，更好满足人民精神文化生活新期待。

关键词：首都特色 现代文化产业体系 文化发展

现代文化产业体系是社会主义市场经济的重要组成部分，对支撑现代化经济体系建设、推进社会主义文化强国建设具有战略意义。健全现代文化产业体系，是促进国民经济发展、满足人民日益增长的精神文化需求的重要举措，也是提升国家文化软实力和中华文化影响力的必由之

———————
* 田蕾，经济学博士，北京市社会科学院市情研究所助理研究员，北京世界城市研究基地专职研究员。

路。党的十八大以来，北京市高度重视文化产业发展的顶层设计与统筹，以推动产业高质量发展为落脚点，针对重点领域和关键环节，推出了一系列政策规划，不断健全文化产业体系和市场体系，为更好地服务和融入新发展格局、把握产业未来发展主动权提供更好保障、更强动力。

一 首都现代文化产业体系的内涵

（一）现代文化产业体系的概念源起

产业体系的概念源于产业结构，是其概念的发展和延伸，[①] 不仅包括各生产部门的占比及相互联系，还包括相互联系而形成有机整体的内涵，通常是指各种产业类型、环节、要素及其相互关系构成的整体。[②] 随着新一代信息技术的发展和商业组织模式创新，产业分工日益深化，产业要素、产业组织和产业功能优化升级，各产业间和产业内部不同价值环节之间开始出现互动和融合。"现代"正是新发展形势下对产业结构与产业体系进行全面升级和优化的新经济概念，是一种具备面向未来发展趋势、更适应国家现代化建设的产业发展架构。[③]

现代文化产业体系的官方表述始于 2011 年。党的十七届六中全会审议通过的《中共中央关于深化文化体制改革 推动社会主义文化大发展大繁荣若干重大问题的决定》作出了"建设社会主义文化强国"的重大战略部署，提出"构建现代文化产业体系，形成公有制为主体、

① 贺俊、吕铁：《从产业结构到现代产业体系：继承、批判与拓展》，《中国人民大学学报》2015 年第 2 期。
② 付保宗、周劲：《协同发展的产业体系内涵与特征——基于实体经济、科技创新、现代金融、人力资源的协同机制》，《经济纵横》2018 年第 12 期。
③ 李勇坚、张海汝：《中国式现代化视域下的现代产业体系构建研究》，《企业经济》2022 年第 12 期。

多种所有制共同发展的文化产业格局"。2017 年，党的十九大报告提出要"健全现代文化产业体系和市场体系，创新生产经营机制，完善文化经济政策，培育新型文化业态"。党的二十大报告指出"健全现代文化产业体系和市场体系，实施重大文化产业项目带动战略。"

新一轮技术革命背景下，文化产业生产方式及生产组织形式发生巨大变革。现代文化产业体系正是适应技术变革、需求升级的产业体系，通常包括产业结构、产业要素和产业功能三个层面。

在产业结构层面，以技术创新、模式创新和创意为内核发展高技术含量、高创意含量、高附加值的文化产品与服务，围绕新技术、新产业、新业态、新模式培育文化产业发展新动能，加快文化数字化进程，涉及产业结构升级、新兴与传统交替、产业集聚布局等问题。

在产业要素层面，破除文化要素流动壁垒，推进新技术、现代金融、人力资本、土地空间、知识产权、数据等各类要素资源市场化配置，激发产业要素资源有效流通与发展活力，实现文化要素禀赋升级与协同配置，涉及文化要素配置结构、要素价格、要素流动等。

在产业功能层面，一方面，推动"文化+"与制造业、现代农业、休闲旅游等跨界融合发展，不断拓展延伸产业链，对各产业及所处关系形成的经济、社会、文化、生态等影响进行统筹，构建良性产业生态圈。另一方面，积极嵌入全球文化价值链体系，夯实文化产业的国际竞争优势，推进文化自信自强，从文化大国向文化强国迈进。

（二）首都特色现代文化产业体系的内涵

当前，北京文化产业进入高质量发展阶段。健全首都特色现代文化产业体系，不仅有助于加快构建现代化经济体系，也是推动社会主义文化繁荣发展、更好满足人民精神文化生活需求的应有之义。牢牢把握首都"四个中心"的城市战略定位，坚持以社会主义核心价值观为引领，坚持社会主义先进文化前进方向，坚持把社会效益放在首位、社会效益和经济效益相统一，推动文化产业蓬勃发展，充分发挥现代文化产业体系培育经济发展新动能、推动经济社会转型升级的引领作用。

筑牢首都意识形态和文化安全防线是健全首都特色现代文化产业体系的根基。文化的核心是意识形态。习近平总书记强调，"意识形态关乎旗帜、关乎道路、关乎国家政治安全。"北京作为大国首都，肩负着政治中心的服务保障使命，维护意识形态安全和文化安全的任务更加艰巨。只有维护好首都文化安全，扩大主流意识形态的影响力，充分把握思想文化领域的主动权、主导权、话语权，才能树立坚定的文化自信。

创新引领做强文化新业态是首都特色现代文化产业体系不断健全发展的动力。要素驱动层面的科技创新和文化创意、产业功能层面的跨界融合，从根本上改变了传统文化产业从创意、生产到分发、消费的产业链形态及价值分布，是整个产业体系的动力源。北京应充分发挥建设全国科技创新中心的优势，率先推动人工智能、大数据等新技术与文化领域融合创新，加快文化产业数字化进程。

培育国际竞争优势是健全首都特色现代文化产业体系的重要落脚点。在新一轮推进高水平开放进程中，北京作为全国文化中心和国际交往中心，不仅在文化产业发展规模、结构与质量方面处于全国领先地位，也是国际交往的前沿阵地。构建具有国际竞争力的现代文化产业体系，加快推动传统文化产业数字化升级，培育壮大数字文化产业，形成文化产业竞争新优势，是推动首都高质量发展和现代化实践的关键。

二　北京现代文化产业体系建设现状

（一）文化核心领域综合实力不断增强

近年来，北京文化产业规模持续增长，经济比重稳步提高，彰显出全国文化中心建设的示范和引领作用。2022年，北京文化产业增加值达 4700.3 亿元，同比增长 13.6%。2013～2022 年，实现年均增长 12.5%，占 GDP 的比重从 8.3% 增长到 11.3%，多年稳居全国第一；占全国文化产业增加值的比重约为 8.7%。

在总量与质量效益双提升背景下，文化产业结构不断优化，文化核心领域的主导地位稳固。根据北京市统计局发布的数据，2023 年，全市规模以上文化产业收入合计 20638.3 亿元，同比增长 13.6%。文化核心领域收入合计 18721.9 亿元，同比增长 13.9%，占全市规模以上文化产业总收入的 90.7%。新闻信息服务、内容创作生产、文化娱乐休闲服务三大领域增长态势强劲，增速分别达到 8.9%、31.7% 和 48.7%，成为引领文化产业发展重要力量（见表 1）。

表 1 2023 年北京规模以上文化产业收入情况

单位：亿元，%

	收入	同比增长	比重
合 计	20638.3	13.6	—
文化核心领域	18721.9	13.9	90.7
新闻信息服务	5508.6	8.9	26.7
内容创作生产	6445.3	31.7	31.2
创意设计服务	3563.4	-0.6	17.3
文化传播渠道	2955.4	8.4	14.3
文化投资运营	54.6	10.6	0.3
文化娱乐休闲服务	194.6	48.7	0.9
文化相关领域	1916.3	10.8	9.3
文化辅助生产和中介服务	863.7	19.9	4.2
文化装备生产	82.7	-7.7	0.4
文化消费终端生产	969.9	5.5	4.7

资料来源：北京市统计局官网，部分数据之和的数值与合计数值不等为误差所致。

重点行业集聚新动能释放发展活力。从投融资角度看，2021 年，北京新增 14 家上市文化企业，在全国占比三成，位居各省份第一。根据清华大学国家金融研究院发布的《2021 年中国文化产业投融资市场报告》，影视、新闻信息服务、广告与策划、游戏、艺术与表演行业是北京地区文化产业投融资最为活跃的五大行业（见图1）。而在上海（见图2）和广东地区，投融资活跃度最高的领域均是游戏行业。这凸显出北京在影视资源方面拥有得天独厚的优势，在产业转型升级中发挥着举足轻重的作用。

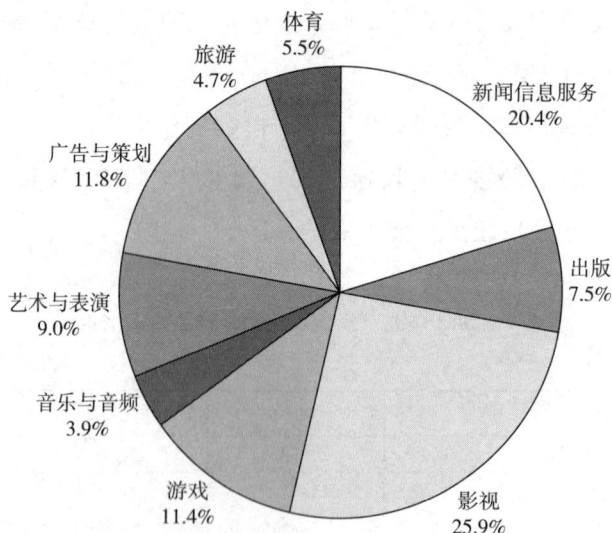

图1　2021年北京文化及相关产业投融资事件行业分布情况

（二）文化新业态发挥中坚力量

文化新业态是文化产业高质量发展的重要抓手，也是重塑现代文化产业体系的核心力量。随着文化与科技融合发展，大数据、云计算、人工智能、区块链等数字技术催生出文化新业态，尤其是数字文化产品制造业、数字文化产品服务业、数字文化技术应用业、数字文化要素驱动业等数字文化核心产业迅速发展，① 成为引领北京现代文化产业体系发

---

① 祁述裕、崔艳天：《数字技术催生文化新业态》，《学习时报》2023年4月14日。

体育
12
6.1%
旅游
6
3.1%
新闻信息服务
32
16.3%
广告与策划
20
10.2%
出版
5
2.6%
艺术与表演
27
13.8%
影视
32
16.3%
音乐与音频
3
1.5%
游戏
59
30.1%

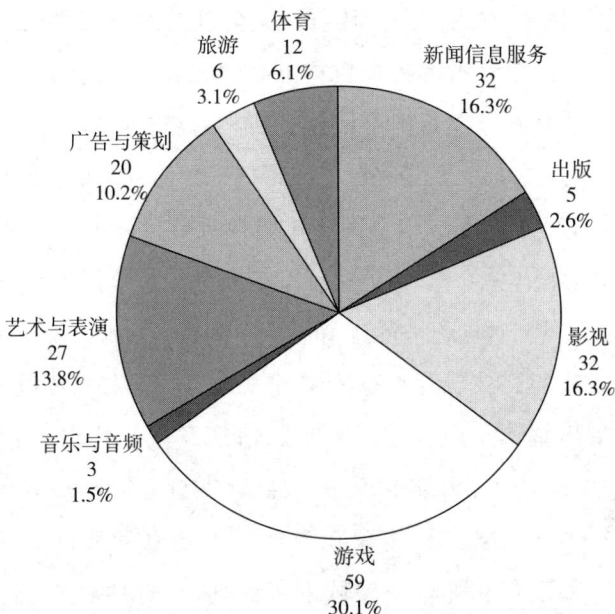

图 2　2021 年上海文化及相关产业投融资事件行业分布情况

展的具有创新性、成长性的中坚力量。根据北京市统计局发布的数据，2023 年第一季度，北京市文化新业态企业营业收入达到 3027 亿元，占全市文化企业总营业收入的 68%，同比提高 2.7 个百分点，比全国平均水平高 30 个百分点，占全国文化新业态企业营业收入的比重超 1/4；收入同比增长 17.8%，比全国平均水平高 6.7 个百分点。北京数字文化核心产业实现收入 3317.7 亿元，同比增长 17.2%，占全市文化产业收入的比重超七成，拉动全市文化产业收入增长 11.9 个百分点。①

以网络视听产业为例，"头雁效应"显著。根据《2022 年北京市广播电视和网络视听行业统计公报》，2022 年北京网络视听行业总收入 3641.34 亿元，②而上海网络视听相关产业收入约为 1650 亿元。短视频、电商直播、网络视听节目服务等新媒体业务收入增长强劲，成为带动产

---

① 《北京：一季度文化新业态企业收入占全国比重超 1/4》，《北京日报》2023 年 6 月 5 日。
② 网络视听行业总收入为新媒体业务收入与新媒体广告收入之和。

业发展的重要引擎。在内容创作环节，截至 2023 年 4 月 30 日，北京市广播电视节目制作经营许可证持证机构共 20008 家，同比增长 13.05%，占全国广播电视节目制作经营许可证持证机构总数的 34.08%，[①] 数量排在全国各省份（包含总局）的第一位。在传播平台环节，北京市共有爱奇艺、优酷、搜狐视频、百度等《信息网络传播视听节目许可证》持证机构 118家（不含区级融媒体中心），商业持证机构数量约占全国 1/5。目前暂未持证、已纳入登记备案管理的平台（App）有 48 家，约占全国的 1/2。

为推进文化与科技融合这一跨领域系统工程，北京相继推出一批产业政策，体现出整体布局、重点突出、精准发力的特点。"整体布局"体现在"十四五"规划从城市建设、金融支持、空间规划等方面进行了关键部署；"重点突出"体现在专项产业规划和实施方案围绕新业态、新模式及数字贸易等相关领域进行谋划，加快数字基础设施建设、丰富拓展前沿科技应用场景等；"精准发力"体现在不仅落实推动国家文化数字化战略，而且在文旅、视听、动漫、影视等文化科技融合重点行业制定专项高质量发展措施。

（三）文化产业空间格局持续优化

北京持续推进文化产业空间格局优化，以文化赋能城市更新与发展，聚焦老旧厂房更新利用、产业园区发展、城市更新、文旅新消费等方面制定出台一系列创新政策举措，初步构建文化产业园区、示范园区等多层次、立体化的文化产业空间体系。

中心城区是北京文化产业发展的主阵地。首都功能核心区以文化演艺、文化旅游、文化金融为重点产业，规模以上文化产业收入约占全市的 20%。朝阳区、海淀区、丰台区和石景山区作为城市拓展区，文化产业集群化发展态势较强，文化产业规模以上收入比重约占全市的七成。

---

① 《北京市广播电视局 4 月持证机构突破 2 万家》，https：//baijiahao.baidu.com/s？id =1765885181499402153&wfr=spider&for=pc，2023 年 4 月 30 日。

朝阳区和东城区分别有 33 家和 16 家文化产业园区入选 "2022 年度北京市级文化产业园区"，占比超过 50%。城市发展新区和生态涵养区则在文化旅游、艺术品交易、会议会展、文化演艺、音乐创作及版权交易等领域实现发展，但产业规模相对有限。中心城区资源集聚优势突出，是北京文化产业发展的主阵地，规模以上收入比重约占 90% 以上。

文化产业园区引领创新发展。国家文化产业创新实验区、国家文化和科技融合示范基地、国家文化与金融合作示范区和一批市级文化产业示范园区着力改革创新，引领产业发展。国家文化产业创新实验区 "政策 50 条" 涵盖了品牌提升、信用体系、文化金融、文化科技等 15 个领域，为区域文化产业发展提供了有力支撑和保障。截至 2022 年底，国家文创实验区共有文化企业 5 万余家，其中，规模以上文化企业有 1374 家。规模以上文化企业中有 1500 余家高新技术企业、44 家上市（挂牌）企业、6 家数字文娱独角兽企业，以及 164 家文化类总部企业，其中，外资文化总部企业有 92 家。[①] 751 园区聚集了设计师工作室及相关公司（机构）超 150 家，文化科技类企业和文化设计类企业占比近九成。文化产业园区引领创新发展成效显著。

城市有机更新与文化活力相结合。近年来，随着城市更新相关政策环境的不断优化，北京老旧厂房转型文化产业园区成效显著，96 家市级文化产业园区中有 60% 源自老旧厂房改造。为深入推进老旧厂房腾笼换鸟和转型升级，释放存量空间资源，北京市坚持科学保护与创新利用并举，推动工业生产空间向文化消费、文化生产空间转变，积极推进相关空间文化政策落地。《北京市人民政府关于实施城市更新行动的指导意见》及 4 个配套实施细则为城市更新中城市文化空间的营造提供制度保障。一批 "工业风" 文化新空间、新型文创空间、特色文化街区加入文化产业发展的空间体系中。

---

① 《全力打造文化产业高质量发展引领区》，《新京报》2023 年 4 月 5 日。

三 北京推动现代文化产业体系建设的主要问题

（一）核心领域产业竞争力有待巩固

以电影产业为例，北京多年推进"影视之都"建设，但上海、陕西西安、广东深圳、福建厦门、四川成都、山东青岛等地相继出台专项电影产业政策，从重点环节影视企业、服务平台、创作发行、节展活动、影视拍摄、人才发展等方面进行全流程支持，推动影视产业进入快速发展通道。根据《中国影都竞争力指数报告（2021）》，北京怀柔政策法规竞争力仅位列第四，排在上海松江、无锡滨湖、宁波象山之后；产业运行竞争力则在六个影都中排在末位。2019年，福建厦门以举办中国电影金鸡奖为契机，全面推进电影产业转型，出品的高票房影片的企业数量节节攀升，根据《2022中国电影投融资报告》，福建厦门新增电影备案企业数量在2021年高达119家，闯入全国前五名（见表2）。

为此，北京应充分识别和把握资源优势、创新优势和投融资生态优势，立足产业发展需求和新技术创新与应用趋势，评估现有产业政策覆盖面、支持力度和精准度，聚焦关键环节和系统集成，探索更加积极有效的产业政策创新点。

表2 2019~2021年新增电影备案企业数量

单位：家

2019 年			2020 年			2021 年		
排名	城市	数量	排名	城市	数量	排名	城市	数量
1	北京	1279	1	北京	945	1	北京	873
2	上海	347	2	上海	326	2	上海	240
3	西安	191	3	西安	204	3	西安	164
4	深圳	172	4	深圳	144	4	深圳	145
5	广州	111	5	成都	94	5	厦门	119

（二）传统文化产业升级有待提速

推动文化产业数字化发展，是夯实大国首都现代产业文化体系基底的重要支撑。在文化产业数字化、网络化、智能化发展趋势下，数字技术对传统文化发展的放大、叠加、倍增效应由于体制机制等因素未得到充分释放。出版发行、广告会展、文化演艺等传统文化产业领域的文化资源相对丰富，但管理体制较为僵化，对行业环境的敏感性和能动性不足，推动行业数字化转型尚未覆盖到全产业链。在新技术和新需求的催化下对产业链具有颠覆性的新兴业态快速蓬勃发展起来，促进了行业升级进入高质量发展阶段。

以出版行业为例，出版融合发展相关政策，侧重内容生产环节的数字技术应用，对传播效果、体制机制改革的政策关切比较有限。北京出版企业分别归属不同机构管理，子企业依靠母公司资质运营，内部运营、策划、编辑、财务管理等方面无法按照独立市场主体运作，应理顺出版体制机制，推动出版发行全产业链转型升级。

（三）文化安全考量产业政策创新与市场监管能力

习近平总书记指出，文化产业既有意识形态属性，又有市场属性，但意识形态属性是本质属性。在产业政策制定过程中，城市更新、产业发展、文化空间、文化消费等多重发展目标叠加，对行业监管提出了越来越高的要求。北京部分"演艺新空间"在建设中屡屡触及监管底线，如果长期缺乏有效的市场监管，产业政策传导过程和政策落实将存在一定偏差，对产业发展形成不稳定因素，隐藏着更大风险。

作为全国文化中心，北京要更好地统筹发展和安全，牢牢把握正确的政治方向、舆论导向、价值取向，坚守主流文化责任担当，充分利用人工智能、大数据、区块链等技术推动网络游戏、短视频、网络直播等文化新业态领域的监测监管体系完善。协调好、平衡好产业政策与市场监管的衔接与协同关系，注重治理的柔韧性、灵活性和适应性，推进文化治理体系和治理能力现代化，是文化产业高质量发展的必经之路。北京、上海居民人均文化和娱乐消费支出情况如表 3 所示。

表 3　北京、上海居民人均文化和娱乐消费支出情况

单位：元

城市	2019 年	2020 年	2021 年
北京	2272	1218	1367
上海	2898	1469	1719

（四）产业集聚空间效能有待提升

北京市文化产业园区正在逐渐进入存量园区提效、增量空间拓展的全面升级阶段，[①] 应全方位完善支持政策。一是当前市区两级文化产业园区高质量发展政策体系尚不健全，促进文化产业集聚发展的政策仅有《北京市级文化产业园区认定管理办法》一项，体系较为单薄，缺乏区级相关管理配套政策支持。二是政策覆盖范围偏小，缺乏空间多样性和产业培育梯度。现有政策认定门槛较高，以建筑面积在 1 万平方米以上的市级文化产业园区为主。以上海为例，《上海市文化创意产业园区、示范楼宇和示范空间管理办法》对文化创意产业园区、示范楼宇和示范空间采取了分类更精细化、政策覆盖面更广的支持政策。三是认定标准更加多元。与北京的入驻率和文化单位数量占比认定标准有所不同，上海以文化企业租用面积占比为认定标准，深圳则综合考量入驻率、文化企业数量占比、文化企业收入占比 3 个认定标准。

---

① 《2021 北京市文化产业园区发展报告》。

表4　北京、上海、深圳文化产业园区认定标准对比

项目	北京	上海	深圳
发文机构	北京市文化改革和发展领导小组办公室	上海市文化创意产业推进领导小组办公室	深圳市文化广电旅游体育局
主要文件	《北京市级文化产业园区认定管理办法》（京文领办发〔2020〕4号）	《上海市文化创意产业园区、示范楼宇和示范空间管理办法》（沪文创办〔2022〕33号）	《深圳市文化产业园区管理办法》（深文规〔2022〕3号）
空间载体	产业园区、示范园区、提名园区	产业园区（含示范园区）、示范楼宇和示范空间	市级文化产业园区
认定数量	76家产业园区、10家示范园区、10家提名园区	160家市级园区（含24家示范园区）、20家示范楼宇和36家示范空间	1家国家级文化产业示范园区、9家省级文化产业示范园区、62家市级文化产业园区
关键认定标准	入驻率达70%以上；集聚的相关文化单位数占已入驻单位总数的比例应达70%以上	入驻率达70%以上；主导产业门类的企业应占园区可出租面积（不含园区内的商业配套）的70%以上	入驻文化企业20家以上，入驻文化企业数量占入驻企业总数量的60%以上，且入驻文化企业上一自然年度营业收入占全部入驻企业上一自然年度营业收入的60%以上；园区招商完成率80%以上。
建筑规模门槛	建筑规模不低于10000平方米	建筑面积不低于10000平方米	新申报认定的园区建筑面积不低于2万平方米（特色鲜明、商业模式创新、具有引领示范作用的园区，可放宽到不低于1.5万平方米）

　　"两区"重点园区（组团）建设与文化产业政策之间存在一定脱节。虽然"两区"建设文化旅游领域推出一批创新政策，但很多政策虚位以待，缺少空间聚合、市场载体和应用场景支撑，重点园区与文化产业之间尚未形成合力推进产业开放发展。反观上海临港新片区，《中国（上海）自由贸易试验区临港新片区促进文化产业发展若干政策》（沪自贸临管规范〔2023〕6号）的发布，标志着其文化产业促进政策演化到2.0版本，支持数字内容、演艺、影视、艺术品交易、文化装备制造、创意设计、出版等产业发展，对文化创意产业园区、重点企业和机构落户、大型节庆会展活动给予专项发展资金支持。政策中涉及的补

贴或奖励标准普遍高于上海市最高水平。

此外，"两区"重点园区（组团）在文化领域侧重文化贸易与文化消费领域，文化创造能力有待增强。据统计，文化旅游类园区，尤其是环球影城和隆福寺地区，批发零售、住宿餐饮、文体娱乐企业数量占比超四成。①

集聚发展的文化"浓度"不够。部分产业园区的产业定位及招商方向不清晰，未形成明确的主导产业，缺少资源整合能力强的"链主企业"，尚未形成产业生态链，难以发挥引领带动作用，推动优质企业持续做强做优做大。"二房东"思维导致引入的企业或业务类型差异较大，散乱发展，要么同质化竞争严重，产业互补性较差，园区发展缺少足够的文化"浓度"支撑。文化产业园区的引领、集聚和服务作用亟待进一步加强。

园区产业创新的"高度"不够。产业园区是培育产业动能、集聚创新要素的战略载体，也是各类新业态、新模式、新产业集聚的创新平台。部分园区产业创新生态尚不成熟，亟须立足自身优势，改造提升传统文化业态，加快发展新型文化业态，吸引文化企业和相关科技企业、投资机构向园区集聚，培育壮大数字文化企业集群，加快发展线上演播、数字创意、数字艺术、数字娱乐、沉浸式体验等新业态，加快谋划布局人工智能、VR/AR 等与文化密切相关的未来产业对接平台。但现有产业政策重"平台"轻"生态"，热衷于搭建各类技术平台、资源平台和服务平台，对商业协会、产业协会、开源社区、开发者等生态配套却疏于扶持。

园区服务的"厚度"不够。部分国企运营的产业园区以场地租赁和物业服务为主要收入，缺乏灵活高效的管理体制和激励机制，改革动力较弱。"吃瓦片"等落后管理形态制约着文化产业园区服务品质提升。以北京天桥艺术中心、隆福寺、石榴中心 3 家文化产业园区为例，

---

① 《北京"两区"重点园区（组团）特色格局初步形成》，http：//jrj.beijing.gov.cn/jrgzdt/202306/t20230621_3141946.html，2023 年 6 月 21 日。

围绕文化企业发展需求，整合政策信息、商事服务、认证服务、知识产权保护等公共服务体系亟待完善，缺乏高效便利的"一站式"服务，影响着政策"最后一公里"打通效果。

四　关于健全北京现代文化产业体系的建议

把握北京文化产业发展阶段性特征和政策需求，瞄准难点问题精准发力，突出首都特色现代文化产业体系的内涵，推动文化产业政策创新，促进北京文化产业高质量发展，更好地满足人民精神文化生活新期待。

（一）加快推进产业链整合，巩固壮大优势产业集群

全力打造设计产业集群。依托张家湾设计小镇、大山子时尚创意产业功能区等空间载体，大力发展工业设计、视觉设计与时尚设计，巩固扩大建筑设计、城市设计、环境设计等优势领域，发挥龙头企业带动作用，吸引全球设计产业龙头企业、设计研究院、设计大师落地。

优化提升演艺产业集群。优化戏曲、话剧、歌剧、音乐剧、舞剧、儿童剧等演艺空间布局，加快建设王府井、天桥、中关村、西部、南部、台湖演艺小镇等演艺集聚区，聚焦演出剧目创作、舞美设计、演艺经纪、演出票务等产业关键环节，推进演艺品牌建设，着力提升演艺国际化水平。发挥文化展示窗口功能，建设特色演艺群落，培育多元沉浸式演艺新空间，搭建精品剧目展演平台，促进演艺与商业、旅游、展览等深度融合，丰富高品质文化供给。

加快发展新视听产业集群。推进怀柔影视产业示范区、星光视听产业基地、北京高新视听产业园建设，打造"3+N"产业集群，聚焦视听技术装备产业链、内容生产传播价值链和视听创新应用服务链的关键环节，营造要素集聚、开放包容的创新生态，构建现代视听产业体系，塑造北京"大视听"文化名片。

（二）加快传统文化产业数字化转型，激发产业创新活力

推进出版发行全产业链转型升级，创新出版业态、传播方式和运营方式，提升行业数字化、数据化、智能化水平，提升出版科技创新与成果转化能力，把出版内容优势转化为融合发展优势。推进出版发行体制创新，构建市场调节有效、政府调控有度的出版经济体制，激发出版创新创造活力。扩大优质内容供给，大力实施精品战略，支持人文社科、科学技术、少儿读物等重点领域内容精品化发展。大力发展数字出版新业态，推进数字内容生产传播和融合发展，打造一批国际知名数字出版品牌，培育一批主业突出、国际竞争力强的数字出版龙头企业。加快推动数字印刷、印刷智能制造、印刷互联网平台、功能性包装印刷、绿色技术材料等领域发展。

促进广告会展融合发展。整合产业资源，优化设施布局，提升国际会议会展承载力和综合服务能力，培育航空、科技服务、服务贸易等会展品牌的国际影响力。引导支持举办线上文化会展，实现云展览、云对接、云洽谈、云签约，探索线上线下同步互动、有机融合的办展新模式。促进人脸识别、语音识别、增强现实等技术在会展业的应用，推动会展与消费、信息、旅游、体育等领域深度融合发展。巩固广告业品牌优势，培育一批有国际竞争力的大型广告企业和综合广告媒体，支持北京国家广告产业园发展。

（三）加快创新创意要素协同，大力发展新型文化业态

推动数字音乐融合发展。聚焦音乐制作、视听传播、版权交易、技术研发、教育培训等创意密集或技术密集的领域，吸引一批国内外龙头企业落地发展，大力引进和培育音乐行业领军人才、创新人才。鼓励拓展云演艺、音乐社区、网络音乐会等新业态、新内容。促进产业链规范化发展，提高数字音乐内容创新能力和行业竞争力。推动新

技术融合，加快科技成果在版权保护、音响装备、乐器制造等领域的转化应用。

提高网络游戏产业国际竞争力。实施"北京原创精品游戏研发工程"，突出中国创意元素和首都文化特色，强化文化教育引导功能，支持功能型游戏发展。支持建设集内容研发、发行推广、科技应用、消费体验、电子竞技等环节于一体的游戏产业园区，在政策引导、企业孵化、产品配套、人才培养等方面形成集聚优势。强化科技对游戏产业核心竞争力的支撑，加快游戏科技核心技术研发，推动人机交互、互动化传播、沉浸式体验等技术在游戏电竞领域的创新应用。支持打造具有国际影响力的北京电竞赛事品牌，建设多层次电竞赛事体系，加快建设国际知名的电竞品牌集聚区。

推动网络文学精品化发展。加强网络文学创作生产平台建设，建设文学版权培育平台，壮大北京文学创作矩阵，发现、培育和孵化文学版权"金种子"，充分发挥文学版权产业化的源头作用。加强优质版权衍生品开发，推动版权与影视、出版、演艺、动漫、游戏等领域延伸发展。

（四）加快纵深推进"破圈"融合，拓展延伸文化产业链

挖掘首都文化内涵，推进文旅深度融合发展。强化多主体协同，推动文化与旅游在内容交互、场景交融、平台渠道共享等方面实现共赢。增强文化内容、创意设计、文化价值挖掘对旅游业转型升级的支撑，发展具有鲜明时代特征、首都特色的文旅业态和产品，提升产品吸引力和核心竞争力，打造世界级文化旅游品牌。

推动 IP 市场化开发。行业壁垒众多、条块分割严重等体制机制问题亟待破解，推动各种各类资源要素流动，进一步提升"文化+"的产业融合层次和深度。加快落实先行先试政策，完善收入分配、税收优惠等激励机制，调动文化文物单位积极性，激发市场主体的创新

活力。鼓励文化文物单位吸引社会力量参与创新合作、品牌授权等开发方式，深入挖掘文化内核，提升文创产品开发的科技应用水平。深化市级文创产品开发平台建设与运营，提升文创产品开发集约化、规模化水平。

推动文化创意设计与特色农业有机结合。发挥创意设计服务在农村农业资源整合中的引领和支撑作用，提升农产品附加值和品牌知名度，建设一批有首都文化特色、满足多样消费需求的多功能休闲农业园。推动民俗文化与生态治理、乡村景观深度融合，强化生态涵养、休闲观光、文化传承等多元功能，提升北京农业文化影响力。

（五）加快提升空间资源配置效率，促进北京文化产业高质量发展

强化统筹管理与政策扶持。完善园区高质量发展专项工作组协调机制，统筹市区两级力量，扎实推进园区高质量发展三年行动计划，发挥重点园区示范作用，优化完善文化科技融合、文化内容创新、文化消费等重点领域政策。

完善园区产业创新生态。支持园区聚焦功能定位和主导产业，吸引头部企业落户，推动一批标志性引领性项目落地，鼓励文化科技企业、投资机构向园区集聚。支持新兴文化领域人才培养与引进，提高创新动力和发展活力。建立科技园区与文化园区"结对子"机制，加强平台融合、资本融合、项目融合。

提升园区服务品质。充分发挥以园区运营企业为主体的北京文化产业园区协会作用。加强毗邻园区开放联动，提升集聚效应。持续推进智慧园区建设，有效提升智慧化、专业化运营管理水平，建设一批促进文化数字化创新的实验室和孵化器。

拓展文化产业新空间。大力拓展利用老旧厂房空间资源，推动文化街区、创意工作室等各类具有活力的文化空间蓬勃发展。鼓励和支持老

旧厂房转型特色文化空间，尤其对符合高质量发展要求的重点项目，在用地和建筑规模指标方面予以优先保障和支持。建设"北京样板"文化街区，支持隆福寺文创园、首钢文化产业园、郎园等重点园区发展，建设文旅消费新场景，培育一批城市文化新地标。

支持城市副中心文化产业加快发展。优化"一河一区三镇多点"文旅空间，整合产业资源，推动文化旅游区、大运河文化旅游景区、台湖演艺小镇、宋庄艺术小镇、张家湾设计小镇联动发展。聚焦创意设计、文化旅游、原创艺术、演艺娱乐、视听传播、会展服务等领域，依托特色小镇建设，打造文化产业集群，加快培育市级文化产业园区。

推动乡村文化产业振兴。积极推动文化产业赋能乡村振兴试点建设，促进创意、人才、科技、资金等要素向乡村集聚，盘活乡村文化资源，挖掘文化经济价值，提升地域文化知名度，做强乡村特色文化和旅游产业，形成乡村可持续发展动力。推动文旅特色乡村建设，加快布局一批带动效应显著的重点项目。推动品牌化开发运营，扶持乡村民宿产业。

深化京津冀文化产业协同发展。发挥北京在构建京津冀文化圈的核心作用，培育区域特色文化品牌，协同推动京张体育文化旅游带建设，建设京津冀文化协同发展示范片区。夯实产业协同发展平台，推动三地产业对接、企业对接和项目对接，促进文化经济要素有机融合与发展。发挥重点产业园区带动作用，推进京津冀视听产业走廊建设，加强视听领域科技创新、技术应用、内容生产、信息服务和装备制造等全产业链合作。

参考文献

《健全现代文化产业体系推动文化繁荣发展》，《重庆日报》2023 年 12 月 12 日。

芮明杰：《构建现代产业体系的战略思路、目标与路径》，《中国工业经济》2018年第 9 期。

《提质增效健全现代文化产业体系》，《经济日报》2024 年 2 月 16 日。

解学芳：《智能技术与制度协同下的现代文化产业体系构建》，《人民论坛》2022年第 5 期。

2023~2024年首都冰雪体育文化
发展状况与形势分析

陈首珠　冀涛[*]

摘　要： 2022年在北京成功举办的冬奥会为北京冰雪体育文化的发展带来了新鲜的发展动力。本文对2023年首都冰雪体育活动的总体情况进行梳理，探讨首都地区冰雪运动在促进全民健身、提升城市形象和推动经济增长方面所取得的成就，并结合2023年的数据和趋势，分析首都冰雪体育文化发展面临的挑战和机遇。积极对首都冰雪体育文化发展提出具体的对策建议和发展规划，为首都冰雪体育文化的可持续发展提供理论和实践指导，促进冰雪运动在首都地区的广泛普及和持续健康发展。

关键词： 体育文化　冰雪运动　北京

随着中国经济发展趋势的稳步提高以及城市化进程的不断推进，人们的休闲娱乐方式也随之发生改变。冰雪运动作为一项受欢迎的体育活动，不仅有益于身体健康，还对城市形象和经济发展产生了积极的影

---

* 陈首珠，博士，北方工业大学马克思主义学院副教授、硕士生导师；冀涛，北方工业大学马克思主义学院研究生。

响。尤其是在北方城市，冰雪运动已经成为冬季休闲娱乐的重要组成部分。作为中国的首都，北京地区拥有丰富的冰雪资源和优越的气候条件，2022 年冬奥会的成功举办为北京带来了大量的投资和外汇收入，同时也促进了相关产业的发展。作为一项全球性的体育盛事，北京冬奥会不仅为北京提供了一个展示自身形象和文化特色的平台，还有助于推广北京的城市形象和品牌。通过举办冬奥会，为北京的对外交流和合作带来更多的机会。因此，如何推动首都冰雪体育文化的可持续发展已经成为当前亟待解决的问题，应认真思考冰雪体育文化的发展根本特征以及发展内在要求，在经济发展的基本框架下提出首都冰雪体育文化发展的科学路径。

一 首都冰雪体育文化发展取得的成就

（一）有助于提高全民运动素质

冰雪体育文化的持续发展在一定程度上反映出党和国家领导对国民身体素质的高度关怀。2017 年，习近平总书记在党的第十九次全国代表大会报告中明确提出"加快推进体育强国建设"的目标。为了推进这一目标的实现，政府积极鼓励开展全民健身运动。身体健康是创造一切美好生活的基础，人民健康水平显著提高，国家才能更加强大，中国梦才能实现。[①] 为了全面保证冰雪运动的可持续发展，积极推动冰雪体育相关产业的发展。国家积极引导和鼓励人民群众参与到全民健身活动当中，以此来刺激体育消费行业的发展。

《全民健身计划（2021—2025 年）》突出强调，"十三五"时期，在党中央、国务院坚强领导下，全民健身国家战略深入实施，全民健身

---

① 王蒙、孙玉娟：《习近平总书记关于人民健康重要论述的时代价值》，《世纪桥》2023 年第 11 期。

公共服务水平显著提升，全民健身场地设施逐步增多，人民群众通过健身促进健康的热情日益高涨，经常参加体育锻炼人数比例达到 37.2%，健康中国和体育强国建设迈出新步伐。同时，全民健身区域发展不平衡、公共服务供给不充分等问题仍然存在。这表明我国冰雪运动的发展也存在着发展不平衡的问题。北京冬奥会作为在冰雪体育运动方面的重大赛事很大程度上促进了北京冰雪运动的发展，丰富了民众对冰雪运动的了解，人们积极参与到各种冰雪运动中，提高身体素质。冬季北京的各个滑雪场都迎来了小规模的人流高峰，这也意味着冰雪运动的影响力在逐渐扩大，人们开始在运动中体会到冰雪项目带来的快乐。

（二）有助于创新延庆地区的经济发展方式

延庆区是北京冬奥会和冬残奥会三大赛区之一，这里的居民在政府的带领下利用当地优美的地理环境和舒适的气候优势，积极在该地区发展民宿旅游经济。民宿项目的发展不仅满足了接待滑雪游客的住宿需求，还带动了当地经济的发展，人民的收入实现了大幅度增长。其中，张山营镇后黑龙庙村的民宿产业在延庆地区十分有名，这里的村民通过自己的努力，在政府相关政策的扶持与帮助下成功摆脱了贫困，搭上了冰雪经济的"顺风车"。民宿产业的发展也带动了当地服务行业的发展，为当地没有工作的村民提供了大量的工作岗位，保证人人都能尝到冰雪经济带给大家的幸福果实。延庆地区让那些远道而来的游客不仅可以体验冰雪运动带来的乐趣，同时可以体验具有当地特色的民宿文化。冰雪运动的多元化发展不仅在经济上带来重要的影响力，更在当地文化传播上起到传承作用。

北京冬奥会和冬残奥会的成功举办，让大家看到了一个包容、开放、团结、友爱的城市。北京用实际行动向大家传递着"一起向未来"的团结精神。本次冬奥会虽然面临着新冠疫情，但是疫情并没有扑灭北京对各国人民的热情，被誉为"双奥之城"的北京将时刻发扬奥林匹克精神，让大家看到新时代下中国昂首阔步迈向新征程的坚毅身影。

（三）有助于带动北京经济的增长

北京冬奥会和冬残奥会对于北京经济的发展具有多方面的积极影响。首先，在基础设施建设方面，冬奥会将推动大规模的交通、通信、能源等基础设施项目的实施。这些项目的投资和建设将直接带动相关产业链的发展，包括建筑业、材料供应商、工程机械制造商等行业。同时，为了满足冬奥会期间的需求，政府还加大对城市公共服务设施的改善和扩建，如医疗服务、教育设施等，从而提升城市功能和居民生活质量。其次，冬奥会带动了旅游业的繁荣。作为世界级的体育盛事，冬奥会吸引了大量的国内外游客前来观赛和参与相关活动。促进了酒店、餐饮、零售等服务业的发展，刺激消费增长。此外，随着冬奥会的宣传和推广，北京在国内以及国际上的影响力和吸引力也进一步提升，吸引更多的游客前来北京旅游观光，为北京的旅游业长期发展奠定基础。据《2021年中国冰雪产业发展研究报告》，2015~2019年，我国冰雪产业规模由2700亿元增长到4235亿元，增长了56.9%。2020年，我国冰雪产业规模已达6000亿元。预计到2025年，我国冰雪旅游人数将超过5亿人次，国内冰雪旅游收入超1.1万亿元，在整个体育产业中占比接近1/5。[1]

冬奥会还将推动文化产业的蓬勃发展。作为一个融合了体育、文化和艺术元素的盛会，冬奥会将带动体育产业、文化创意产业等相关领域的发展，包括体育用品、服装、艺术品、娱乐设施等产业的发展，为当地的企业提供更多商机和就业机会。同时，冬奥会期间还举办各类文化活动、艺术展览等，促进文化交流和创意产业的繁荣。为了成功举办冬

---

[1] 彭婷婷：《搭上冬奥快车 冰雪产业迎来黄金发展期》，《中国商界》2021年第11期。

奥会，北京加大对科技创新的支持和投资，推动相关科技领域的发展，如智能交通、无人机技术、虚拟现实等。科技领域的创新投资将为北京地区的经济带来发展活力。由于中国拥有丰富的冰雪资源和多样化的冰雪活动项目，现阶段的中国已经逐步发展成为冰雪消费市场的主要国家。随着中国经济的快速增长和人民生活水平的提高，越来越多的人开始关注冰雪运动和旅游，促进了冰雪消费市场的蓬勃发展。同时，北京市人民政府也加大了对冰雪产业的扶持力度，投资兴建了大量的冰雪场馆和设施，推动了冰雪运动在北京的普及和发展。冰雪产业带动北京经济发展的同时也刺激了我国制造业的升级与改造。由于冰雪产业的兴起，相关设备、器材和技术的需求也逐渐增加，促使制造业在生产过程中不断引入新的技术和工艺，以满足市场的需求，提高产品质量和生产效率。同时，冰雪产业的发展也推动了制造业向智能化、数字化方向发展，促使制造业不断进行技术创新和结构调整，实现升级与改造。

（四）有利于扩大冰雪体育的影响力

北京作为2022年冬奥会的举办城市，致力于扩大冰雪体育的影响力。首先，北京积极推动冰雪运动在学校和社区的普及，通过开展冰雪运动进校园活动和冬季体育周等活动，引导青少年参与冰雪运动，培养未来的冰雪运动人才。同时，北京加大对冰雪体育设施建设的投入，修建了一批新的滑雪场馆、溜冰场和冰球场等，提升了冰雪运动的基础设施水平，为广大市民提供更多参与冰雪运动的机会。除此之外，北京还积极举办各类冰雪赛事和活动，增加了冰雪体育在市民中的知名度和影响力。例如，北京每年都会举办冰雪节、冰雪嘉年华等活动，吸引了大量市民和游客参与，推动了冰雪体育在城市中的传播和普及。北京还积极承办国际性的冰雪赛事，如短道速滑世界杯、速度滑冰世界杯等，提升了北京在国际冰雪体育舞台上的地位和声誉，为全球的冰雪体育事业注入了新的活力和动力。

北京不仅在体育赛事方面加大了推广力度，还注重推动冰雪产业的发展，促进冰雪体育与相关产业的融合发展。北京通过政策扶持和资金引导，支持冰雪装备制造、冰雪旅游、冰雪培训等产业的发展，打造冰雪产业集聚区和创新中心，促进了冰雪产业的繁荣与壮大。这些举措不仅带动了北京市经济的发展，也为冰雪体育的推广和普及提供了有力支持，进一步扩大了冰雪体育的影响力。

二 首都冰雪体育文化发展面临的问题

（一）冰雪体育相关设施规划不科学

北京冰雪运动配套设施存在空间分布不均衡、设施建设不完善等问题。应注重空间布局合理性，紧密结合人们对运动场地的实际需求，避免场馆利用率低造成的资源浪费问题，确保冰雪体育设施规划能够更好地满足市民需求。为了对北京冰雪旅游产品的发展进行科学规划，应该进行综合调研，了解市场需求和潜在客户群体，包括对不同年龄段、喜好和消费能力的游客进行分析，结合北京的冰雪资源优势和特色，制定多元化的旅游产品，如冰雪运动体验、冰雪景区观光、冰雪文化体验等，满足不同游客的需求。在产品设计上，要注重创新和个性化，提供独特的体验和专业服务，以吸引更多游客。同时，要加强与交通、住宿、餐饮等相关行业的合作，完善配套设施，提升游客体验感。另外，要重视环保和可持续性，在产品规划中考虑对环境造成的影响，并积极采取有效的措施保护冰雪资源。定期评估和调整产品策略，根据市场反馈和发展趋势进行及时调整和优化，确保冰雪旅游产品的持续发展并提高市场竞争力。

（二）冰雪体育相关产业科技创新力不足

北京冬奥会充分利用科技创新技术，竞赛场馆建设采用了先进的设计和建筑技术，如水下保温技术、可持续建筑材料等，以确保比赛场馆的功能性和环保性。此外，通过智能化系统和信息技术，提高了场馆的运营管理效率，为各项比赛提供了良好的条件。北京冬奥会还积极应用虚拟现实（VR）和增强现实（AR）技术，提升观众的观赛体验，加强赛事直播和信息传播的互动性和沉浸感。同时，还采用了大数据分析、人工智能等技术，对赛事数据和运动员表现进行深入挖掘和分析，为教练员提供更精准的训练建议和战术指导。充分展示了科技创新在冰雪运动领域的广泛应用，为全球范围内的冰雪运动和相关产业发展树立了榜样。

然而，北京市的冰雪体育相关产业在设施建设和运营方面，依然以传统的设计和管理模式为主导，缺乏对先进技术的应用和创新。例如，智能化管理系统、节能环保技术、冰雪设施的材料和结构优化等方面的科技创新应用相对较少，导致了冰雪设施的效率和环保水平有待提升。部分冰雪装备制造企业仍停留在传统生产模式，缺乏高端技术研发和创新能力。所以，应加强科技创新，推动冰雪运动装备行业向智能化、高科技化方向发展。积极研发智能穿戴设备，如智能护具、智能头盔等，结合传感技术和运动监测技术，提高运动员的安全性和训练效果。也可以将传感器、物联网技术应用于冰雪装备中，实现装备状态监测、数据采集和远程控制，提高装备的智能化水平，推动北京冰雪体育相关产业的科学技术进步和创新发展。

（三）冰雪体育相关人才较为紧缺，宣传力度有待加强

在北京冬奥会的赛场上涌现出一批优秀的冰雪体育运动员，这些优秀的冰雪项目运动员在取得辉煌成就的同时也使更多的人开始了解并且

对冰雪运动产生了浓厚的兴趣。优异成绩的背后是辛苦付出的教练管理人员以及卓越的冰雪体育管理人员，是他们的辛苦付出使得这些运动员能够站在比赛场上为国争光，也正是他们的努力保证了我国成功举办冬奥会和冬残奥会。然而，北京市冰雪体育产业目前缺少大量的冰雪运动的专业管理人才，这也是制约我国冰雪体育运动发展的一个主要因素。

除此之外，尽管北京冬奥会为冰雪运动在中国的普及和推广做出了积极努力，但整体来看，冰雪体育的宣传力度仍有待加强。各级部门需要通过持续而有效的宣传推广工作，增强人们对冰雪运动的认知和兴趣，培养更多的冰雪运动爱好者和从业者。同时，应该丰富冰雪体育的宣传渠道。加强新兴媒体、社交媒体等平台的利用，通过多样化的宣传手段和渠道，更好地触达不同群体，提升冰雪体育的曝光度和影响力。

三　首都冰雪体育文化发展的科学路径

（一）提高冰雪体育产业基础设施以及配套服务设施建设

要完善冰雪体育相关产业的基础设施建设，需要采取一系列综合性措施。应进行全面规划，包括场馆的选址、设计、建设和管理等方面的工作，根据不同冰雪项目的需求建设冰雪运动项目的场馆。场馆分布应较为平衡，方便民众参与冰雪运动。除了运动场地以外的限制，应该保证冰雪旅游产业相关发展设施的建设，例如，交通运输业、冰雪运动服务业等。冰雪运动场馆应当连接主要交通枢纽，确保参与者和观众的交通便利性。同时，周边配套设施也需要完善，包括停车场、餐饮服务、购物场所等，提升消费者的游玩体验，打造冰雪旅游的完整产业链条。

应提高北京冰雪体育行业的服务质量。加强服务行业人才队伍建设，培养和引进专业化的冰雪运动人才，包括教练、裁判、服务人员等，提升他们的专业水平和素质。通过培训、考核等方式，不断提高从业人员的服务意识和技能水平，确保其能够为用户提供优质的服务。除此之外，要优化冰雪体育设施设备配置。完善冰雪运动场馆和设施的硬件设备，保证其安全性和舒适性。相关工作人员要及时更新设备，提升设施的使用效率和便利性，让用户体验更加顺畅和愉快。同时，加强设施的维护保养工作，确保设施设备的正常运行，减少因设施问题而影响服务质量的情况发生。

政府应加强服务管理和监督，建立健全服务管理制度和流程，规范服务行为，提高服务效率和质量。加强对服务过程的监督和检查，及时发现和解决存在的问题，确保服务符合标准和规范。同时，借助科技手段，如建立在线预约系统、客户反馈平台等，提升服务的便捷性和透明度，增强用户满意度。注重品牌建设和宣传推广。打造具有北京特色和品牌形象的冰雪体育服务，提升服务的知名度和美誉度。通过各种宣传渠道和活动，向公众展示北京冰雪体育服务的魅力和优势，吸引更多人参与冰雪运动，推动服务质量的提升和行业的发展。

（二）积极承办体育赛事，增强冰雪运动影响力

积极承办大型国际性冰雪体育赛事可以提升北京在国际体育舞台上的知名度和地位，吸引全球目光，加强北京作为冰雪体育运动中心的认可度。这不仅有利于推广冰雪运动，也能促进北京的旅游业和经济发展。大型冰雪体育赛事的举办可以提高北京冰雪体育运动场馆的利用率。除此之外，通过比赛的形式可以提高本地冰雪体育运动水平和竞技实力，赛事的举办会促使本地运动员积极备战、提高技术水平，从而推动本地冰雪体育事业的发展和提升。同时，赛事还可以激发更多人参与冰雪运动，培养更多优秀运动员，为冰雪体育运动的长期发展奠定基础。在承办冰雪体育赛事期间也能够带动相关产业的发展和壮大。赛事举办过程中，会涉及酒店、餐饮、旅游等多个领域，给当地带来经济效益和就业机会，推动冰雪体育产业链条的深入发展。

（三）加大对冰雪体育产业发展的扶持力度

加大对冰雪体育产业的扶持力度，为冰雪体育行业营造稳定的营商环境是推动北京冰雪经济可持续发展的有效手段。政府可以通过制定相关政策和提供财政支持促进冰雪体育产业发展。建立健全相关扶持政策体系，包括资金补贴、税收减免、场地租金优惠等措施，鼓励企业和个人投身冰雪体育事业。同时，政府还可以加大对冰雪体育项目的投资，提升基础设施建设水平，完善冰雪运动场馆和设施，为行业发展提供有力支持。除此之外，政府需要加强对冰雪体育行业的规划和管理，引导行业健康发展。及时制定并颁布行业标准和规范，规范市场秩序，保障消费者权益，促进行业竞争力和可持续发展。政府可以加强对冰雪体育产业的宣传推广，提升行业知名度和影响力。例如，举办冰雪体育赛事、展览活动等，吸引公众参与，推动冰雪体育文化的传播和普及。同时，政府还可以加强与媒体、学校等机构的合作，扩大冰雪体育的影响范围，让更多人了解和喜爱冰雪运动，以此来促进冰雪体育运动的健康发展。

除了政府的支持，企业可以加大对冰雪体育产业的投资，开发创新产品和服务，提升行业竞争力和创新能力。企业可以与政府、学术机构等合作，共同推动冰雪体育技术研发和产业化，打造具有核心竞争力的品牌和产品，为行业发展注入活力。此外，企业还可以加强行业协会和组织的建设，促进行业内部交流和合作。企业应积极参与行业协会的活动和项目，分享资源和经验，共同解决行业面临的问题和挑战，为冰雪体育事业的繁荣和进步作出贡献。

（四）发挥地区优势，合理开发冰雪资源

延庆作为北京市的重要冰雪资源集聚地，拥有丰富的自然雪场资源和优美的雪景，可以根据当地的优势，合理开发冰雪资源。例如，发展冰雪文化旅游，举办冰雪节庆活动、展览等，增加当地知名度和吸引

力。此外，延庆可以加强与周边地区的合作，共同推动冰雪旅游产业发展，形成区域性的冰雪旅游品牌，提升冰雪旅游的竞争力。然而，在开发冰雪资源的过程中，延庆还应注重生态环境保护，实行可持续发展理念，保护好当地独特的自然风貌和生态环境，确保冰雪资源的长期可持续利用。为了保证延庆地区冰雪体育产业的稳步发展，国家和政府积极完善延庆地区交通以及通信设施的建设。2020年12月1日，G8881次复兴号列车从北京清河站出发，历经26分钟后抵达延庆站，标志着京张高铁延庆支线正式通车。北京市区到延庆城区的车程从近2个小时压缩为最快26分钟，延庆区也借此正式进入首都"半小时生活圈"。[1]满足延庆地区居民和游客的出行需求的同时也极大地提高了交通便利程度。

北京成功举办冬奥会和冬残奥会是我国冰雪运动发展的重要里程碑，但是，目前我国冰雪运动产业的发展尚不成熟。冬奥会过后的北京冰雪文化产业的发展也面临新的问题，应进行合理的分析与规划来保证北京冰雪运动产业的稳序发展。积极建立和调整冰雪文化产业的发展结构，对北京冰雪资源进行合理开发。加强冰雪运动场地和相关设施的建设，加大对冰雪运动产业的扶持力度。在冰雪运动人才培养方面，尽管2022年北京冬奥会赛场上，我国运动健儿佳绩显著，但也存在一定的问题。特别是体教融合人才培养模式存在不足之处，例如，体育后备人才萎缩严重、社会体育资源匮乏、运动员文化素养缺失及运动员退役存在就业困难等。[2]应加强对冰雪运动行业的人才培养，不断深化人才培养机制和供给侧结构性改革。随着国家政策的完善以及冰雪体育文化在人民群众中的宣传与普及，北京市的冰雪经济将成为推动北京经济快速发展的重要活力。

---

① 李慧君、简宏妮：《延庆加速驶入发展快车道》，《小康》2021年第36期。
② 王秋艳：《后北京冬奥时代我国"体教融合"培养冰雪运动人才模式的思考：以"谷爱凌现象"为例》，《冰雪运动》2022年第3期。

　　冰雪体育文化是宝贵的文化遗产，承载着丰富的历史和文化传统。重视冰雪体育文化，不仅可以促进体育事业的发展，也有助于增强国家软实力和文化自信。通过关注和传承冰雪体育文化，可以激发人们对体育运动的热情，提高身体素质，增强国民体质，推动全民健身事业的发展。同时，冰雪体育文化也是中华民族传统文化的重要组成部分，是民族文化的瑰宝，应倍加珍惜和传承。应大力弘扬冰雪体育精神，关注冰雪体育文化，积极参与冰雪活动，传播冰雪文化的魅力，让更多的人了解、喜爱和参与冰雪运动，共同推动冰雪体育文化的传承和发展。让冰雪运动文化在新时代的伟大征程中焕发出更加绚丽夺目的光芒。

生态建设与绿色发展篇

北京推进全域森林城市高质量
发展调查研究

林震 臧滕 崔诗雨*

摘 要： 北京森林城市建设为北京生态文明建设增添了绿色底色和发展成色，"十四五"期间北京市将按照习近平总书记的要求，努力建成全域森林城市并促进其高质量发展。本报告系统梳理了森林城市建设的内涵和意义，重点对北京市作为超大城市进行全域森林城市建设的进程与经验进行总结。森林城市运行维护期可能面临组织管理有待加强、宣传教育有待提升、生态福利有待深化等问题，并提出在绿化基础上加强彩化，拓宽"两山"转化路径，加强生态文化体系构建等系统提升生态效益、经济效益和社会效益的对策建议，为首都率先实现人与自然和谐共生的现代化提供智力支持。

关键词： "美丽北京" 森林城市 人与自然和谐共生

* 林震，北京林业大学生态文明智库中心主任兼生态文明研究院院长、教授，北京市侨联常委；臧滕，北京林业大学生态文明建设交叉学科博士研究生；崔诗雨，北京林业大学生态文明智库中心科研助理。

一　研究背景与研究意义

（一）研究背景

我国于 2004 年开始进行森林城市的试点建设。党的十八大以来，党中央作出建设生态文明和美丽中国的重大部署，党的十八届五中全会首次将森林城市建设纳入"十三五"规划建议，国务院正式将"国家森林城市"称号的批准列为政府内部审批事项。习近平总书记在 2016 年中央财经领导小组会议上对森林城市建设提出明确要求标志其成为我国的国家战略。截至 2022 年底，全国共有 219 个市（区）获得了"国家森林城市"的称号。目前，国家森林城市的评价指标体系共包含五大类 36 项（暂不考虑 2023 年开始的修订计划），不仅包括城区人均公园绿地面积、林木覆盖率等硬性标准，还包括树种丰富度、生物多样性等林业高质量发展指标，以及生态产业、科普和义务植树等与经济、社会效益相关的发展指标，形成了具有多元结构的指标体系。

北京市立足国家森林城市建设总要求，编制实施了《北京城市总体规划（2016 年—2035 年）》，规划采用了"一屏、三环、五河、九楔"的市域绿色空间结构，"十四五"规划建设期间，除东城区和西城区外其他 14 个有条件的区都要达到国家森林城市标准，保证稳步推进高质量的北京森林城市建设进程。

根据北京市园林绿化局统计结果，截至 2021 年，北京市东、西城区外的 14 个区已全部印发森林城市建设总体规划，全市已有 30 个乡镇被授予"首都森林城镇"称号，有 1026 个村庄被授予首都绿色村庄称号。至 2022 年，共有平谷、延庆、通州、怀柔、密云、石景山、门头沟 7 个区获得"国家森林城市"称号。

2023 年 4 月 4 日，习近平总书记在朝阳区东坝中心公园参加首都义务植树活动时指出，"北京过去种的比较多的是杨柳树，因为北京适合种杨柳树，同时要注意把针阔林比例结合好，使之更符合生物链、生态链要求。要在绿化基础上加强彩化，多种一些色彩斑斓的树种，努力建设全域森林城市，把北京建设得更美。"明确就北京的城市环境建设提出"加强彩化""建设全域森林城市"的新目标。

2023 年 8 月 6 日，国家标准化管理委员会下达《国家森林城市评价指标》修订计划，根据公布的修订说明来看，新指标体系加强了生态福利、生态文化等相关指标，积极实现社会效益。

2022 年北京市城市绿化资源情况如表 1 所示。

表 1　2022 年北京市城市绿化资源情况

单位：公顷，%

区	绿化覆盖面积	绿地面积	绿化覆盖率	绿地率	公园绿地 500 米服务半径覆盖率
东　城	1485.34	1110.54	35.48	26.70	96.03
西　城	1625.29	1103.47	32.16	22.00	97.74
朝　阳	16003.48	16077.23	48.08	48.33	92.15
丰　台	9596.00	7775.27	47.85	38.78	92.25
石景山	4605.32	4423.58	54.62	52.47	99.32
海　淀	14070.13	13732.22	51.79	50.57	92.17
顺　义	2161.51	2185.12	50.87	51.45	92.85
通　州	9151.35	8441.57	51.60	47.60	90.00
大　兴	8926.29	7675.42	50.95	43.82	91.24
房　山	8273.08	7659.46	56.57	52.39	92.89
门头沟	6011.06	5893.30	49.24	48.27	93.58
昌　平	9128.73	9633.81	46.50	49.08	92.27
平　谷	2337.63	2410.97	52.81	54.48	92.13
密　云	1966.66	1745.18	50.78	45.06	95.07
怀　柔	2120.78	1935.43	58.83	53.69	85.34
延　庆	1545.84	1755.53	53.62	60.90	97.72
合　计	99008.49	93558.10	49.77	47.05	88.70

资料来源：北京市园林绿化局官网。

（二）研究意义

建设全域森林城市对北京市加快推进人与自然和谐共生的现代化以及对外展示美丽北京、美丽中国形象意义重大。北京作为我国政治中心是国家对外展示的重要窗口，具有独特的政治、经济和文化价值，全域森林城市建设作为生态文明建设的重要实践形式，又具有极高的示范意义和国际意义。本研究依托习近平总书记关于建设全域森林城市的重要论述和指示精神，尝试总结出一套可复制、可推广的"北京经验"，希望为我国各地推进全域森林城市建设提供理论指导和经验借鉴。同时通过研究北京市全域森林城市建设，不仅有利于构建北京生态友好的城市品牌，提升北京绿色低碳的城市形象，还可利用城市森林系统所具备的多功能效益帮助北京市营造社会服务良好、生态和谐宜居、产业绿色升级的国际一流环境，为北京市早日建成国际一流的和谐宜居之都提供对策建议。

二 森林城市建设的多功能效益和经验借鉴

（一）森林城市建设的多功能效益

"森林城市"一词的首次提出是在 1962 年，美国肯尼迪政府在户外娱乐资源调查中，泛指一般意义上的城市范围内的所有树木。德国、芬兰等欧洲城市森林条件优越，则认为城市内的较大林区和市郊森林才是森林城市所指对象。各国学者还以绿地（Green Space）、绿色基础设施（Green Infrastructure）、城市绿化（Urban Greening）、城市林业（Urban Forestry）或城市绿色基础设施（Urban Green Infrastructure）等专业名词为关键词进行研究，但并未形成与我国全域森林城市建设规模相近的国家战略项目，更多的是在城市发展尺度下进行森林价值贡献等方面的研究。

在森林城市建设的价值与意义方面，有学者总结森林城市建设对城市整体发展具有 5 个方面的积极作用，主要包括减缓气候变化影响，为居民提供娱乐社交场所，优化空气质量，丰富食品、木材、药物来源，维护生物多样性和城市景观文化。同时，相关项目建设在保障居民健康物质基础、城市可持续发展、全球生态安全等不同维度也具有重要价值。[①] 总体来说，森林城市建设不仅具有重要的生态效益，还具有丰富的社会效益和经济效益。

我国开展森林城市建设时间相对较晚，基于我国独特的发展背景、行政体系及国土规模，森林城市作为国家主导行为也经历了从地方自主的单体项目建设到森林城市群区域化合作建设的过程，全域森林城市则明确了区域合作建设的具体要求。

国内专家学者对于森林城市各项效益贡献的系统性论述和理论研究相对较少，但在实证研究方面已经取得了较多的积累，主要通过数据科学测算、指标体系研究等手段确定相关建设在生态、社会和经济等不同效益中的主要表现。具体来说，通过对生态效益的量化评价确定了森林城市在涵养水源、保持水土、碳氧平衡等方面的生态效益；[②] 通过分析评价社会效益的表现，确定森林城市建设具有生态系统社会服务功能、生态景观效益，以及促进城市居民生活方式转变等正面社会效益。[③] 经过多年研究，各界学者也基本认同森林城市建设在提高生态环境质量、提升文化和教育水平、扩大社会就业机会、拉动城市经济建设，以及提

① Salbitano, F. , Borelli, S. , Conigliaro, M. , Yujuan, C. , *"Guidelines on Urban and Peri-Urban Forestry,"* 2016.

② 马勇、王华:《石林创建国家森林城市的绿地建设情况及效益分析》,《西部林业科学》2011 年第 2 期。

③ 姚先铭、康文星:《广州市城市森林社会服务功能价值及其评估》,《湖南林业科技》2007 年第 3 期;赵彪:《森林城市建设的内涵与社会效益问题分析》,载《建设廊坊平原森林城市打造京津冀协同发展生态涵养区》,2014。

供游憩休闲空间五个方面的效益提升上具有明显的积极价值。在经济效益方面，通过将部分生态效益和社会效益所对应的经济效益加以量化的方式，确定了森林城市建设具有衍生的外溢经济效益，可以说森林城市经济效益的本质是其生态效益与社会效益在经济上的量化，大致可以分为由林副产品带来的直接效益和由绿地带来的财富增值等间接效益。[①]此外，森林城市在既有生态效益和社会效益的经济价值之外还具有经济溢出效应，主要通过规模经济溢出、投资溢出、技术溢出和知识与人力溢出等多种外溢渠道来实现，是推动城市森林相关产业升级的主要动力。[②]

（二）森林城市建设的经验借鉴

21世纪初，我国提出了森林城市的概念，全国绿化委员会、国家林业局在2004年启动"国家森林城市"评定程序，并在制定了《国家森林城市评价指标》和《"国家森林城市"申报办法》之后，才正式开始我国森林城市的试点建设。建设初期，基本借助论坛形式在绿化建设相对良好的省市进行林业宣传活动，传播绿化理念。经数年研究才逐步形成包含森林城市内涵和外延、措施和做法等内容的规范标准体系。截至2022年，我国已有219个市（区）获得"国家森林城市"称号，其中，江西省、福建省、浙江省等森林城市建设工作开展时间较早、成果相对完善的省份，对于全域森林城市的理解更为深刻，实践更为深入，方法更为有效。

2018年，江西省11个设区市全部获得"国家森林城市"称号，是我国首个实现全域森林城市建设目标的省份。为实现此目标，各城市将

---

① 李芳芳：《森林城市建设与经济效益问题的思考》，载《建设廊坊平原森林城市打造京津冀协同发展生态涵养区》，2014。

② 杨军、李贝贝：《浅析森林城市经济外溢效益形成机制与溢出渠道》，载《建设廊坊平原森林城市打造京津冀协同发展生态涵养区》，2014。

创森工作纳入对基层政府的年度考核，并纳入各级政府公共财政预算。省财政每年拿出 2000 万元用于创森奖励，2011～2018 年江西全省共投入创森资金 79.11 亿元。① 福建省高度重视森林城市建设工作，全省上下坚持加大投入，林业与住建、自然资源、交通、水利等部门密切配合，2019 年"九市一区"全部获得"国家森林城市"，较预期提前一年完成"9 个设区市和平潭综合实验区国家森林城市全覆盖，所有县（市）省级森林城市全覆盖"的双覆盖目标。浙江省在科学规划实践和政府有效推动之下，11 个设区市已有 9 个获得"国家森林城市"称号，比例高达 81.18%。② 各市也根据自身发展条件制定不同规划，有序推进全域森林城市建设。其中，杭州作为省会城市发展较快，"增绿"任务已接近饱和开始了"提质增效"工作。广东省珠三角九市于 2018 年成功获得"国家森林城市"称号，实现公园绿地 500 米服务半径全覆盖，形成了全国第一个国家级森林城市群雏形。成都天府新区 2019 年出台的《天府新区成都直管区公园城市——全域森林化空间布局规划（2019-2035 年）》提出"到 2035 年，天府新区森林覆盖率达到 40%"的目标。2021 年，四川天府新区党工委管委会发布《天府新区公园城市规划建设白皮书》，按照党中央、国务院 2020 年《成渝地区双城经济圈建设规划纲要》提出的"支持四川天府新区在公园城市建设中先行先试"要求，以公园城市建设先行区为定位，不仅践行"山水林田湖城"生命共同体理念，还对空间形态、产业发展、文化建设、公共服务、社会治理做出具体安排，直接带动了本地森林城市的建设。

---

① 吴进良：《诗画田园 林城婺源——江西省婺源县创建国家森林城市侧记》，《国土绿化》2020 年第 3 期。

② 吴长波：《生态惠民 全域"创森"——浙江省森林城市建设见闻》，《国土绿化》2016 年第 11 期。

三　北京市推进全域森林城市建设的主要做法

2023 年，北京市政府工作报告明确提出，要在"核心区继续挖潜增绿，其余各区全部达到国家森林城市标准"，要求"因地制宜建设口袋公园、小微绿地，高质量规划建设国家植物园，新增城市绿地 200 公顷，新建 10 处郊野公园"。随着这些目标任务的逐步落实，将有更多的市民体验到"推窗见绿、出门进园"的绿色生活。

北京作为超大城市，为实现全面增绿需要各区政府和职能部门明确责任、分解任务，多层次多角度地展开工作。根据首都绿化委员会办公室信息，除已获得"国家森林城市"称号的七个区，房山区、昌平区、朝阳区、丰台区和大兴区经过持续的园林绿化建设，已经达到《国家森林城市评价指标》的各项标准，海淀和顺义区也于 2023 年底前达到国家森林城市标准。[①] 2024 年 1 月 5 日，国家林业和草原局召开新闻发布会，正式授予北京市"国家森林城市"称号[②]。

在已获得称号的城区中，通州区作为北京重要的城市副中心，不断加强"先造林，后建城"的城市建设理念，通过大尺度建绿、大密度增绿，努力构建蓝绿交织、水城共融的大美生态格局，共建成东郊森林公园、台湖万亩游憩园等万亩以上郊野公园和森林湿地 8 处，千亩以上森林组团 32 个，有效弥补首都东南部生态短板，展现了北京平原地区森林城市的独特风貌。城市绿心森林公园在原东方化工厂厂址上建设。经过两年的生态修复，已完成新增绿化 1 万余亩，建成景点 36 处。二十四节气林窗、樱花庭院、运河故道等极富传统文化和地域特色的景观

---

① 《北京森林城市发展规划（2018 年-2035 年）》，2019；《北京向国家森林城市更进一步，14 个区将在"十四五"期间全部达到国家森林城市标准》，《中国绿色时报》2021 年 8 月 18 日。

② 《国家林草局授予北京市"国家森林城市"称号》，国家林业和草原局、国家公园管理局官网，2024 年 1 月 6 日。

逐步建成。马驹桥湿地公园、永顺城市公园、永乐国学公园等各种类型的公园在副中心生态带、城市中心区、居民区和村庄周围拔地而起。①以怀柔区和平谷区为代表的京郊生态涵养区，在林业高质量发展的基础上积极探索"两山理论"在森林城市中的应用。在完成"绿量"要求后，大力推进森林健康经营、提升生物多样性保护水平以及探索生态产品价值实现机制，充分发挥森林的"四库"作用。经过多年建设，怀柔区渤海镇的栗花溪谷一改荒山野溪、道路坑洼不平、景观单一的面貌，通过基础设施提升和沟域绿化，沿沟建设了一条步道和 7 处小公园，栽种波斯菊、百日草、向日葵等多种植物。几座漫水桥卧于溪上，流水叮咚、景色悠然。古栗园计划于 2023 年春天开放，通过栗花溪谷的碎石小径，游客能观赏 33 棵 500 岁以上的粗壮栗树。平谷区熊儿寨不但整合连通了面积较小的生态斑块，提升了生态系统连通性和完整性，还为林下经济的发展作出示范：南岔村在栗子林下建造 50 栋蘑菇菌棚；熊儿寨村、北土门村总共择取 100 余亩林下土地，种植 10 万株耐阴性较强的油用牡丹，并开发牡丹籽油、牡丹花茶等特色产品。②

在已达标待获称号的五区中，朝阳区作为城六区中面积最大、人口最多的区，通过践行"城市公园"理念，将封闭公园的护栏拆除，改建各类便民设施，实现与市政街道的无缝衔接。2022 年，庆丰公园、大望京公园、望和公园北园等 42 个公园已完成"拆栏透绿"，总面积超 820 公顷，拆除围栏约 3.6 万米，未来预计还有 52 处公园将陆续变成开放式绿地。③通过这种绿色共享新模式，朝阳区形成点状绿地新格

---

① 《副中心成为北京平原地区首个国家森林城市》，人民网，2022 年 11 月 17 日；《北京市三年内全域建成"国家森林城市"》，《北京日报》2020 年 8 月 21 日。

② 《努力建设全域森林城市，把北京建设得更美》，《北京青年报》北青网官方账号，2023年 4 月 6 日；《北京七区成功创建"国家森林城市"，厚植亮丽生态底色》，《新京报》2022 年 11 月 30 日。

③ 《古都北京如何打造出"林在城中、城在林中"的现代城市风貌?》，《北京日报》2022 年11 月 24 日。

局，已经达到国家森林城市标准，正等待相关部门验收。

在有待满足指标要求的两区中，海淀区人民政府编制印发《北京市海淀区国家森林城市建设总体规划（2021 年–2035 年）》，不仅明确了森林城市项目对国家、北京市和海淀区生态建设的意义，还从京津冀区域协同发展的角度肯定了海淀区作为重要节点对建成京津冀国家森林城市群的独特价值。同时，总结了海淀区城市绿地空间分布与服务功能还需进一步优化提升，乡村绿化特色和乡愁生态景观还需进一步挖掘强化，生态场所服务和生态活动传播还需进一步发动扩散等问题，为推进森林城市落地作出了具体的建设指导。2023 年 6 月 20 日，海淀区第十七届人大常委会第十二次会议发表《海淀区人民政府关于国家森林城市建设情况的报告》，公布了建设进展，确定现存问题并给出明确的解决措施方案，以及下一步工作计划，海淀区正在自主推进本区的森林城市建设进程。相对来说，顺义区人民政府印发的《顺义区国家森林城市建设总体规划（2020–2035 年）》同样关注了森林城市项目对京津冀协同发展的重要意义，但更多地关注了现状条件和工程建设。根据北京市园林绿化局 2023 年的动态通报，顺义区以绿化增量和乡村绿化为重点，建成华北地区最大的银杏主题生态文化园——南彩银杏主题公园，形成了全区约 19000 个地块 15000 亩的村庄绿化成果及 600 余处村庄公共休闲绿地。

四　北京市全域森林城市建设的主要难题

根据北京市各区目前森林城市建设进展来看，可以基本实现"十四五"时期内 14 区全部达到评价指标要求的目标，但各区要认识到距离实现"高质量建设北京全域森林城市"目标还有一定差距，仍需要以 2035 年为期限持续加强建设，以通过 3 年 1 次的验收，实现北京作为首善之区的示范作用。通过对比相关规划和各区建设现状发现，各区建设主要存在以下三个方面的难题。

一是组织管理有待加强。调研发现，目前北京市在森林城市建设方面主要还存在组织协调性有待加强，生态资源管理和便民服务能力有待提高、规章制度有待健全等问题，未来还需要持续完善统筹能力和实践机制。在增绿建设基本完成的地区，还要避免出现成果巩固不及时、运营维护不到位等问题。各区要坚持守正创新，保证森林城市建设实现科学、有序、健康发展。

二是宣传教育有待提升。新版《国家森林城市评价指标》的"生态文化"类指标要求建设参与式、体验式的生态科普教育场所和生态标识系统，每年举办森林城市主题宣传活动5次以上，公众对森林城市建设的知晓率和满意度达90%以上。调研发现，各区在创建申报过程中都会按照指标要求积极开展宣传活动，但获得称号之后往往宣传教育的力度有所减弱。北京市已连续举办十届森林文化节，形成了一定的品牌效应，但在生态文化体系构建方面还缺乏顶层设计和理论研究。

三是生态福利有待深化。2019年版的《国家森林城市评价指标》将此前的"城市林业经济"修改为"生态福利"，新版评价指标明确了四个指标点，包括"城区公园绿地服务"、"生态休闲场所服务"、"绿道网络"和"生态产业"。北京全市公园绿地500米服务半径覆盖率已达88.7%，超过指标要求的80%。但在"居民每万人拥有的绿道长度达0.5千米"的目标方面，按照常住人口2185万人计算，需要4370千米，目前全市规划以1000千米市级绿道带动1000千米区级绿道，需要完成的任务还很艰巨。在生态产业方面，2022年，全市林下经济年均总产值达3.8亿元，但仅占农林牧渔业总产值的1.4%，还有很大的发展空间。

五 高质量建设北京全域森林城市的对策建议

高质量推进北京全域森林城市建设，需要站在人与自然和谐共生的高度，统筹推进和不断提升森林城市的生态效益、经济效益和社会效益。

（一）在绿化基础上加强彩化，提升全域森林城市建设的生态效益

在建设达标的基础上，应持续加强空间布局，保证增加绿量的同时，因地制宜利用绿化美化有机结合的方式实现各区"加强彩化"的目标。可依托北京市"山山看红叶"工程、两轮"百万亩造林绿化"工程和"北京园林绿化增彩延绿科技创新工程"等项目的建设成果构建森林彩化基本布局。在各区的森林彩化建设中，应努力达成现有规划中对植物彩化的要求，在基本实现园林绿化由"绿起来"向"美起来"转变的基础上，针对规划确定的现存问题增设完整的"植物彩化"专项规划体系，在现有植物景观资源基础上形成彩化体系网，使植物彩化景观工程的管理更加有秩序。在植物彩化的具体配置中，不能单纯追求色彩丰富度，还要注重色彩搭配的协调性，突出北京地区特色。在植物品种选择上充分运用新优品种，并将整体植物配置颜色的明艳度适当降低，以适合现代人对淡雅色彩的偏好，同时也提升了色彩景观的丰富度与质量，更有力地推进全域森林城市的建设。

（二）拓宽"两山"转化路径，提升全域森林城市建设的经济效益

森林城市建设的经济效益主要体现在其衍生的外溢经济效益上，本质是生态效益与社会效益在经济上的量化，大致可以分为由林副产品带来的直接效益和由绿地带来的财富增值等间接效益。在林下经济方面，北京市已形成"林下种植+自然教育""林下种植+森林康养""林下种植+科普体验""林下种植+森林休闲""林下种植+农事体验""林下种植+中医药文化""林下种植+运动健身"等发展模式。根据《北京市

园林绿化局 北京市农业农村局关于科学利用森林资源促进林下经济高质量发展的通知》，到 2025 年，全市林下经济产业体系得到进一步完善，实现利用森林资源 100 万亩，建成 50 个市级林下经济高质量发展示范基地；到 2035 年，形成完备的首都林下经济产业体系，林下经济产品的供给能力、质量安全水平全面提升，森林资源利用监管体系更加完善，全市适宜发展林下经济的地区实现全覆盖。为实现这些目标，建议加强政府对林下经济、苗圃苗木、生态旅游等绿色产业的优惠政策和帮扶措施，通过优良生态服务场所的营造进一步吸引高端餐饮、游憩休养产业落地。同时根据不同城区的产业发展定位，制定不同的生态产品实现路径，营造生态友好、绿色可持续的营商环境，结合"碳汇"等专项政策，多路径协同推进经济效益实现。

（三）加强生态文化体系构建，提升全域森林城市建设的社会效益

要全面加强生态宣传教育和生态服务功能的建设，让公众能够走进森林、享受森林，增强群众的安全感、幸福感和获得感。目前，北京市利用森林城市建设契机不断加强市民的生态文明意识，结合公众科普教育，尤其对儿童开展自然教育活动，有效保障了北京市森林城市和生态建设的可持续发展。截至 2022 年，北京已建成首都生态文明宣传教育基地 30 家、森林自然教育基地 53 处。建议北京依托自然教育基地建设成果，进一步挖掘丰富的"古树文化""寺庙树木文化"，响应总书记"古树情怀""传承优秀传统文化、增强文化自信"的号召。通过系统总结"古树文化"所蕴含的历史文化、地域文化、人文文化、情感文化、文学文化、生态文化等多种内涵，发展具有北京特色的树木文化体系，通过开展采风、绘画、摄影等活动吸引各年龄层的群众参与，提高公众对相关诗词歌赋、成语典故、道德情感、民俗文化等的了解，还可在此过程中弘扬生态文明思想，全面增强群众对森林城市、生态文明建

设的价值认知。同时，应加大北京全域森林城市建设成果的国际宣传力度，通过在典型项目建设地召开国际交流会议等方式增加曝光次数，使其有效发挥首都的带动作用，率先实现"人与自然和谐共生的现代化"，营造"绿美京华""美丽北京"的国际印象。

参考文献

程红：《试论基于生态文明建设的国家森林城市创建》，《北京林业大学学报》（社会科学版）2015 年第 2 期。

迟诚、雷欢、李建泉：《北京创森：政治中心的生态考量》，《绿化与生活》2020年第 9 期。

方立林、徐鹏、吴迎霞等：《国家森林城市与非国家森林城市建设效益评估对比分析》，《浙江林业科技》2023 年第 1 期。

李辉、李萌萌、褚杰：《凝心绘绿建设森林城 打造绿美画廊新国门——北京市大兴区创建国家森林城市纪实》，《国土绿化》2020 年第 11 期。

李淑文、王云、赵爽等：《京南森林城 生态新大兴——聚焦北京市大兴区创建国家森林城市》，《国土绿化》2022 年第 1 期。

刘宏明：《我国森林城市建设的对策分析》，《中国城市林业》2017 年第 6 期。

刘立宏、宋云波、康森：《"凝心绘绿"争创森林城市典范——北京市丰台区高标准建设国家森林城市》，《国土绿化》2022 年第 9 期。

王妍方、杨畅宇、董李勤等：《国家森林城市时空格局与区域发展协同性研究》，《西部林业科学》2023 年第 2 期。

《北京平原区有了首个国家森林城市 副中心绿色福利人人共享》，《北京日报》2022 年 11 月 14 日。

《出门见绿、开窗见景 北京五区喜获"国家森林城市"称号》，《人民日报》2022年 11 月 4 日。

北京生态产品价值评估研究

摘　要：实现生态产品价值是我国贯彻"绿水青山就是金山银山"理论的关键途径，也是北京推进生态优先、节约集约、绿色低碳的高质量发展之路的重要举措。本报告从自然资源基本概念出发，梳理了生态产品价值理论体系发展脉络，以北京自然资源中的水资源为例，应用模糊数学的方法，评估北京水资源生态产品的综合价值。研究发现，北京水资源目前且长期保持十分紧缺状态，但现行的资源价格体系并不能充分体现其全部价值。水是事关国计民生的基础性自然资源，针对在保障居民合理需求的前提下，优化用水政策，将北京水资源的生态产品价值得到更加充分的实现，本文提出了相应的对策建议。2022 年，北京水资源价值位于 3~4 级，为中等偏上水平，水资源价值总量约为 472.6 亿元；与当前水资源实际收费的价格估算出来的 69 亿~80 亿元的价值相比，水资源真实价值未能得到充分体现；水资源等生态产品的价值实现需要进一步完善生态产品价值实现机制，主要应推动市场化生态补偿，建立生态保护资金体系，搭建生态资产与生态产品的交易平台，完善生态损害赔偿和综合补偿制度。

关键词：自然资源　生态产品价值评估　水资源

---

* 刘小敏，北京市社会科学院市情调研中心助理研究员、博士，北京世界城市研究基地专职研究员。

·275·

一　引言

党的二十大报告明确提出"确立健全生态产品的价值实现机制"，这一举措是贯彻落实习近平生态文明思想的重要方针，是践行绿水青山就是金山银山理念的关键途径，也是推动生态环境国家治理体系和治理能力现代化的必然要求。这对于推动经济社会全面绿色转型具有重要意义。①

北京致力于打造国际一流和谐宜居之都，良好的生态自然环境是支撑其建设的重要基石。长期以来，对自然资源的滥用和破坏导致首都的生态环境逐渐恶化，给经济社会发展带来了众多隐患。2005年，北京市启动了生态涵养区的建设工作。随后于2006年颁布了《北京市"十一五"时期功能区域发展规划》，明确了首批6个生态涵养区。② 2012年，这一规划扩展至房山区和昌平区。建立生态涵养区旨在充分发挥各区比较优势，构筑差异化发展格局，提升城市的综合竞争力。作为首都的重要生态屏障和水源保护地，生态涵养区在维护首都生态环境方面发挥着不可或缺的作用。

然而，北京生态涵养区的产业发展相对滞后。在划定为生态涵养区后，这几个区将生态建设和环境保护摆在首位，原有的资源型产业纷纷关闭，新兴产业尚未完全建立，生态环境成本高，严重影响经济发展和人民生活。生态涵养区面临着生态环境仍然脆弱、经济发展水平相对滞后的挑战，产业结构转型和重建任务艰巨，建设资金与管理经费投入不足。因此，如何协调生态保护和经济发展之间的

---

① https：//www.gov.cn/zhengce/2021-04/26/content_5602763.htm.
② https：//fgw.beijing.gov.cn/fgwzwgk/zcgk/ghjhwb/wnjh/202003/t20200331_2638488.htm.

矛盾成为该区面临的重大问题。① 《北京城市总体规划（2004 年 - 2020 年）》提出了建立有效的生态补偿机制、实施生态补偿、利用经济手段加强生态环境保护等措施，以实现北京市生态环境发展战略的必要性。

尽管北京市在生态补偿方面已有良好探索，但生态补偿仍是一项新工作，需要在实践中不断完善和创新以适应条件与要求的变化。建立生态补偿机制是一项复杂而长期的系统工程，涉及生态保护、建设、资金筹措和使用等各方面。② 北京生态涵养区在生态补偿方面面临一些困境，如内涵界定不清、补偿标准不合理、补偿方式过度依赖政府等。基于绿水青山就是金山银山理念，现有生态补偿机制无法实现经济与环境保护的协同发展，为实现生态涵养区的目标，需要建立更完善的生态价值市场机制。中共中央办公厅、国务院办公厅于 2021 年 4 月印发了《关于建立健全生态产品价值实现机制的意见》，明确提出要"建立健全生态产品价值实现机制"。2022 年，北京出台了《北京市建立健全生态产品价值实现机制的实施方案》，要求建立生态产品总值核算和应用体系，并全面建立完善的生态产品价值实现机制，将建立生态产品价值评价体系纳入重要工作日程。

因此，本文从自然资源的基本概念出发，明确了自然资源的内涵和分类，梳理了自然资源的价值属性和评估方法。同时，以北京的实际情况为背景，以水资源对象，选择了模糊数学法来评估北京的水资源价值，并提出了相应的价值实现建议。

---

① 中国民主同盟北京市委员会课题组、王维成：《北京市生态涵养区的生态环境建设和产业发展问题研究》，《北京社会科学》2007 年第 6 期。

② 李云燕：《北京市生态涵养区生态补偿机制的实施途径与政策措施》，《中央财经大学学报》2011 年第 12 期。

二 首都自然资源价值核算的理论基础

（一）理论概念梳理

1.基本概念

严格的定义与界定是自然资源价值评估的基础。自然资源是指在特定时间和条件下能够产生经济效益，以提高人类当前和未来福利的自然因素和条件。[①] 根据《中国资源科学百科全书》的定义，自然资源是人类可以利用的、自然生成的物质与能量。[②] 资源是来自大自然的物质，而能量则是自然生成的物质。在大自然的种种物质能量中，只有被人类利用的才能称之为资源。由于大自然中物质种类繁多，人们对自然资源的定义也存在着一定的差异，具有一定的泛化性。根据自然资源所属领域的不同，可具体分类为生物资源、森林资源、国土资源、矿产资源、海洋资源、气候气象、能源资源、水资源等。根据可用性原则，根据人们对自然资源的利用深度和广度，可以将资源性产品分为初级自然资源性产品和经济资源性产品，其中初级自然资源性产品需要经过初级加工但不改变原始属性而成，而经济资源产品则经过复杂加工制造而成。同时，自然资源也需要在法律上有产权界定，可以具有公有权或私有权。

2.自然资源价值分类及内涵

（1）自然资源分类

在传统认知中，天然的自然资源一直被认为没有实际价值。关于自然资源价值问题在理论界一直存在争议。在实践中，历史上曾经出现过产品高价而资源低价甚至无价的情况，资源的粗糙利用、无偿占有、掠

---

① 李松森、夏慧琳：《自然资源资产管理体制：理论引申与路径实现》，《东北财经大学》2017 年第 4 期。

② 《中国资源科学百科全书》，北京：中国大百科全书出版社，2000。

夺性开采和浪费使用等现象，导致资源破坏、生态恶化以及环境崩溃。随着人类文明的不断进步，人们开始将自然资源的经济价值与伦理、文化、社会、生态价值等方面联系起来，人们对自然资源的价值有了更全面和科学的认识。近年来，随着自然资源资产、自然资源资产价值、生态产品等概念的提出，我国的自然资源管理正经历着重大的转变。自然资源资产价值应该从资源价值、环境价值、生态价值、经济价值以及社会价值五个方面进行确定和计量。[1] 此外，自然资源资产价值可以分为商品价值和服务价值两种，商品价值不仅是实物产品本身的价值，还包括了商品所代表的品牌文化、用户体验以及与消费者情感上的连接等方面的价值。而服务价值则不局限于提供的具体服务内容，更多体现在服务过程中所传递的人文关怀、社会责任感以及与客户之间建立的信任和合作关系。在生态服务的精神层面更关注维护整个生态系统的平衡和稳定，促进社会的和谐发展以及弘扬传统文化和道德观念，从而为社会带来更深远的影响和积极的改变。自然资源资产价值的实现过程包括发现、分类、确权、开发、再确权、交易和价值实现等多个阶段。[2] 此外，自然资源的价值实现需要将其转化为资产，并在市场交易中获得利益。自然资源所具备的收益性、稀缺性和权属性是实现其价值的必要条件。[3]

（2）自然资源向生态产品转换

自然资源在人类活动中体现为自然生态资源，进而形成生态产品供人类利用。生态产品的概念最早可以追溯到 2001 年由世界卫生组织、联合国环境规划署和世界银行等机构共同开展的全球千年生态评估。生态产品作为三大支撑人类生存与发展的产品之一，与物质生产和文化产

---

① 刘利：《自然资源资产价值确定与方法探讨》，《统计与决策》2021 年第 1 期。
② 王庆礼、邓红兵、钱俊生：《略论自然资源的价值》，《中国人口·资源与环境》2001 年第 2 期。
③ 罗华伟、姜雅勤：《自然资源资产生态价值计量：理论与案例》，《会计之友》2019 年第 22 期。

品并列。实质上，生态产品是维系人类生命和健康所必需的基础资源支撑要素。[①] 潘家华认为，生态产品与常规经济活动中所交易和核算的物质产品以及文化产品有所不同，其作用在于维护生命支持系统、保障生态调节功能并提高环境舒适性。[②] 方兰、陆航认为，生态产品是维护生态安全、提供良好人居环境的自然要素，是实现美好生活的必需品。[③] 郭兆晖、徐晓婧认为，生态产品是生态系统为维护生态安全、保障生态调节功能、提供优质人居环境而提供的产品。[④]

可见，生态产品也是生态环境资源，是从自然系统中抽离出来的，既包括天然自然资源，[⑤] 如清新的空气、清洁的水源、宜人的气候、舒适的环境等，这是生态产品的物质性，是一种使用价值；同时，也包括经人类劳动进行产业化开发加工后的衍生产品，能够满足人类的需要，如森林康养、林业碳汇、温泉养生等，具有一定的功能性价值，并具备社会属性。因此，生态产品的价值不仅包括使用价值，还包括功能性价值，实现了使用价值和价值的统一。生态产品与农产品、工业品和服务产品共同构成人类生存和发展的物质条件。

生态产品与自然资源的区别。尽管有研究者将生态资源与生态产品区分开来，认为生态资源是一种独立存在的资源，而生态产品是人类在开发利用自然资源时所创造的产品。这种区分可以避免在评估生态产品价值时重复计算。[⑥] 本报告认为，要客观全面评估自然资源的价值，从生态产品的角度估算其价值，其使用价值也应该是生态价值的重要组成

---

① 曾贤刚、虞慧怡、谢芳：《生态产品的概念、分类及其市场化供给机制》，《中国人口·资源与环境》2014 年第 7 期。

② 潘家华：《生态产品的属性及其价值溯源》，《环境与可持续发展》2020 年第 6 期。

③ 方兰、陆航：《建立生态产品价值实现机制》，《中国社会科学》2021 年第 2 期。

④ 郭兆晖、徐晓婧：《怎样实现生态产品价值增值》，《学习时报》2021 年 3 月 3 日。

⑤ 张兴、姚震：《新时代自然资源生态产品价值实现机制》，《中国国土资源经济》2020 年第 1 期。

⑥ 李宇亮、陈克亮：《生态产品价值形成过程和分类实现途径探析》，《生态经济》2021 年第 8 期。

部分，甚至是最为重要的部分。

3.生态产品价值实现的政策梳理

生态产品是自然生态在市场中实现价值的媒介。随着我国生态文明建设的深入推进，生态产品及其价值也得到了提升。2010 年 12 月，国务院发布的《全国主体功能区规划》首次提出了生态产品的概念。2012 年 11 月，党的十八大报告明确提出了"增强生态产品能力"的要求。2015 年 9 月，《生态文明体制改革总体方案》指出"自然生态是具有价值的"。2016 年 5 月，《国务院办公厅关于健全生态保护补偿机制的意见》将生态补偿视为实现生态产品价值的重要途径。

2017 年 8 月，《关于完善主体功能区战略和制度的若干意见》提出要建立健全生态产品价值实现机制，挖掘生态产品市场价值，科学评估生态产品价值，并培育生态产品交易市场。这标志着我国开始探索将生态产品价值理念转化为实际行动。同年 10 月，党的十九大报告修改党章，将"增强绿水青山就是金山银山的意识"写入，进一步深化了对生态产品的要求。2018 年 4 月，习近平总书记在深入推动长江经济带发展座谈会上指出选择具备条件的地区开展生态产品价值实现机制试点，探索政府主导、企业和社会各界参与、市场化运作、可持续的生态价值实现路径，为生态产品价值实现提供了发展方向和具体要求。

2018 年 5 月，习近平总书记在全国生态环境保护会议上强调，要加快建立健全以产业生态化和生态产业化为主体的生态经济体系。2018 年 12 月，《建立市场化、多元化生态保护补偿机制行动计划》提出利用市场化、多元化的生态补偿方式实现生态产品的价值。2019 年 5 月，中共中央、国务院发布的《关于建立健全城乡融合发展体制机制和政策体系的意见》进一步提出探索生态产品价值实现机制改革。2019 年 6 月，中共中央办公厅、国务院办公厅印发了《关于建立以国家公园为主体的自然保护地体系的指导意见》，提出提升生态产品供给能力，维护国家生态安全，为建设美丽中国、实现中华民族永续发展提供生态支撑。

4.生态产品价值评估

在明确定义生态产品及其价值内涵的基础上，评估成为生态产品实现其价值的重要一环。生态产品价值评估是对其在经济、生态、社会等方面所具有的重要性进行评估，并将其转化为可量化的指标。生态产品价值不仅涵盖了商品化价值，还包括非商品化或难以商品化的价值。根据功能的不同，可以分为涵养水源、保育土壤、固碳释氧、净化水质、降低噪声、调节气候、洪水调蓄、净化大气、维持生物多样性等方面的价值。

黄如良指出，价值评估涉及三个主要问题：明确定义生态产品的范畴、选择合适的评估框架结构和指标体系、确定每个指标的评估方法，进而建立起九种生态产品价值核算框架。他还指出，在具体问题上，应根据评估的目的、成本和收益以及评估过程的开放性和动态性等原则，选择恰当的评估框架类型。根据市场化程度，可采用直接市场法、替代市场法和意愿调查法等评估技术和方法。[①] 具体来说，直接市场法包括成本法、生产率变动法、恢复费用法或重置成本法以及影子项目法；替代市场法涵盖旅行成本法、内涵价格法、防护费用法或规避行为法；而意愿调查法则包括投标博弈法、权衡博弈法、优先性评价法以及 Delphi 法。

5.生态产品价值实现的逻辑框架

从基本的自然资源概念出发，到最终以生态产品方式实现价值，其分析逻辑如图 1 所示。某项自然资源通过明确定权形成自然资产，由于存在价值，自然资产具有一定效益，尤其是生态效益，生态效益再转化为生态资产。经过一定的技术加工和处理，生态资产形成生态产品，通过政府购买、补偿或市场交易等转移支付方式实现其价值。在这一过程中，需要进行自然资源分类、调查等基础工作，完成自然资源资产价值

---

① 黄如良：《生态产品价值评估问题探讨》，《中国人口·资源与环境》2015 年第 3 期。

评估，结合效益，转化为不同的生态产品并进行不同的价值核算，最终整合成一个价值核算体系，以实现其真正的价值。

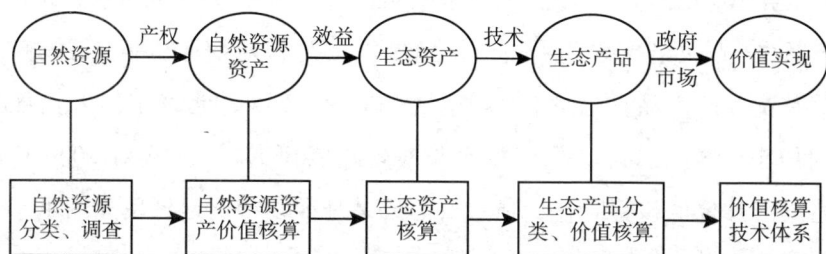

图1　自然资源到生态产品价值实现分析逻辑框架

考虑到工作的复杂性，本报告将研究重点聚焦在对部分自然资源进行生态产品价值评估，为北京深入开展生态产品价值实现机制的政策设计提供参考。

三　北京生态产品价值评估

（一）北京生态产品价值政策及实践

1.北京促进生态产品价值实施政策梳理及研究实践

北京作为我国的首都非常重视生态产品价值实现。北京生态资源丰富，早在2006年就开始实施生态涵养区发展规划，生态产品价值实现更具现实意义，是运用市场手段破解生态涵养区发展困境的重要手段。2022年，北京发布了《北京市建立健全生态产品价值实现机制的实施方案》和《关于新时代高质量推动生态涵养区生态保护和绿色发展的实施方案》，旨在促进生态涵养区的发展，建立完善的生态产品价值实现机制。2022年底，北京出台《生态产品总值核算技术规范》，2023年8月印发了《北京市生态系统调节服务价值（GEP-R）核算方案》，开始对市、区、街道（乡镇）三级行政区及重要生态空间的生态系统调节服务价值（GEP-R）开展核算。在研究实践层面，牟雪洁等曾开展北京延庆生态系统生产总值核算，应用的方法是市场价值法、影子工程法、替代成本法，对延庆生态系统产品供给、调节服务、文化服务3大类17项服务功能进行核算，[1]成为首都生态产品价值评估的先期尝试。2021年，北京市门头沟区启动《门头沟区生态产品价值核算与实现机制研究》，完成对2020年度的生态产品价值核算工作，最重要的成果是推动特定地域单元的生态产品价值核算。[2]

2. 北京自然资源基本情况

北京位于中国北部，紧邻华北平原北部，与天津相邻，其余三面与河北接壤。总面积为16410.54平方千米，其中山区约为10200平方千米，约占总面积的62%，平原区约为6200平方千米，约占总面积的38%。北京地势西北高、东南低，形成了独特的地形格局。北京具有丰富的自然资源。2021年4月16日，北京市通过的《北京市生态涵养区生态保护和绿色发展条例》明确提出，市规划和自然资源部门应当会同政府有关部门对土地、土壤、矿产、水流、湿地、森林、野生动植物等自然资源的数量、质量、分布、权属、保护、开发利用状况开展调查监测评价。根据该条例，北京市主要的自然资源类型包括土地、矿产、水、森林、野生动植物等资源，与我国自然资源分类相一致，

（1）水资源方面

北京市天然河道自西向东穿过五大水系，源于西北部山脉，流经平原地区，最终注入海河或渤海。北京市没有天然湖泊，但拥有85座水库，包括密云水库、官厅水库、怀柔水库和海子水库等大型水库。这些水资源不仅为当地居民提供了充足的灌溉水源和资源，也对经济发展起

① 牟雪洁、王夏晖、张箫等：《北京市延庆区生态系统生产总值核算及空间化》，《水土保持研究》2020年第1期。
② https://beijing.qianlong.com/2023/0712/8069194.shtml.

到了重要推动作用。同时，这些水系承载着悠久历史文化和传统，成为北京城市风光的一道独特风景线。水库构建了完善的水利设施系统，为城市的供水、防洪和生态环境保护提供了基础。北京市的水资源承载着丰富自然景观，展现了人们对美好未来的向往。2001～2022年北京水资源情况如表1所示。2022年，全市地表水资源量为7.4亿立方米，地下水与地表水资源不重复量为16.4亿立方米，水资源总量为23.7亿立方米，人均水资源量为108.6立方米，水资源紧缺仍是北京的基本市情水情。

表1　2001～2022年北京水资源情况

单位：亿立方米，立方米

项　　目	2001年	2005年	2010年	2015年	2018年	2019年	2020年	2021年	2022年
全年水资源总量	19.2	23.2	23.1	26.8	35.5	24.6	25.8	61.3	23.7
地表水资源量	7.8	7.6	7.2	9.3	14.3	8.6	8.3	31.6	7.4
地下水资源量	15.7	15.6	15.9	17.4	21.1	16.0	17.5	29.7	16.4
人均水资源	139.7	153.1	120.8	122.8	161.7	112.1	117.6	280.1	108.6
水资源配置量	38.9	34.5	35.2	38.2	39.3	41.7	40.6	40.8	40.0
按来源分									
地表水	11.7	7.0	4.6	2.9	3.0	6.6	8.5	4.4	5.9
地下水	27.2	24.9	21.2	18.2	16.3	15.5	13.5	13.9	12.2
再生水	—	2.6	6.8	9.5	10.8	11.5	12.0	12.0	12.1
南水北调水	—	—	2.6	7.6	9.3	8.1	6.6	10.5	9.9

资料来源：《北京统计年鉴2023》。

本部分主要对北京市水资源的生态产品价值进行估算。水资源是制约北京城市可持续发展的重要资源，而且北京水资源分布区域由于功能划分限制，其经济发展受到不同程度的压制，水资源价值的科学评估是进一步完善资源价值补偿工作的基础。具体的生态产品指标与价值估算方法如表2所示。

表 2　北京自然资源资产评估对象、内容及方法

资源类型	实物资产指标	估算方法	生态产品服务指标	生态产品价值估算方法
水资源	饮用水资源	市场价格	气候调节 生物多样性保护 景观休闲	市场价值法、影子工程法、治理成本法、机会成本法、时间成本法、支付意愿法、保护费支出法、层次分析法

3. 水资源价值估算方法

（1）水资源价值评估理论

水资源（本文仅分析淡水资源）是人类经济社会活动的最基本的资源要素之一。水资源具有重要的价值，体现为使用者为获得水资源使用权而支付给水资源所有者的货币金额。水资源的价值受到自然、经济和社会因素的影响，主要体现在稀缺性、资源产权和劳动价值方面。与森林资源的评估方式不同，水资源的价值评估需要综合考虑稀缺性、水质和社会需求等多方面因素。森林资源价值估算除了经济价值外，还有其生态服务价值。

理论界认为水资源的价值由资源水价、工程水价和环境水价三部分组成。资源水价体现了国家作为所有权主体所确定的水资源价值，包括对水资源消耗的补偿以及对水生态环境影响的补偿。资源水价的投入有助于加强对稀缺水资源的保护、推动技术开发、促进节水和保护水源等。工程水价则是将资源水转化为产品水所需的具体或抽象物化劳动代价，涵盖了成本、费用、利润和税金等。这些投入使产品水能够进入市场并成为商品水。[①] 环境水价是指用户使用水后排放到环境中污染他人或公共水环境所需承担的代价，用于污染治理和水环境保护。而资源水价则是自然资源价值评估中重要的一部分，因为水资源具有产权、有用性和稀缺性等内在特征。资源水价的确定不仅考虑了水资源的供需关

---

① 冯耀龙、练继建、韩文秀：《水价制定理论分析研究的一种新思路》，《水利水电技术》
2001 年第 6 期。

系，还必须考虑水资源的环境价值、社会价值以及可持续利用价值等因素。因此，资源水价不仅是一种经济概念，更是一种综合评价水资源价值的综合指标，为实现水资源的合理开发和利用提供了重要依据。

水资源价值受多个方面的因素影响，包括经济、社会、自然以及水资源系统自身因素，因此水资源价值系统是一个复杂的系统。水资源价值的理论模型包括影子价值模型、边际机会成本模型、供求定价模型、耦合价值模型和数学模型。这些模型从不同角度探讨了水资源的价值。影子价值模型通过定量的方式分析了水资源的市场价值和非市场价值，使人们更清晰地认识到水资源对经济的重要性。边际机会成本模型是一种经济学模型，主要用于反映从资源的生产到使用过程中，社会所承担的消耗这种资源的代价。然而，这种模型在一定程度上存在一些不足之处，比如缺乏可比性以及忽略了水质对环境和健康的影响。这些局限性可能导致误差和偏差，影响模型的准确性和有效性。水资源的供求定价模型是一个重要的工具，通过利用水资源价格弹性系数来确定水资源的价格，从而体现供求关系的平衡。然而，这一模型虽然在一定程度上帮助我们了解市场的运作机制，却忽略了水质以及社会因素对水资源的影响。水质的优劣直接关系到人类的健康和环境的可持续发展，而社会因素如政府管控政策、环境意识等也会对水资源的供求产生深远影响。耦合价值模型综合考虑了水资源的经济、社会和环境等因素，以评估其真实价值。这种方法全面反映了水资源在社会发展和生态平衡中的重要性，有助于制定更科学合理的水资源管理政策和措施，推动社会经济的持续发展和生态环境的可持续性。持续完善耦合价值模型能够提升水资源评估的准确性和可靠性，为水资源保护和可持续利用提供更有效的决策支持。数学模型是一种专门通过数学方法进行水资源价值评估的模型，可以使评估过程更为科学和准确。将不同种类的模型结合使用，可以更全面地理解和评估水资源的价值，进而为水资源管理决策提供更可靠的依据。在建立模型的过程中，需要考虑到各种不同因素的影响，包括气候变化、人口增长等，以确保评估结果的准确性和可靠性。通过不断改进和优化模型，可以提高水资源价值评估的效率和准确性，从而更好地保护和管理珍贵的水资源。

这些价值模型有一个经典数学方法共同存在的缺陷，即无法综合表现水资源价值受到自然、经济和社会系统影响的复杂性。模糊数学能较好地弥补经典数学方法的这一缺陷，并且在水资源价值综合评价以及资源水价计算中得到较多的应用。模糊数学方法在水资源价值评估中扮演着至关重要的角色，它全面考虑了涵盖了自然、社会和经济等多方面的因素。因此，这种方法更贴近实际情况，也得到了广泛的实际应用。在水资源管理领域，模糊数学方法的运用极大地提升了评估的准确性和实用性，对于保护和合理利用水资源具有重要意义。

北京是一个严重缺水的城市，水资源供需矛盾非常突出，并且当前市场行为的经济杠杆调节能力相对较弱。因此，对于水资源综合价值与现实价值相差较远。对水资源价格进行合理估算，是水资源资产价值评估的重要内容。基于水资源价值评估的理论分析，本报告选择模糊数学法对北京的资源水价进行测算，并依此估算水资源的价值。

（2）模糊数学定价模型

$$W_j = f(x_1, x_2, \cdots, x_n)$$

W_j 为资源水价值，x_1，x_2，$\cdots$，x_n 为影响水资源的价值因素，如水资源量、人口密度、经济结构、可替代水资源量、技术、水资源生产成本以及正常利润等。

假设 V 为资源水价值要素，$V = \{x_1, x_2, \cdots, x_n\}$，则水资源价值综合评估公式：

$$V = WR$$

上式中，W 为 x_1，x_2，$\cdots$，x_n 要素评价的权重向量，V 为水资源价值综合评价结果；Road 单要素 x_1，x_2，$\cdots$，x_n 评判矩阵所组成的综合评价矩阵。

$$R = \begin{bmatrix} R_1 \\ \cdots \\ R_n \end{bmatrix} = \begin{bmatrix} R_{11} & \cdots & R_{1n} \\ \vdots & R_{ij} & \vdots \\ R_{n1} & \cdots & R_{nn} \end{bmatrix} = R_{ij}$$

R_{ij} 为 i 要素中 j 个影响因素的隶属函数，用升半梯形分布建立一元隶属函数。

居民水资源可承受的价格：

$$P = \frac{B \cdot E}{C} - D - H$$

上式中，P 为资源水价的上限，B 为水费承受指数，E 为人均可支配收入，C 为年人均用水量，D 为污水处理费用，H 为供水工程成本。

得到资源水价上限 P 后，可采用等差化将 P 等差划分为资源水价的向量区间 S：

$$S = [P_4, P_3, P_2, P_1, 0]$$

资源水价：

$$W_j = V S^T$$

上式中，W_j 为资源水价，S^T 为水资源价格向量，V 为权重系数。

（二）2022年度北京水资源生态产品价值估算

1.北京水资源基本情况

2022 年，北京市水资源总量为 23.7 亿立方米，地表水为 7.4 亿立方米，地下水与地表水不重复量为 16.4 亿立方米。大中型水库可利用自来水量为 8.33 亿立方米，南水北调水调入量为 9.9 亿立方米。这些水资源满足北京市居民和工业需求，发挥重要作用。2022 年北京部分水库资源量如表 3 所示。

表 3   2022 年北京部分水库资源量

单位：亿立方米

水库	蓄水量	总库容
总量	38.06	92.24
官厅	4.24	41.6
密云	2.73	43.75
怀柔	0.46	1.44

资料来源：《北京统计年鉴 2023》。

目前，北京市居民用水实行阶梯水价，第一阶梯用水（180 立方米内）为 5 元/米^3，第二阶梯（181~260 立方米）为 7 元/米^3，第三阶梯（260 立方米以上）为 9 元/米^3；非居民用水价格调整为 9.5 元/米^3；自来水供水水费为 4.2 元/米^3，水资源费为 2.3 元/米^3，特殊行业用户水价（洗车业、洗浴业、纯净水业、高尔夫球场、滑雪场用水）为 160 元/米^3。

2. 北京资源水价的确定

第一，评价指标的选取。影响资源水价的因素较多，考虑到指标的代表性、适用性以及数据的可获取性，选择水质综合指数、万元 GDP 用水量、人均水资源拥有量以及每平方公里水资源量等四个指标作为评价要素。其中，水质综合指数反映水的品质，水质综合指数越高，资源价值越高；万元 GDP 用水量表示水资源利用效率；人均水资源拥有量反映地区水资源枯荣情况，决定是否可以居住以及居住质量；每平方公里水资源量表明水资源自然情况。

第二，评价标准的确定。参考世界银行发布的《2020 年世界发展报告》、联合国教科文组织发布的《基于水资源与气候变化的 2020 年全球水资源发展报告》以及 2020 年我国各省市的相关数据，北京市河流、水质资源相关数据，得到水资源评价标准（见表 4）。

表 4　水资源评价标准

单位：立方米

价值评价	高	较高	中	较低	低
水质综合指数	0	1	2	3	4
万元 GDP 用水量	30	80	300	600	1000
人均水资源拥有量	10000	3000	2000	1000	500
每平方公里水资源量	200	100	75	50	25

参考《2022 年北京市生态环境状况公报》，经计算，2022 年，北京主要河流水质综合指数平均值为 2，得到水质单要素模型为：

$$R_1 = (0,0,1,0,0)$$

2022 年，北京万元 GDP 用水量为 9.62 立方米，得到万元 GDP 用水量单要素模型评价结果为：

$$R_2 = (0,0.55,0,0,0)$$

2022 年，北京人均水资源拥有量仅为 108.6 立方米，得到人均水资源拥有量单要素模型评价结果为：

$$R_3 = (0,0,0,0,0.24)$$

2022 年，北京每平方公里水资源量仅为 14.75 万立方米，得到每平方公里水资源量单要素模型评价结果为：

$$R_4 = (0,0,0,0,0.55)$$

由此得到水资源价值模糊评价矩阵为：

$$R = \begin{bmatrix} R_1 \\ R_2 \\ R_3 \\ R_4 \end{bmatrix} = \begin{bmatrix} 0 & 0 & 1 & 0 & 0 \\ 0 & 0.55 & 0 & 0 & 0 \\ 0 & 0 & 0 & 0 & 0.24 \\ 0 & 0 & 0 & 0 & 0.55 \end{bmatrix}$$

第三，确定指标权重。通过专家打分的方法，确定各项指标的权重，人均水资源量指标权重为 0.4，水质指标权重为 0.3，万元 GDP 用水量指标权重为 0.15，每平方公里水资源量指标权重为 0.15。

第四，水资源价值的模糊综合评价。将以上分析得到的水资源价值综合评价权重向量与水资源价值模型评价矩阵进行复合运算，并做归一化处理，结果为：

$$V = AOR = (0,0.6,0.34,0.36,0.3)$$

2022 年，北京水资源价值模型综合指数为：

$$W = V \cdot T = (0,0.6,0.34,0.36,0.3)(1,2,3,4,5) = 3.2$$

由上式得到，北京水资源价值介于 3~4 级，处于中等偏上水平。

第五，水资源价格向量。确定水资源价格向量的关键是确定水资源价格上限。为便于分析，2022 年，北京人均可支配收入为 8.4 万元，平均用水量为 3 米³/人月（参照人均可支配收入数据调整）。

当前北京自来水的水费为 2.07 ~ 6.07 元/米³，污染水处理费为 1.36 元/米³，从上限分析看，可取 D 值为 1.36，H 值为 2.07。

最大水费承受指数表现为一定收入水平下的水价承受上限值，其值与城市居民收入结构与收入水平相关。随着人均收入水平的提高，北京当前人均水费支出系数非常低，仅为 0.2% 左右。参考孙静等[1]的分析，人均水费支出系数为上限 1% 左右。

根据以上数据，得到北京水资源价格上限为：

$$P = \frac{B \cdot E}{C} - D - H = 0.01 \times 84023/(3 * 12) - 2.07 - 1.36 = 19.9 \ 元。$$

2022 年，北京全年水资源量为 23.7 亿立方米，由此估算出当年北京水资源价值总量为 472.6 亿元。参照当前北京自来水的水价构成，其中，水资源费为 1.57 元/米³，自来水污染处理费为 1.36 元/米³，估算

---

[1] 孙静、阮本清、张春玲：《新安江流域上游地区水资源价值计算与分析》，《中国水利水电科学研究院学报》2007 年第 2 期。

出北京当前的水资源价值为 69 亿~80 亿元，这与我们所估算的水资源价值高达 472.6 亿元相差较多，这说明北京当前水价并未足够体现水资源价值。

从水费价格看，虽然北京的水费价格在全国范围内偏高，但如果综合考虑北京的人均水资源量、居民人均收入水平等因素，北京水资源的价值未能在水费中得到充分体现，当前水费中的水资源价格仍较低。本研究从价值核算角度对北京的水资源价值进行估算，目的是从自然资源保护、资源价值实现等方面提供价值参考，特别是在实施水资源保护区的价值补偿时提供科学的依据。

四 北京生态产品价值实现的对策建议

近年来，北京在水资源、森林资源等生态产品的价值补偿方面进行了许多有益的探索。2004 年，北京开始实施生态补偿机制，生活在生态涵养区的居民在守护着生态环境的同时，享受到了来自生态补偿的经济回报，森林资源转化为实实在在的经济利益。然而，现有的生态补偿机制仍然存在诸多问题。在制度方面存在着补偿机制不完善、缺乏科学的补偿标准、相关法律法规尚不健全、对生态环境破坏的惩罚力度不足、生态建设资金缺乏、生态产品的价值难以衡量、实现价值的途径有限等问题。

对北京水资源的生态产品价值进行初步估算后发现，当前的居民和工业用水价格远远低于其生态产品的实际价值，很多生态产品的价值没有在价格中得到体现。尽管近年来，北京在生态产品价值实现方面出台了多项重要文件，走在全国前列，但仍需要进一步完善生态产品价值实现机制，自然资源生态产品价值实现困难在于市场化机制难以建立。需要更好地协调政府和市场的关系，强调完善生态产品的价值实现方式。要确保保护和提升生态系统服务和价值始终是最重要的目标，政府主导并辅以市场化运作，逐步建立政府规制主导的市场化生态补偿机制。北京的水资源在生态产品价值上远超过水费收取的价值，主要是因为水资源费相对较低。水是超级重要的资源，它对国家的发展和人民的生活都至关重要。同时，水也在生态环境中扮演着关键的角色。在水资源生态产品价值尚未得到充分实现之前，北京应当将节约用水作为保障首都水安全的根本之策。大力推动节水行动，有序推进节水型社会建设。具体而言，北京生态产品价值实现应采取以下对策建议。

（一）推动市场化生态补偿

北京水资源生态产品建设涉及京津冀三地，特别是河北北部地区（如张家口、承德）作为北京水资源发源地，在保障水资源安全方面作出了重要贡献，是北京水资源生态产品的重要价值贡献者，也需要一定的生态补偿。我国已经在新安江、东江等流域试验了横向补偿，在浙江青田实施了"河权到户"政策。三江源区和太湖流域也尝试了"湿地储备交易"。这些经验可以为改善北京水资源生态产品市场机制提供参考。在这些试验中，不仅关注水资源的分配和利用问题，更着眼于生态环境的保护和可持续发展。通过不断尝试和总结经验，发现了可以实现水资源和生态环境双赢的路径，能够为未来的政策制定和市场机制的完善提供更多有益的借鉴。

（二）建立生态保护资金体系

建立更加完善的生态保护资金体系，实行区域间资金协调机制，探索不同地区生态环境保护资金共享模式，以便更好地应对不同地区的生态环境挑战。同时，应加大对环保产业的扶持力度，引导更多社会资本参与环境治理工作，从而实现资金的长期可持续利用，为建设美丽中国贡献力量。

（三）搭建生态资产与生态产品的交易平台

首先，需要深化自然资源资产产权制度的改革，确立并实行包括所有权、经营权、承包权在内的多元化权利分置运行机制，以实现资源的优化配置和高效利用。其次，为提升市场化生态补偿机制的运作效率，应构建完善的生态系统服务评估体系，确立科学的定价标准，并建立公正、透明的市场化议价平台，以促进生态价值的合理转化。最后，为丰富生态补偿方式，应鼓励和引导受益地区与生态保护地区、流域上下游之间，通过资金补助、对口协作、产业转移、园区共建等多元化方式，实现跨区域的生态利益共享和责任共担。

（四）完善生态损害赔偿和综合补偿制度

为了促进生态环境保护和修复的持续发展，北京必须将推动生态环境损害赔偿制度与综合生态补偿的紧密结合作为核心任务。生态环境损害赔偿制度，本质上是一种经济赔偿责任追究机制，专门针对那些对生态环境造成损害的责任人。此外，还应积极探索将赔偿资金有效整合至综合生态补偿体系中，确保资金使用的针对性和效率性。对于那些无法逆转的生态环境损害案例，相应的赔偿资金应规范化上缴国库，并纳入严格的预算管理范畴，以便有序投入生态脆弱区域的生态系统保护、修复工作中，或是用于解决长期遗留的环境问题，从而实现生态环境质量的全面提升和可持续发展。

参考文献

寇有观：《自然资源生态产品价值实现机制探索》，《中国自然资源报》2019 年 7 月 25 日。

廖茂林、潘家华、孙博文：《生态产品的内涵辨析及价值实现路径》，《经济体制改革》2021 年第 1 期。

罗华伟、姜雅勤：《自然资源资产生态价值计量：理论与案例》，《会计之友》2019 年第 22 期。

数字产业赋能北京绿色发展
难题与对策研究

董丽丽*

摘　要： 绿色发展为我国生态文明建设提供战略指引。现阶段，是我国生态文明建设的关键阶段。要加快产业、能源、交通和土地利用等方面的结构调整，持续推进绿色发展。数据作为新的生产要素，逐渐成为重塑经济和社会结构、重组其他要素资源的关键力量。数字产业发展不仅可以推动传统产业绿色转型，还可以促进跨行业的技术绿色协作，提高全社会的生产效率和治理效率。在"双碳"目标下，数字产业与经济绿色转型深度融合成为推动高质量发展的核心战略。北京作为全球数字经济标杆城市，在推动数字产业绿色发展方面具有得天独厚的优势。具体来说，可以通过实现数字产业本身的低碳发展、用数字化促进传统产业减量化增效、推动前沿数字技术产业化、建设京津冀地区数字化转型先行示范区，进一步助力北京绿色发展。

关键词： 数字化产业　数字经济　绿色发展　北京

---

* 董丽丽，博士，北京市社会科学院助理研究员。

一　研究背景及核心概念

习近平总书记指出，"绿色发展是构建高质量现代化经济体系的必然要求，是解决污染问题的根本之策。"在全球经济数字化转型的背景下，数字技术正在深入渗透到人类生产生活的各个方面，引领着全球政治、经济、科技、文化、安全格局等各个领域发生深刻变革。现阶段，人工智能、云计算、大数据、区块链等数字技术在我国社会经济和产业发展中发挥着越来越重要的作用。党的二十大明确了丰富数据应用场景、推动"数实"融合、赋能产业转型升级等数字经济发展新方向。北京作为全国首善之区，在绿色发展中肩负着重要使命，在我国绿色制造向绿色智能制造转型中发挥着引领作用。同时，近年来在全球数字经济标杆城市建设的过程中，数字产业发展取得了丰硕成果，通过数字产业发展推动北京绿色转型前景广阔。

绿色发展与数字产业是近年来社会各界关注的焦点之一，学界对于绿色发展与数字产业的相关研究也异常丰富。本研究主要着眼于北京作为首善之区和全球数字经济标杆城市，通过数字产业促进自身绿色发展的情况和存在的难题。报告对于绿色发展与数字产业的内涵界定主要依据与北京实践密切相关的政策性文件。

（一）绿色发展内涵及相关范畴

绿色发展理念在我国自古有之，它植根于中华民族尊重自然、崇尚"天人合一"的传统思想。改革开放以来，节约资源、保护环境成为我国的基本国策。直至今日，绿色发展已成为现代化建设的鲜明特征。2023年发布的《新时代的中国绿色发展》白皮书系统总结了新时代中国绿色发展的理念、实践和成果。按照白皮书的定义，绿色发展是生产方式、生活方式、思维方式、价值观等全方位、革命性的转变，绿色发展理念贯穿经济社会发展和生态环境保护的全过程，具体包含 4 个主要方面（见表 1）。

表 1　我国贯彻绿色发展理念具体实践的四个主要方面

类别	大类	子类
1	绿色空间格局基本形成	优化国土空间开发保护格局;强化生态系统保护修复;推动重点区域绿色发展;推动重点区域绿色发展
2	产业结构持续调整优化	大力发展战略性新兴产业;引导资源型产业有序发展;优化产业区域布局
3	绿色生产方式广泛推行	促进传统产业绿色转型;推动能源绿色低碳发展;构建绿色交通运输体系;推进资源约集约利用
4	绿色生活方式渐成时尚	生态文明教育持续推进;生态文明教育持续推进;绿色产品消费日益扩大

（二）数字产业内涵及相关范畴

数字产业的定义随着其自身发展不断变化。学者对于数字产业的范围界定，存在不同看法。早期，它主要涉及信息和通信行业（ICT）。[①] 随着数字技术的快速发展，ICT 的定义已经被缩小到不再符合实际要求的程度。数字产业的定义随着时间的推移而演变，包括数字内容、数字媒体之间的交易以及数字产业的其他方面，所有这些都被视为定义的一部分。[②]《数字经济及其核心产业统计分类（2021 年）》将数字经济定义为"以数据资源作为关键生产要素、以现代信息网络作为重要载体、以信息通信技术的有效使用作为效率提升和经济结构优化的重要推动力的一系列经济活动"。[③] 根据这一定义，对数字产业范围的描述涉及 5 个主要类别（见表 2）。其中，前 4 类属于数字产业化范畴，是数字经

① 康铁祥:《中国数字经济规模测算研究》,《当代财经》2008 年第 3 期。

② 许宪春、张美慧:《中国数字经济规模测算研究——基于国际比较的视角》,《中国工业经济》2020 年第 5 期。

③ 国家统计局:《数字经济及其核心产业统计分类（2021）》。

济发展的基础；第 5 类数字化效率提升业则属于传统产业数字化范畴，体现了数字技术与实体经济的融合。

表 2　数字经济及其核心产业统计分类

序号	大类	子类
1	数字产品制造业	计算机制造；通信及雷达设备制造；数字媒体设备制造；智能设备制造；电子元器件及设备制造；其他数字产品制造业
2	数字产品服务业	数字产品批发；数字产品零售；数字产品租赁；数字产品维修；其他数字产品
3	数字技术应用	软件开发；电信、广播电视和卫星传输服务；互联网相关服务；信息技术服务
4	数据要素驱动业	互联网平台；互联网批发零售；互联网金融；数字内容与媒体；信息基础设施建设；数据资源与产权交易；其他数字要素驱动业
5	数字化效率提升业	智慧农业；智能制造；智能交通；智慧物流；数字金融；数字商贸；数字社会；数字政府；其他数字化效率提升业

资料来源：《数字经济及其核心产业统计分类（2021）》。

从实践中绿色发展和数字产业的内涵及范畴界定可以看到，绿色发展在"产业结构优化"和"绿色生产方式推广"这两个主要领域与数字产业的 5 个大类存在紧密的对应关系，具有强相关性。同时，不同于传统产业，数字产业主要以数据为生产要素，这一新的生产要素不仅为产业带来巨大转变，同时也渗透到经济和社会各个领域，从而从各个方面推进我国的绿色发展进程。例如，以互联网和数字技术为依托的共享经济能够在交通出行、绿色办公、餐饮住宿、货运、个人物品等各个领域实现资源的再流通和利用，不仅提升了绿色发展价值，同时也培养了绿色消费习惯，从而提高了全社会的绿色可持续发展。在"双碳"目标背景下，数字产业与经济绿色转型的深度融合已成为推动高质量发展的核心策略。[1]

---

[1]　王鹏、梁成媛：《数字产业驱动绿色低碳发展：理论机制与实践路径》，《治理现代化研究》2024 年第 1 期。

二 北京市数字产业发展情况

随着数字技术的发展，数字经济已成为推动我国经济高质量发展的核心动力。作为我国数字经济的发展高地，北京在数字技术创新和应用等方面具有得天独厚的优势。为了充分发挥这一优势，引领全国乃至全球数字经济发展，北京于 2021 年确立了建设全球数字经济标杆城市的目标。为此，北京着力推进数字产业化、产业数字化、数字化治理和数据价值化等 4 个关键领域的建设。这 4 个方向共同助力数字经济与产业的高质量发展，探索出一条在全球竞争中抓住机遇的数字经济发展新路径。目前，北京数字经济和数字制造发展已取得显著成效。

（一）数字经济产业整体发展态势良好

北京市统计局数据显示，北京在建设全球数字经济标杆城市方面取得显著成果。2023 年，北京数字经济增加值为 18766.7 亿元，占地区生产总值的比重高达 42.9%，同比增长 8.3%（见图 1）。其中，数字经济核心产业增加值达到 11061.5 亿元，占地区生产总值的比重为25.3%，同比增长 10.6%。

（二）人工智能等支柱性产业发展领跑全国

2023 年，北京市人工智能核心产值规模达到 2170 亿元，核心企业数量超过 1800 家，已形成完整的产业链，涵盖基础层、技术层和应用层等环节。[①] 同时，北京市在人工智能领域的产业人才、创业人才数量均居全国首位，人工智能论文发表数和专利申请数也均居全国首位。此外，2022 年，北京软件和信息服务业产值达到 7456.2 亿元，同比增长

[①] 北京市科学技术委员会、中关村科技园区管理委员会：《北京市人工智能行业大模型创新应用白皮书》，https://www.beijing.gov.cn/ywdt/gzdt/202311/P020231129595361731511.pdf，2023。

图 1　2016~2023 年北京地区生产总值和数字经济增加值

资料来源：2016~2022 年数据来源于《北京统计年鉴（2023）》，2023 年数据来源于《北京市 2023 年国民经济和社会发展统计公报》。

14.1%（见图 2）。规模处于全国前列，对北京经济高质量发展的贡献度日益提升。同时，相关研究表明，一系列相关政策措施的出台加速了大数据、工业互联网等领域的发展，北京软件和信息服务业发展指数也有显著提升，由 2020 年的 0.59 提升至 2021 年的 0.84（见图 3）。① 此外，北京市在出行、医疗和政务数字化等方面的发展也在不断加速。相关数据表明，2023 年第一季度至第三季度，全市自动驾驶测试里程、互联网诊疗人次、在线政务服务用户月活数分别增长 56.9%、79.3% 和24.3%。数字基础设施建设持续推进，新基建投资同比增长 4.8%。此外，5G 在网用户普及率和千兆宽带家庭普及率分别提高了 22% 和11.7%，城市人均算力增长 37.5%，② 从以上数据可以看出，北京在数字化转型方面取得了显著进展。

---

① 赵月姣、路明：《北京软件和信息服务业发展研究》，载李孟刚、贾晓俊等《北京产业发展报告（2023）》，北京：社会科学文献出版社，2023。

② 《北京建设全球数字经济标杆城市取得积极成效》，https://tjj.beijing.gov.cn/zxfbu/202312/t20231228_3517087.html，2023 年 12 月 28 日。

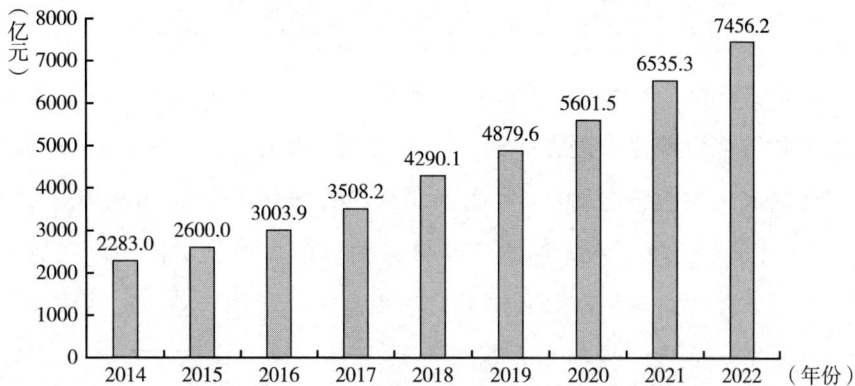

图2 2014~2022年北京软件和信息服务业产值

数据来源：《北京统计年鉴（2023）》。

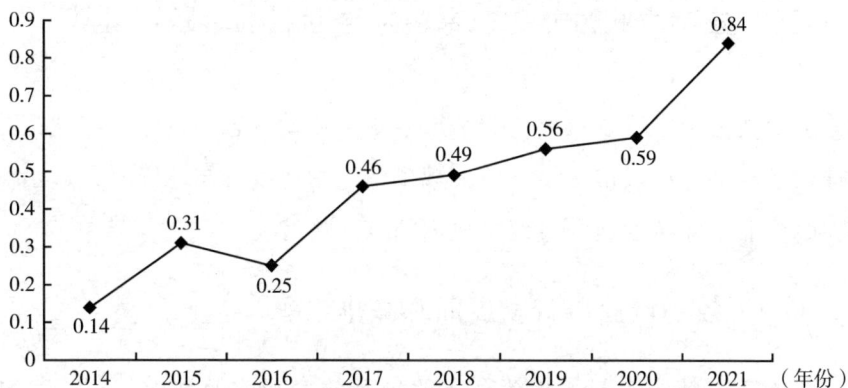

图3 2014~2021年北京软件和信息服务业发展指数

（三）数字产业在各个领域应用日益广泛

由上面的论述可以看出，北京在数字产业发展中领先全国。不仅如此，其数字化产品及解决方案还广泛地应用于能源、环保、智慧城市等领域。首先，在国家政务服务领域，北京运用全球最大的智能模型"悟道2.0"系统和全球最大的中文单体模型"百度文心"，成功应对政务数据公开带来的海量数据调用，有效节省了人力物力。在"智慧城市大脑"建设方面，2023 年 1 月召开的"2023 智慧中国年会"上，在105 个城市开展的智慧城市发展水平评估中北京位居全国第一，在数字发展力和城市智慧化渗透方面成效尤为突出。此外，北京还积极推动智能交通领域发展。截至 2023 年底，北京已开放自动驾驶测试道路 323条 1143 公里，部署了八大场景 739 台自动驾驶车辆测试使用。在城市运营管理方面，北斗精准服务网的应用提高了全市燃气管网运营质量和精细化水平。值得一提的是，2022 年北京冬奥会上，数字技术与节能环保技术的完美结合，为全世界呈现出一份从场馆建设到赛事运营管理等各方面均表现卓越的绿色奥运答卷。

三 数字产业赋能北京绿色发展面临的难题及挑战

从上述讨论中可以看出，北京市数字产业发展态势良好，特别是在全球数字经济标杆城市建设方面展现出惊人的速度。与此同时，数字产业在赋能北京绿色发展的过程中也面临以下挑战。

（一）数字产业自身发展面临减排难题

尽管数字技术提高了传统行业的生产效率和能源利用效率，推动了产业的绿色转型，但数据中心等新一代通信技术的数字设施本身的能耗极高。仅 2021 年全国各地区数据中心二氧化碳排放量就接近1.35 亿吨，按照《"十四五"信息通信行业发展规划》，相较于 2020年，2025 年全国数据中心算力将增长 3.3 倍。中国信息通信研究院测算，以这样的增速到 2030 年数据中心将成为我国经济体系中最大的碳排放源。同时，算力的大幅增长意味着能耗的相应增长，尤其在我国当前煤电比例较高的背景下，电力消耗的增长将直接导致碳排放的增加。此外，全国各地正竞相建设数据中心，统一规划尚需加强。数字基础设施的重复建设可能导致能耗效率降低，引发算力配置分散、数据流通受阻等问题，对我国数字产业的健康发展造成一定制约。如果不能有效降低数字产业相关设施的能耗，将对绿色发展造成重大影响。

（二）数字设备更换及处理易引发环境问题

随着数字技术的快速迭代和广泛应用，数字设备的更新换代速度也在不断加快。联合国发布的《2020年全球电子废弃物监测》报告预测，到2030年，全球电子废弃物将达到7400万吨。近年来，我国数字设备更新迭代的速度明显加快，但电子废弃物的回收循环产业链尚未形成。大量的废弃电子垃圾将为我国环境带来潜在威胁。同时，电子垃圾处理本身也属于高能耗和高污染的行业。面对如此庞大的电子垃圾回收需求，如果处理不当，将引发严重的环境问题。

四 运用数字产业赋能北京绿色发展对策

作为全国首个实施减量发展的超大城市，北京现阶段已经实现了从"北京发展"向"首都发展"的重要转变。为了继续发挥北京在数字产业和绿色发展方面的领先优势和示范作用，形成数字化与绿色化的良性循环，本部分提出了以下发展对策。

（一）降低数字产业全链条能耗，引领北京数字产业持续低碳发展

首先，优化数据中心设计。数据中心是数字产业的基础设施，也是能源消耗最大的部分。使用更高效的服务器、采用冷热通道隔离技术和自然冷却技术可以降低数据中心的能耗和碳排放。同时，在建设大型数字基础设施时，充分考虑区域资源与要素的比较优势，避免重复建设和

闲置。其次，提高数字产业关键领域的技术创新能力，推广绿色计算。使用更高效的算法，优化计算流程，使用节能的计算设备降低计算过程中的能耗和碳排放。再次，建立完善的数字产业废弃物循环利用体系。推动产业链上下游合作，降低电子废弃物处理的能耗与污染。最后，加强数字技术应用。运用数字技术提高资源利用效率，使用物联网技术对能源消耗进行监测和管理，使用人工智能技术优化能源消耗，降低制造与运行能耗。

（二）加快数字产业与各领域深度融合，构建数据驱动高质量发展模式

发挥北京在数字经济和数字产业方面的领先优势，结合全球数字经济标杆城市的建设工作，全面激发数据资源要素的潜力，促进数字产业与制造业、服务业、农业等领域的深度融合，推动数字经济和实体经济的全方位、全周期、全阶段融合。通过数字化生产线、智能制造、数字化供应链、数字化产品设计等，推动数字产业与制造业的深度融合。通过政策引导、搭建平台、加强技术创新、加强国际合作等方式推动数字产业与金融、文化等领域的融合发展。同时，培育数据驱动的未来产业，实现数字技术在各领域的全覆盖，进一步实现经济和社会各个领域的节能减排增效。

（三）推动前沿数字技术产业化，助力北京经济社会全方位绿色低碳发展

结合人工智能等数字技术，完善首都环境智能监测和预警系统，实时收集数据，通过数字传感器、遥感技术和大数据分析监测北京空气质量、水质、土壤污染等环境指标，提前预警环境问题，从而采取相应的措施。运用物联网、数字孪生等数字技术持续推进北京智慧城市建设，通过智能交通管理、智能供水系统和智能能源管理提高资源利用效率。

运用在线课程、应用程序和虚拟现实体验等数字技术加强数字化环境教育，通过数字平台提高公众关于环境保护重要性的相关认知，帮助人们更好地理解环境问题，激发环保意识，引导公众在日常生活中贯彻绿色发展理念。

（四）深入落实京津冀产业协同发展，打造京津冀数字化转型先行示范区

结合京津冀区域协同发展的相关工作，依据相关政策，实现资源共享、业务协同和优势互补。三地大数据中心应建立长期战略合作伙伴关系，在制度创新、数据资源共享、跨省通办、算力资源优化、技术创新、基础研究、数据安全和交流平台搭建等方面深入合作。围绕京津冀工业互联网协同发展示范区建设，加强工业互联网平台和基础设施建设。深化京津冀三地交流合作，促进产业数字化转型。引导和鼓励更多企业将业务落地京津冀地区，助力京津冀实现产业协同高质量发展。

密云区推动绿色高质量发展的
经验启示及对策建议

何仁伟*

摘　要：以生态文明建设推动绿色高质量发展是新发展阶段面临的
重大历史课题。作为首都重要的水源保护地和生态涵养区，密云区肩负
着保障首都饮水安全和筑牢生态屏障的重要责任。本报告分析了密云区
绿色高质量发展的主要做法，得到以下三点经验启示。立足功能定位，
扬长避短、因地制宜地选择发展路径；坚持党建引领，重视改革和创
新；构建政策机制，推动"两山"转化。并从完善生态补偿政策、谋
划好生态产业发展、创建推进生态特区建设等方面提出深入绿色高质量
发展的对策建议。

关键词：密云水库　生态文明　"两山"转化　绿色高质量发展

随着我国对社会经济发展规律认知的不断深化，基于对资源环境国
情和新时代高质量发展的深入研判，党中央对生态文明建设作出一系列
的战略部署。党的十八大将生态文明建设提升至前所未有的高度，并将
其与经济建设、社会建设、文化建设、政治建设等一同纳入国家"五

＊　何仁伟，博士，北京市社会科学院市情研究所研究员。

位一体"总体布局。为贯彻落实十八大关于生态文明建设的部署，2015 年 5 月，中共中央、国务院印发《关于加快推进生态文明建设的意见》，对提高发展质量和效益，推动利用方式根本转变，切实改善生态环境质量，健全生态文明制度体系等内容进行了顶层设计。党的十九大进一步指出，建设人与自然和谐共生的现代化，必须树立和践行绿水青山就是金山银山的理念，并提出了"加快生态文明体制改革，建设美丽中国"的战略要求，系统阐述了加快生态文明体制改革、推进绿色发展、建设美丽中国的战略部署。在党的二十大报告中，习近平总书记进一步指出，尊重自然、顺应自然、保护自然，是全面建设社会主义现代化国家的内在要求。人与自然和谐共生是中国式现代化的重要特征之一，必须牢固树立和践行绿水青山就是金山银山的理念，推动生态文明建设与高质量发展"齐步走"。

当前我国生态文明建设仍面临着两大难题，一是随着城镇化和工业化的推进，资源环境对社会经济的约束不断增强，这一问题在经济密度较高的城镇地区更加突出，一些大都市的资源环境承载能力已接近红线。二是绿水青山向金山银山转化的机制缺乏，生态资源价值实现比较困难，社会经济绿色转型缓慢。"人与自然和谐共生"是中国式现代化的重要特征和重要底色，它构成并巩固了中国式现代化的发展基础。在中国式现代化建设的背景下，推进区域高质量发展应立足于资源环境禀赋，站在人与自然和谐共生的高度进行全局性谋划，构建人与自然和谐共生的现代化格局。随着中国特色社会主义迈进新时代，人民群众对美好环境充满强烈期盼，对优质生态产品的需求日益增长。在新的历史起点上，以生态文明建设推动区域绿色高质量发展是新发展阶段必须直面的重大历史课题。

作为首都重要的水源保护地和生态涵养区，密云区肩负着保障首都饮水安全和筑牢生态屏障的重要政治责任。2020 年 8 月 30 日，在密云水库建成 60 周年之际，习近平总书记专门给建设和守护密云水库的乡亲们回信，作出了"再接再厉、善作善成，继续守护好密云水库，为建设美丽北京作出新的贡献""坚持生态优先、绿色发展，加强生态涵养区建设，健全生态补偿机制，共同守护好祖国的绿水青山"等重要指示，为密云发展指明了方向，提供了根本遵循。近年来，密云区立足功能定位，将保水保生态作为强区之本、发展之基，始终坚持"保水、保山、守规、兴城"，赓续生态先行的发展理念，坚定不移走生态优先绿色高质量发展之路，努力打造"两山"理论示范区，为绿色高质量发展提供了有益的经验借鉴。

一 密云区生态文明建设的主要做法

（一）保水保生态，坚定不移守护好绿水青山

密云区深入贯彻习近平生态文明思想和总书记重要回信精神，始终将保水保生态作为首要责任、光荣使命，坚持生态优先、绿色发展，全力推进生态文明建设，形成了有益探索和生动实践。

一是持续发力守好一湖碧水。密云区始终把守护好首都的生命之水作为头等大事，实施河长、林长、田长"三长"联动保水，深化上游保水、护林保水、库区保水、依法保水、政策保水和全民保水、科技保水"5+2"的保水机制，加强护水、护河、护山、护林、护地、护环境"六护"巡查，开展禁种、禁养、禁牧、禁采、禁游、禁建、禁经营的"七禁"保水措施，全力保障密云水库绝对安全。持续深化密云水库流域京冀"两市三区五县"共同保护行动，实施最严格的水环境跨界断面考核，地表水考核断面达标率为100%。密云水库水质水量达到了历史上最好的水平，水质保持国家地表水Ⅱ类标准以上，水量常年保持在30亿立方米左右，水资源战略储备能力始终保持在最佳状态。

二是多方联动守住一方青绿。统筹推动"山水林田湖草沙"系统

治理，在全市率先完成新一轮百万亩造林任务，实施国土绿化、地灾治理、美丽岸线、天鹅湖湿地等生态工程，全区面积 2229 平方公里，森林覆盖率达到 70.13%，林木绿化率为 75.3%，森林蓄积量全市最多，水质水量全市最好，湿地面积全市最大，空气质量全市最优，优良天气全市最多，生态服务价值全市最高。持续深化污染防治攻坚战，打赢蓝天保卫战，2022 年，密云区 PM2.5 平均浓度达 26 微克/米³，创了有监测记录以来最好水平。

三是拥抱自然守护一片生机。清新的空气、清澈的水流、青绿的群山、清朗的环境，孕育了密云丰富独特的生物多样性。近年来，先后发现了无喙兰、铁木种群、尖帽草等珍稀濒危植物，区域内现有野生植物 1117 种，其中，国家级、市级珍稀野生植物达到 79 种，野生鸟类 406 种。蓝天白云、绿水青山、百鸟齐翔、百花竞放，成为首都亮丽的风景线，成为人与自然和谐共生的美丽画卷，绘就了"新时代富春山居图"。强化生物多样性保护，全区国家级、市级珍稀野生动植物达 287 种，建成全市首个古柏公园。在建设古柏公园过程中，为了保护好全北京乃至整个京津冀地区最古老的"树王"——具有 3500 年树龄的新城子"九搂十八杈"古柏，古树周边的道路整体向东移了将近 20 米。建设生态公园，把生长空间"还给"古树，让古树焕发生机活力，"为一棵树，挪一条路，只为保护三千五百年绿色活化石"。

经过不懈努力，密云水库实现了水量和水质"双提升"，蓄水量持续稳定在 30 亿立方米左右，水质保持国家地表水 II 类标准。水库靓丽的"颜值"令人心旷神怡，密云水库已入选生态环境部"美丽河湖"优秀案例，被水利部评为"人民治水·百年功绩"治水工程项目，为全国饮用水源地保护起到了示范引领作用。

（二）依托资源禀赋，打通"两山"转化通道

密云区深入领会习近平总书记关于"绿水青山既是自然财富、生

态财富，又是社会财富、经济财富"等重要论述的丰富内涵，立足生态资源禀赋，积极探索"两山理论"转化的机制和路径，培育壮大生命健康产业，加快构建"四条特色文化旅游休闲发展带"，努力把绿水青山蕴含的生态产品价值转化为金山银山。

1. 探索"两山"转化机制

一是创新管理体制机制。创新多部门协同治理，强化流域管控与执法监督。制定全市首个《环境保护禁止令实施办法》，强化"河长+警长+检察长+法院院长"协同机制。全区63条河流、23座水库及小微水体全部纳入河长制管理，不断完善河长制体系，强化"河长+警长+检察长+法院院长"协同机制，并全面完成水库上游77条生态清洁小流域建设。密云区深化综合执法体制改革，通过市政府授权的方式，变"九龙治水"为"一龙护水"。2022年，密云区成立了密云水库综合执法大队，率先在全国实现特定区域综合性执法。

二是创新生态管护公益性岗位机制。通过组建网格保水员队伍，设立公益性岗位，促进农民保水就业增收。按照方便管理、无缝对接的原则，将密云水库一级保护区区域范围及潮河白河上游主河道划分为160个网格，其中一级区120个网格，河道40个网格。对密云水库一级保护区区管范围及潮河白河上游河道实施"定格、定人、定责、定章、定效"的网格化管理，明确网格、责任主体、管护人员、工作职责，建立完善的保水委考核、第三方机构监管、社会监督等监督考核机制，统筹山水林田湖草，实现全天候、全覆盖、精细化管护，确保大地覆绿、清水下山、净水入库，同时促进农民保水就业，增加农民收入。

三是制定完善生态补偿机制。为保护好密云水库这座"金山银山"，全流域应共同努力，协同推进水库生态安全保障，不断优化纵横相结合的综合补偿制度。密云水库流域总面积为15788平方公里，其中，北京占22%，主要涉及密云区、怀柔区和延庆区三区；河北占78%，主要涉及张家口和承德两市五县。北京牵头上游流域"两市三区"组成"保水共同体",建立了全市最严的水环境跨界断面考核补偿机制,推动联建联防联治。纵向补偿机制方面,促进北京市内生态受益地区与保护地区利益共享。印发了《北京市水生态区域补偿暂行办法》,按照"浓度控制、总量缴纳"方式核算,当河流入库断面总氮浓度超过考核目标值时,该入库断面应缴纳补偿金。在生态保护补偿机制方面,巩固跨省市流域上下游横向生态保护补偿成果。京冀两地签署了密云水库上游潮白河流域水源涵养区横向生态保护补偿协议,双方将按照水量核心、水质底线的原则,进一步建立健全符合北方少水地区的生态补偿机制,积极探索共同建设京津冀协同发展密云水库流域生态文明先行示范区。

四是创新绿色高质量发展的机制。密云区委区政府高度重视绿色高质量发展,在北京市率先成立推动绿色高质量发展领导小组、工作专班、创新组建"17+2+2"工作组,开启协同高效新模式。明确 100 项重点任务、241 个重点项目、70 条重点政策机制,加强项目动态管理和压茬推进,全领域、全地域、全时域推动密云绿色高质量发展。探索水源地生态环境保护和经济协调发展的绿色发展道路,在全市率先制定《关于密云区建立健全生态产品价值实现机制的实施意见(试行)》,推进国家级生态产品认证试点工作,探索"两山"转化机制,积极探索政府主导、企业和社会多元主体参与、市场化运作的生态产品价值实现路径。制定全市首个《环境保护禁止令实施办法》,探索"活水、盘林、促产、降碳"气候投融资模式,成功入选首批国家气候投融资试点城市。在市级规划层面上,2023 年 4 月北京市委生态文明委印发了《北京市密云水库上游地区空间保护规划(2021 年—2035 年)》,从确保水安全、实施生态共治、推动绿色发展三个方面,明确了不同功能区的范围和重点任务,为落实好水源保护措施、加强绿色发展政策创新、探索建立生态产品价值实现机制提供了指引。

2. 创新"两山"转化路径

统筹推进生态产业化、产业生态化，做好生态与产业融合和业态创新，不断探索"两山"转化路径。为进一步将生态优势转化为产业优势，密云区第十三次党代会确立了加快构建"一条科技创新和生命健康战略发展带、四条特色文化旅游休闲发展带、多个特色乡镇和特色产业"的全域发展格局。一大批生命健康科研机构和企业落地密云，四条特色文化旅游休闲带串联起优势资源，形成点线面相结合的旅游休闲空间，成为"两山"转化的重要引擎。

一是生命健康产业不断壮大。充分发挥绿水青山优势，生命健康要素布局日渐完善。生态马拉松等运动健康品牌独具魅力，密云水库鱼、中华蜂蜜、黄土坎贡梨等生态产品价值不断提升，康养、蜂疗、中医药等主题民宿业态竞相涌现，为发展生命健康产业提供了丰富要素资源。

二是因地制宜，主动作为，积极探索差异化、特色化发展路径。制定了《密云区关于加快推进生命健康产业绿色高质量发展的实施意见》，坚持走绿色路，吃生态饭，打造"1+4+N"生命健康产业发展体系。

"1"是以健康服务业为主导，依托生命健康科学小镇，推动健康服务业带动和促进相关产业发展，搭建全生命周期健康管理服务场景和平台，打造健康服务产业示范地。

"4"是做好"生态+健康"文章，以特色医疗、康复康养、运动健身和健康文旅为支柱，打造"医、养、健、游"一体化发展模式，建立覆盖预防、治疗和康复的全方位健康服务体系。做强特色医疗服务，构建京津冀特色医疗服务新高地；拓展康复康养产业，打造专业康复康养产业集群；丰富运动健身产业，建设包括极限运动、竞技运动、休闲运动三大基地在内的"四季运动场"；提升健康文旅产业，打造特色健康主题民宿集群和森林康养特色基地，打造首都美丽后花园。

"N"是以多个特色关联产业为保障，升级生物医药、康复器械、运动装备等特色产业园，优化医疗器械制造、运动装备制造、健康产品物流等产业，推进业态融合发展。

四条特色文化旅游休闲发展带加快构建。通过"四带"建设，进一步彰显生态密云、文化密云、休闲密云、活力密云，感受"山水田园·画境密云"的无限魅力。

东部京承高速文化旅游休闲发展带，将发挥东部沿线各镇文化旅游资源优势，以京承高速为轴，在两侧布局，发挥古北水镇、日光山谷、邑仕庄园的带动作用，促进旅游产业与文化创意、休闲农业等产业融合，将京承交通带升级为形象带、产业带和旅游带。西部休闲美食和旅游度假发展带将充分发挥云蒙山文化旅游资源优势，打造美食文化、山水文化、红色文化休闲旅游产业。南部时尚运动和体育旅游发展带将大力发展时尚体育、都市田园休闲旅游产业，形成时尚运动、文化休闲、旅游体验产业集群。北部长城文化旅游发展带，着重从"长城文化+"价值体系构建、"生态长城"特色品牌塑造、长城沿线农林文旅教深度融合、"多彩长城"产业链条撬动等方面促进文化和旅游融合发展。

（三）立足功能定位，推动"两山"理论落地生根

密云区立足生态涵养区功能定位，全面贯彻党的二十大精神，深入贯彻习近平生态文明思想，牢记习近平总书记重要回信嘱托，按照市委部署要求，坚持生态优先、绿色发展，全力打造"两山"理论样板区，推动"两山"理论落地生根结果。

一是乡村振兴结硕果。借鉴浙江"千万工程"经验，全力推进"产业设施兴、人才服务兴、文化文明兴、生态环境兴、组织机制兴"的"五兴乡村"建设，走好密云区特色乡村振兴之路。依托水库鱼、特色蜜、环湖粮、山区果、平原菜和特色西红柿等独具一格的农业资源，挖掘农业的多种功能，打造集农业生产、技术创新、休闲旅游等功

能于一体的特色产业集群。不断完善农村基础设施和公共服务，创新社区和村庄居家养老服务机制。密云区的养老邻里互助点服务模式入选全国农村公共服务建设优秀成果案例。美丽乡村建设取得新成效，242 个美丽乡村顺利通过市级验收。绿色优质名片越来越亮，成功举办"中国农民丰收节""北京长城文化节""鱼王美食文化节""梨花文化节""流苏文化节"等文化活动。聚焦城乡共同富裕，完善联农带农机制，创新实施"组团式帮扶协作"机制，发展壮大村集体经济，提前完成全区集体经济薄弱村"消薄"任务。

二是绿水青山建设结硕果。坚持把生态文明建设作为战略性任务来抓，全力打造美丽的首都后花园和天然大氧吧。密云区生态环境质量指数、生态服务价值、森林蓄积量、空气质量、地表水环境质量、湿地面积等都位居全市之首，并先后获得国家生态文明建设示范区、全国水生态文明城市、"绿水青山就是金山银山"创新实践基地、国家森林城市、中国天然氧吧等荣誉称号，"法治护航生态文明建设"被评为全国法治政府建设优秀案例，"一微克"精细化治理获评中国地理信息产业工程金奖等国字号生态金名片。密云区已成为北京生态文明建设的高地，首都名副其实的美丽后花园和天然氧吧。

三是"国之重器"建设结硕果。凭借舒适宜人的生态环境，密云区主动融入北京国际科技创新中心战略布局，在密云的青山绿水间，铸造"国之重器"。全力规划建设怀柔科学城东区（密云部分）、生命健康科学小镇、中关村密云园和生态商务区，打造科技创新和生命健康战略发展带。怀柔科学城东区（密云部分）把战略定位聚焦在地球系统科学和生命科学两个学科方向，未来将成为顶尖科研机构及大学的集聚区。怀柔科学城东区（密云部分）的地球系统数值模拟装置"寰"，是我国首个以软件为核心的大科学装置，是真正的国之重器，其应用体现在防灾减灾、极端天气预测、应对气候变化、环境治理、生态保护等方面，是实现碳达峰碳中和目标的重要科技支撑。同时，为了给科学家们提供最优美的科学城区、最有品质的"科学家之家",怀柔科学城东区（密云部分）的基础设施和公共服务设施正日渐完善。

四是文旅产业发展结硕果。推动文体旅深度融合,成功地举办了密云生态马拉松,这是全市继北京马拉松外第二个世界田联标牌赛事。在比赛期间还开设了人气火爆的"密马"市集,有美食演出、购物娱乐,让人间烟火气与马拉松激情共同迸发,开创了体育与文旅融合发展的新局面。聚焦特色文化旅游休闲示范区和发展带建设,召开了文旅产业高质量发展大会,推动文旅资源开发利用,相关投资项目落地密云;积极创建"云水之家"特色精品民宿品牌,打造具有浓浓乡情的精品民宿,全区乡村旅游接待游客人次和收入保持生态涵养区前列。结合密云区旅游发展布局,聚焦农村一二三产业融合、农文旅融合,推动乡村产业全链条升级。目前已经发展了农业研学游、亲子游、农耕文化体验游等多种休闲农业业态。坚持"跳出密云"谋发展,面向京津冀、国内外八方游客开发更多特色优质旅游产品,提升接待服务水平。密云区获得了"全国避暑旅游目的地""中国康养旅游城市"等称号。

五是民生福祉建设结硕果。在生态文明建设的同时,密云区始终坚持以人民为中心的发展思想,全力办好民生实事。深化接诉即办工作,有效解决了停车难、房屋建设规划等群众关切的问题。大力创建全国文明城区,整治提升街面环境3万多处,在一个月时间内解决了困扰三十多年的兴盛北路环境问题,创造了"兴盛速度"。加强住房保障,新刘棚改作为全市首例在集体土地上建设安置房的棚改示范项目,全面完工并实现居民回迁。不断提升公共服务水平,教育工作满意度位居全市前列,入选国家义务教育优质均衡先行创建区;强化基层卫生健康体系建设,深化与北大第一医院和中医药大学等一流院所、院校合作共建,入选全市唯一的国家基层卫生健康综合试验区。老百姓正切实感受着生活的美好,密云区"七有""五性"监测评价居全市前列。

二 密云区绿色高质量发展的经验启示

习近平总书记回信以来，特别是党的二十大召开以来，密云区用实际行动践行彰显人与自然和谐共生的中国式现代化魅力。蓝绿交织、诗情画意的生态空间为"大美密云"塑造了更加靓丽的"外形"，生态优势向发展优势的畅通转化为"生态密云"构筑起越发坚实的"内核"，快马加鞭的民生工程建设为"幸福密云"赋予了愈加深厚的"内涵"。回顾密云区绿色高质量发展之路，以下几点经验值得参考借鉴。

（一）立足功能定位，扬长避短、因地制宜地选择发展路径

人民幸福安康是推动高质量发展的最终目的。首都不同功能区之间发展基础和资源禀赋存在较大的差异。与首都功能核心区的东、西城区相比，密云区在人才、资金、科技、市场等方面均处于劣势。但是密云区立足自身生态资源的优势和生态涵养区功能定位，站在人与自然和谐共生的高度来谋划发展，通过补齐民生短板、增进民生福祉，走出一条特色的绿色高质量发展之路，让密云区人民实实在在感受幸福感和获得感。这与东、西城区通过聚焦高端要素，发展金融、科技、文化等高端产业，从而为人民群众创造美好生活的道路殊途同归。因此，基于自身功能定位和资源禀赋，扬长避短、因地制宜采取具有区域特色的发展模式，是推进全体共同富裕的现代化的重要思路。换言之，不管是经济发达区域还是欠发达区域，只要选对发展路径，均能实现高质量发展。

（二）坚持党建引领，重视改革和创新

密云区坚持把党的建设摆在首位，以高质量党建引领高质量发展。首先要加强特色党建品牌建设，为绿色高质量发展汇聚力量。为持续增强政治功能和组织功能，密云区委打造"密云先锋"特色党建品牌，

创新党员联系群众工作机制，引导广大党员干部融入全区各项事业发展，切实打通基层治理末梢循环，为推进密云绿色高质量发展汇聚了奋斗力量。其次是坚持守正创新，不断拓展绿色发展的路径。多年来，密云区各级政府部门始终坚持已经确定的绿色发展基本思路，做到换届换人不换发展方向，不断探索绿色发展的新模式。尤其是习近平总书记给密云水库的乡亲们回信以来，新一届区领导班子积极争当守好密云水库、打好生态牌、走好绿色高质量发展之路的"三好生"，抓住怀柔科学城这支"神来之笔"，大力发展生态环境产业和生命健康产业，全力打造绿色发展的新引擎，真正做到了既要绿水青山，更要金山银山。

（三）构建政策机制，推动"两山"转化

密云区坚持把完善政策机制作为生态文明建设的前提和保障。首先，构建"绿水青山"的保护机制，夯实两山转化的基础。创新多部门协同治理，制定全市首个《环境保护禁止令实施办法》，强化"河长+警长+检察长+法院院长"协同机制。2022年，密云区成立了密云水库综合执法大队，率先在全国实现特定区域综合性执法。创新生态管护公益性岗位机制，通过组建网格保水员队伍，对密云水库一级保护区区管范围及潮白河上游河道实施"定格、定人、定责、定章、定效"的网格化管理。制定完善生态补偿机制，全流域共同努力，协同推进水库生态安全保障，不断优化纵横相结合的综合补偿制度。其次，统筹推进生态产业化、产业生态化，探索"两山"转化机制。探索水源地生态环境保护和经济协同发展的绿色发展道路，在全市率先制定《关于密云区建立健全生态产品价值实现机制的实施意见（试行）》，推进国家级生态产品认证试点工作，探索"两山"转化机制。为进一步将生态优势转化为产业优势，制定了《密云区关于加快推进生命健康产业绿色高质量发展的实施意见》，坚持走绿色路，吃生态饭，打造"1+4+N"生命健康产业发展体系，探索特色化发展路径。

三 深入推进绿色高质量发展的问题和对策建议

建设具有首善标准的中国式首都现代化，必须站在人与自然和谐共生的高度谋划发展。踏上新时代新征程，发扬密云水库建设守护精神，努力打造"两山"理论样板区，必须正视当前密云绿色发展面临的问题，并提出可行的对策建议。

（一）绿色高质量发展面临的问题

1. 生态保障资金不足

为保护密云水库、保护生态环境，密云区做了大量卓有成效的工作，同时也失去了诸多发展机遇，造成区级财政收入总量较小且增长乏力的态势，密云区正面临前所未有的困难。

水源保护区经济发展受限。目前密云全面启动退耕、禁养、库中岛清理等一系列水源保护工作，关闭、停止、停建一切库滨带旅游项目，库滨带制造业企业、采矿业企业全部退出，产业发展受限，农民增收渠道更加受限。

生态环保资金投入缺口大。不仅要承担水、大气、土壤污染防治等方面的巨大支出，还要负担冬季清洁取暖及后续运维管护、农村污水处理运行维护、供热燃料补贴等环保相关的措施补贴。尤其是密云水库水位将长期保持高水位运行，进一步加大了保水成本，给密云水库周边保水富民带来了新的课题，区级面临的压力巨大。

区级可统筹财力不足。资金的投入与实际需求之间存在着一定的差距，密云区在完善配套基础设施、产业提档升级、各项补贴提标等方面，可统筹财力不足，资金缺口大。

2. 绿色产业规模较小

密云区始终高标准履行保水保生态首要政治责任，实施最严格产业禁限目录制度，为保障首都水源安全和生态安全作出巨大贡献。但产业基础薄弱、群众增收致富缓慢、生态优势转化为发展优势尚未完全破题等难题依然存在。目前密云区绿色产业链较短，产品附加值不高，品牌效应较弱，绿色产业规模较小。

生态产品市场化经营开发政策不明确。《北京市新增产业的禁止和限制目录（2022 年版）》（全市最重要最全面的产业准入负面清单）显示，在生态涵养区制造业（主要指农副食品加工业、食品制造业）是限制类产业，要在市级以上开发区和产业园区开展，生态红线外的本地自产农产品加工项目可以开展。但关于"农产品加工项目"始终没有明确定义，在国民经济行业分类的"C 制造业"中，将关于农产品的制造业分为 3 个小类，即"13 农副产品加工业，14 食品制造业，15 酒、饮料和精致茶制造业"。

生态资源价值转化的机制不健全。2023 年，北京发布了《北京市建立健全生态产品价值实现机制的实施方案》，提出到 2025 年生态产品总值核算和应用体系基本建立，到 2035 年生态产品价值实现机制全面建立，在构建具有中国特色的生态文明建设新模式上作出首都贡献。但生态产品仍面临难度量、难变现、难抵押、难融资、难交易等问题。

3. 创建生态特区较难

对于密云区来讲，密云区创建生态特区是创造性践行习近平生态文明思想、实现高水平绿色崛起的战略之举，通过创建生态特区，开展生态文明领域的系统性变革，大胆探索、先行先试，为创造性践行习近平生态文明思想提供创新样板，为全国生态文明建设提供可复制可推广的经验支撑，将总书记的指示落到实处、作出示范。但是对于创建生态特区，也存在一些难点和问题。

构建保水保生态与富民强区之间的互促关系"难"。建立保水保生态与富民强区之间的协调关系是全国生态地区面临的普遍性难题，更是系统性难题。长期以来，密云持之以恒把保水保生态放在首要政治责任地位，保水保生态取得显著成效，蓄水量刷新历史新高、生态环境北京最优、保水制度具有示范意义，但富民强区却任重道远，经济总量位于全市最后梯队，人均 GDP、人均收入等指标大致仅为北京市平均水平的一半。

从根本上看，密云区在平衡保水保生态和富民强区的关系中存在明显的要素配置、政策配置、空间配置等方面失衡问题。由于密云水库的独特战略地位，国家和北京市都非常关注，在顶层规划、生态管控、转移支付、生态补偿等方面给予较大支持，但密云区也需要通过创建生态特区制度一体设计，系统性解决面临的矛盾和问题。

促进实现绿色高质量发展的短板多。从发展实际看，密云区发挥生态优势实现绿色崛起的高质量发展之路仍面临诸多问题。一方面，高质量发展层次不高。创新型经济业态占比低、创新对经济增长贡献度低，生态优势未转化为经济优势，绿色发展动力待释放，对内对外开放平台少、程度低，居民增收致富后劲不足，生态促进共同富裕路径还不通畅。内生动力不足，缺乏根植性强的产业基础，经济发展韧性不强，抗风险能力弱。另一方面，高质量发展短板多。人地钱等要素短板制约明显，高素质科技人才和现代经营管理人才缺乏，带动性引领性强的战略资本少。政策短板约束效应强，生态保护类政策严格且相对健全，但是适应高质量发展要求的政策供给少。

创建生态特区是史无前例"破冰式"探索。创建国家生态特区是一项极具开创性和探索性的战略任务，无任何先例可以参照，属于"破冰式"的改革创新探索。存在国家没有先例、主导部门不清、工作对接难度大、创建程序不明、创建工作的复杂性和不确定性强等特点，必须采取自下而上和自上而下相结合的方式，推动生态特区创建工作稳妥有序扎实开展。

（二）推进绿色高质量发展的对策建议

1. 完善生态补偿政策

一是完善生态涵养区生态补偿政策体系，在保护生态中促民增收。进一步完善生态涵养区生态补偿政策体系，加大对生态涵养区生态保护的资金投入。针对水源地，特别是密云水库一、二级水源保护区的产业发展和农民就业方面，应在生态补偿制度中予以倾斜。

二是建立转移支付稳定增长机制，提高区级统筹能力。建议综合考虑生态涵养区经济发展、增收水平和履职需要等情况，结合年度财政收入与支出水平的变化趋势，建立北京市级对生态涵养区的转移支付稳定增长机制，适当减少对转移支付资金的使用限制和资金使用审批程序。在明确资金用途和支持范围的情况下，可以由区级根据实际自主统筹安排，用于区域重大、重点、急需的生态文明建设项目支出。

三是推进密云水库水源战略储备横向补偿政策尽快落地。全面推进市域内用水受益区与密云水库水源保护区之间横向生态保护补偿机制落地并及时将补偿资金拨付密云区，以缓解密云区在水源保护、生态环保方面的资金压力。

2. 谋划好生态产业发展

一是市级层面出台绿色产业发展目标清单。出台的细则应明确关于农产品加工项目的定义和具体支持事项，将农副产品加工业、食品制造业、葡萄酒生产全部纳入到本地自产农产品加工项目的支持政策范围内，支持在山区农村开展本地自产农产品加工项目，支持该类项目建设、生产，实现可办理食品生产许可证（SC 认证）。这将极大促进山区农产品走向市场，拉高产品溢价，同步解决当季农产品存储难题，避免浪费大量农产品，促进生态涵养区的产业发展，带动山区农民增收。

二是发掘生态资源多元功能，做大做强绿色产业。应充分依托绿水青山的优势，将生态资源转化为经济发展的动力，推动生态产品价值实现。一方面，立足"绿水青山"的资源环境优势来深化改革创新，积极打造生态产品区域公用品牌，促进产业良性发展。另一方面，延长生态产品价值实现的产业链条，进一步拓展生态产品开发的深度和广度，促进生态产业形态多元化。进一步统筹推进生命健康产业发展，制定产业发展规划和专项支持政策，吸引更多企业和项目落地，逐步形成产业集聚效应和规模效应。进一步做强做精特色农业产业，以产业振兴带动乡村全面振兴，真正让农业经营有效益，并成为有奔头的产业，让农民增收致富、成为有吸引力的职业，让农村留得住人，成为安居乐业的美丽家园。

三是开展生态产品价值核算，推动生态产品市场化经营开发，解决生态产品难度量、难变现等问题。拓宽"绿水青山就是金山银山"转化通道，必须以生态产品价值核算为手段，充分掌握本区"绿色家底"。在生态产品总值（GEP）核算标准制定时，充分考虑密云区生态本底和北京作为超大城市的特征和市情，在生态系统分类、生态产品目录清单、核算模型指标设置、参数选取和价格体系等方面进行本地化研究。通过 GEP 核算准确掌握密云生态资源账目，充分调动生态产品建设者的积极性，合理分配生态产品建设者、投资者和受益者的权益，深化"绿水青山就是金山银山"的首都实践，为首都生态环境领域治理能力的不断提升提供技术支撑。

四是建设"两山银行"，加快生态资源价值转化，解决生态产品难抵押、难融资、难交易等问题。尽快启动密云水库"两山银行"改革试点工作，采用数字化手段对区内生态资源信息进行收储整合，在GEP 核算的基础上，构建生态产品交易市场，破解融资瓶颈，建立"两山"相互转化的准公共服务平台，促进生态资源开发利用、生态产品价值转化、生态资产保值增值。将"两山银行"拓展至生态资源开发利用和产业化的全过程，借助信息化平台进行绿色投资潜力评估分析，从而为企业投资提供决策参考。提升在生态资产开发与交易、生态产品运营与投资、生态产业创收与惠民、生态反哺与生态占补平衡等全流程服务能力，探索多元广泛的生态产品价值转化路径，打造"生态+"产业融合发展格局，构建人与自然和谐共生的生命共同体。

3.创建推进生态特区建设

密云区创建生态特区，得到了政府的支持、指导和推动，除了相关政策的支持，更需要从市级层面建立机制切实推动。首先要建立生态特区高规格统筹领导体制机制，将密云区生态特区建设纳入京津冀协同发展重大任务以及非首都功能疏解重点项目，协调推动密云生态特区建设上升为国家综合改革试点。其次要支持生态特区先行先试系统集成改革，加大重大项目、重大平台、关键要素和重点政策的倾斜支持，在生态特区创建过程中遇到的重大问题和重大事项及时向政府请示报告。具体来说，主要包括五个方面。

一是打造具有全球影响力的"生态中关村"。抢抓新一轮非首都功能疏解战略机遇，突出独特生态优势，争取国家和北京市支持密云区设立以生态科技为特色的非首都功能特色承载地，积极承接中心城区生态类科研院所、企事业单位、生态产业等疏解，赋予中关村科技政策支持，打造成为全球生态科技研发策源地、生态科技成果孵化转化基地、生态科技应用场景示范地和生态文明展示交流高地，建设成为具有全球影响力的"生态中关村"。

二是建设国家生态文明价值实现机制试点。加大对密云生态保护成本补偿和财政转移支付力度，建立京津冀地区对密云水库生态涵养区的生态产品优先购买机制，探索绿化增量、清水增量、森林覆盖率、碳排放权、排污权、水权等资源权益交易，建设国家"双碳"改革试验区，探索绿水青山转化为金山银山的政策制度体系。

三是开展多种形式"飞地经济"先行试验。坚持优势互补、资源共享、互助合作，全面推进生态保护地区与生态受益地区之间的多样化协作，研究推进北部库区与南部城区之间、密云供水区与中心城受水区之间开展"飞地经济"协作，探索异地投资、合作共建等方式，在朝阳、海淀等中心城区设立"密云经济飞地"，发展"产业飞地""科创飞地""消费飞地""贸易飞地"等多种形式的"飞地经济"模式，加快开辟支撑密云区绿色高质量发展的新空间。

四是争取国家重大功能平台优先布局。争取国家重大功能平台在密云区布局，建立国家鼓励央属国资国企、市属国资国企支持密云区发展新机制，申请设立中国（北京）自由贸易试验区密云拓展区或联动创新区，加快建设中关村国家自主创新示范区密云片区，新设中国国际生态文明博览会、首都（国家）生态文明博物馆、国家生态产品交易中心等重大标志性生态开放平台，全面推进生态特区的制度性开放，构建以生态经济为特色的现代化高水平经济体制。

五是建立特殊的生态保护和发展体制。建立高规格的生态特区领导管理机构，统筹生态特区建设、管理、运行和保障重大工作，协调推进跨地区、跨部门、跨行业衔接问题，推动形成生态特区建设的强大合力。推动库区及上游地区行政管理体制改革，整合乡镇行政管理资源，创新性采取"大部制+扁平化"组织架构，统筹生态资源要素和生态产业发展，推动库区及上游地区形成大保护和高质量发展的强大组织保障。

参考文献

燕连福、赵莹：《中国式现代化蕴含生态观的丰富内涵、理论贡献及实践路径》，《自然辩证法通讯》2024年第2期。

叶有华、肖冰、冯宏娟等：《乡村振兴视域下的生态产品价值实现模式路径研究》，《生态环境学报》2022年第2期。

任宇婷：《"两山"理论视域下青海生态资源的时代价值研究》，硕士学位论文，青海大学，2023。

京津冀碳补偿框架设计与机制研究

陈　楠[*]

摘　要： 碳补偿是生态补偿的重要组成部分，对构建环境权益交易市场有促进作用。本文梳理了京津冀碳补偿的现状，从碳配额发放、命令控制型碳补偿、市场型碳补偿、多元碳补偿的角度构建了区域碳补偿的框架，提出了细化区域纵横结合的碳补偿制度，积极融入碳市场，强化协同政策、拓展协同领域、增强协同效能的机制。本报告提出，建立试点，增强帮扶合作；加大数智化建设，助力多元碳补偿方案实现；加强经济安全性和环境权益的融合性评价。

关键词： 京津冀　碳补偿　生态补偿　环境收益交易市场

《2024 年政府工作报告》提出，完善生态产品价值实现机制，健全生态保护补偿制度。碳补偿是生态补偿的一个特殊部分，可以作为行政手段对碳汇和减少碳排放的主体或生态保护者给予一定补偿，又可以与全国碳市场互补衔接、互联互通，是一种综合性的政策创新，属于环境权益交易市场中的重要组成部分。当前，碳排放权、用能权、排污权等存在交叉，边界区分不清，对于市场机制和非市场机制

---

* 陈楠，博士，北京市社会科学院经济研究所副研究员。

的关系论证不足，导致诸如碳补偿一类的减排方式在具体操作上存在障碍。

京津冀是我国区域高质量发展的重要一极，经过十年的协同发展，生态环境保护取得了令人瞩目的成绩，也积累了丰富经验。北京开创了很多先行先试的典范，通州区获批建设国家绿色发展示范区，北京绿交所正式启动了全国温室气体自愿减排交易市场，有条件探索碳补偿的框架与机制，率先在京津冀区域内进行试验，为全国范围的碳补偿工作提供借鉴。

一 京津冀碳补偿现状

京津冀三地的碳补偿通过多年的实践探索，取得了一定进展。主要围绕以下方面展开。

一是基于命令型碳补偿方案。三地各自制定了碳排放奖惩机制或设立碳补偿基金来减少碳排放。北京制定了针对零碳排放的奖惩政策，对采用低碳技术或新能源的规模以上工业企业或园区给予奖励，对提供相关低碳服务的第三方机构给予奖励，对老旧厂房、园区进行节能改造给予固定资产补助，对分布式发电等新能源应用项目给予配套补贴。天津、河北也制定了一系列具体政策，明确了补偿的目标、原则，对企业、个人提供资金和税收优惠。

二是基于碳汇项目的补偿。三地通过生态补偿，如植树造林、湿地保护等增加碳汇能力的途径实施补偿。如北京发布了《北京城市副中心（通州区）林业碳汇试点建设三年行动方案（2023-2025年）》，开展固碳增汇经营技术及模式研究、建立万亩碳汇减排示范区并评估其效果，研发城市绿地增汇方法学并逐步推广，全力打造全国碳汇的示范性标杆。天津港为了减少碳排放购买林业碳汇实现补偿；为了实现生态价值的转化，出台《关于推进绿色生态屏障维护运营的工作方案》，选定森林公园、绿色街区等作为试点，获得了可观的经营性收入。河北对破坏林地的企业进行惩罚，需要购买森林固碳产品以补偿对生态造成的损害。

三是积极发挥碳市场和碳金融的作用。北京是全国第一批开展碳市场试点的城市，其碳价在全国 7 个试点城市中最高。天津推动重点企业开展碳交易，纳入配额管理的企业数达到 145 家，并全部完成碳配额清缴工作。北京相较天津和河北，在市场机制的运用上表现更为出色。北京绿交所现已承担全国自愿减排（CCER）项目，下一步将打造面向全球的国家级绿交所、绿色金融和可持续金融中心。北京多年前就以设立绿色基金和发行绿色债券等形式投资清洁能源等项目。近期，北京市联合中国人民银行北京分行、国家金融监督管理总局北京分局等多家机构，印发了《北京市碳资产质押融资试点方案》，该方案在全国属于创新举措。方案对碳资产的定义进行了拓展，明确了可质押融资业务碳资产的品种、数量、融资主体、期限等一系列详细指南。在具体落实上联合了碳排放权交易机构和金融机构共同参与，形成信息共享、风险防控和行业监管的新模式，更好发挥金融在促进碳补偿中的作用。

四是跨区域的碳补偿方式逐渐增多。京津冀联合碳补偿的方式主要是以生态补偿的形式为主，如北京推动河北承德周边地区的植树造林增汇项目、北京与张家口市开展的"京张生态水源保护林建设"项目。在此基础上，三地借助碳市场，把项目产生的碳汇在市场进行交易获得额外补偿。三地坚持新发展理念，不断更新补偿的方式，推动区域碳普惠项目的互联互通。三地共同研究编制《低碳出行碳减排量核算技术规范》，把轨道交通、公共汽电车、小微型客车合乘、自行车、步行等纳入核算范畴，制定了统一的核算方法、标准、流程，这在全国率先建立区域性交通碳普惠体系具有较强的现实借鉴意义。

二 京津冀碳补偿的框架设计

目前为止，碳补偿没有明确的官方定义，根据以往研究发现，碳补偿至少与碳配额发放、碳交易、林权交易、生态补偿有交叉重叠。如果不明确碳补偿的内涵及边界范围，会导致在实际操作过程中出现环境效益重复计算，即"洗绿"的风险。本报告认为，碳补偿的内涵至少包括四个层面。一是总量控制的碳配额发放。二是以政府为主导的纵向补偿、横向补偿、分类补偿、逆向碳补偿。三是与碳市场相衔接，明确碳补偿与温室气体自愿减排机制的边界和功能，明确各类补偿主客体，发挥市场有效途径。四是探索多元化的碳补偿，将经济社会活动嵌入碳减排过程，以达到碳排放的有效管控和合理补偿。

（一）碳配额发放

碳配额的发放实际蕴含着碳补偿的内涵，例如，在一定时期内对能源保供地区放松碳配额，相当于对该地区实施了一定的政策倾斜，间接给予了碳补偿；而对某些地区收紧碳配额，则意味着该地区有进一步减碳的潜力，倒逼地区的绿色低碳转型。

碳配额的发放要严格执行总量控制下的分配，注重效率与公平的结合，初始配额总量设定可遵循"自上而下为主，自下而上为辅"的基本原则，构建"国家—区域—产业—企业"的分配框架。在"国家—区域"的碳配额分配中，因我国已经明确指出截至 2030 年碳排放下降率比 2005 年下降 65% 以上，因此可以测算得到 2030 年全国的碳排放总量目标，再根据各省的经济发展水平、资源禀赋能力、技术进步、产业结构、人口规模等一系列综合因素，得出各省基本可获得的碳排放总量。因各省能耗和碳排放的相关基础数据在中央一级掌握还不够全面和精准，仍需要配合"自下而上"的数据上报予以校准。

京津冀是我国经济社会发展和能耗排放的重点区域，为了实现更好的协同，可以率先突破以各省为单位的碳排放总量设定，在京津冀协同发展领导小组下面增设绿色低碳管理机构（以下简称京津冀协同办），由区域一级统一总量控制，并对各省（市）制定下一级的碳排放总量配额。

"区域—产业"的分配相对"国家—区域"的分配更加困难，因为各地产业类型复杂，特别是在制定不同省（市）分配标准和方法上可能会增加制度成本。截至目前，各省已经制定了纳入行业核算的企业门槛，进行了行业碳排放数据测算，这为行业后续的碳配额分配提供了基础。全国已把电力行业纳入配额交易，北京是碳交易的最先试点地区，未来可以率先探索在其他行业的碳配额分配方式，并优先推广到京津冀地区试行。

其他特殊区域的碳配额分配。主体功能区的限制开发区、禁止开发区是重要的生态资源承载地，这些地区碳配额不能采取传统方式，其建设发展更需要碳补偿进行辅助。京津冀涉及的这些区域，在生产生活必需的碳排放总量和生态容量测算基础上，可尝试优化开发区和重点开发区向限制开发区和禁止开发区购买碳配额，实现碳价值的转化。

（二）命令控制型的碳补偿

政府是推进碳补偿的主要力量，随着理论和实践的探索，基本可以围绕纵向补偿、横向补偿、分类补偿、逆向补偿等方式进行。

明晰纵向碳补偿的重点，细化补偿方式。一是对山区、生态涵养区的生态公益林碳汇项目进行补偿，动态评估影响碳汇增长能力与经济发展水平的因素，调整补偿标准。二是对环京津贫困带加大补偿力度，这些地区是京津的天然生态屏障，但生态脆弱，并伴随着返贫的风险，要对这些地区建设绿色低碳公共基础设施、提升公共服务均等化的项目和活动提供补偿，缩小区域差距。三是对新质生产力提供支持。新质生产力也是绿色生产力，对于传统产业的低碳化改造升级和节能减排中出现的资金短缺现象，需要统筹评估不同企业规模和减碳成效，以及未来带动辐射效果，制定专项的碳补偿基金或补偿方式，不断增强发展内生动力。

健全跨区域横向碳补偿，实施差异化的转移支付。在京津冀各城市之间，以及城市内部各区之间，以碳排放收支平衡为依据，由高碳排放地区向碳汇地区给予补偿。

构建基于产业链、供应链减排的碳补偿。根据产业梯度转移，或产业链上下游高能耗产业对低碳产业实施补偿；出台低碳采购政策，对绿色供应链的产品和服务提供额外补偿或优先采购。

开展不同土地利用方式的分类碳补偿。一是严守耕地保护红线，严防耕地利用不当和化肥使用过量引起的碳排放，对持续实施低碳导向的农业生态治理提供必要支持。二是提高用地准入的碳门槛。测算不同用地方式的碳收支情况，通过减少土地出让金或碳税等手段鼓励低排放用地使用；对高碳用地的开发商征收碳税并用于补偿生态地区。

探索逆向补偿。对生态功能区重点保护和限制开发的区域，发现有破坏生态环境的企业和造成额外碳排放的企业要给予一定惩罚，或对环境负外部性没有内部化的企业可减少补偿的金额，缩小补偿范围。

（三）市场型的碳补偿

碳补偿融入碳市场，最有可能与CCER交叉，形成重复开发重复计算。CCER支持林业碳汇、可再生能源、甲烷减排、节能减排等项目发展，在机制运行中，最需要注意的是项目参与的唯一性与额外性。据《温室气体自愿减排交易管理办法》，唯一性指项目未参与其他减排交易机制；额外性强调项目成本高，除了参与碳补偿项目可以获得经济收益外，在其他活动中无经济优势，技术减排的额外性指项目的温室气体排放量低于基准线排放量。

在制度设计成本、执行成本最低的前提下，使碳补偿的市场化机制与碳市场衔接是最优方式，但要与 CCER 有所区别。首先，碳补偿主要聚焦在 CO_2 的减排上，暂不涉及其他温室气体；涉及的领域包括能源、制造业、林业、农业、交通、建筑、物流、金融以及其他节能减排相关活动。其次，CCER 是温室气体的一种抵消机制，购买主体本身可能具有碳排放增加的可能性，需要购买配额来抵消，因此配额比例控制在 5% 之内；而碳补偿本身就属于减碳行为。再次，以林业碳汇、新能源作为最先突破口进行试点，二者未必严格遵循唯一性和额外性要求。在林业碳汇和新能源的个别项目中，与能够提供同等产品和服务的其他替代方案相比，财务、技术除了 CCER 以外没有更好的方案选择，其余项目均可以参与碳补偿的市场行为。林业碳汇主要针对产权明晰的造林增汇项目。新能源优先发电项目，如北京正在率先建立的绿电消纳碳补偿机制，将额外购买消费的绿电排放量计算为零。因新能源发电本身具有经济性，开发不像 CCER 有较高风险，绿电也可以无偿使用，所以有可能存在大量企业购买绿电来抵消自身碳排放的情况，造成全社会的碳排放不减反增的现象。为避免这种极端情况出现，需要对市场上可以购买的配额比例进行限制。

（四）多元碳补偿

加快碳金融工具的使用。以碳基金、碳债券、碳信贷等为基础，不断创新碳金融产品，建立并完善金融激励手段，满足市场化、多样化需求，为投资者提供更多选择，引导更多的资金投向清洁能源开发、节能降耗等环保项目。

碳普惠是对企业、社区、个人的减碳行为进行鼓励的一种机制，可以将低碳出行、低碳购物、购买绿色低碳商品以及植树造林等节能行为赋予价值量化，按照一定比例折算成"碳币"，然后兑换相关的服务。这种机制属于正向的碳补偿。目前，交通碳普惠更成熟，可以优先纳入碳补偿的市场化试点，以市场的激励作用优化交通运输结构和人们的低碳出行方式。

低碳地区向高碳地区提供绿色低碳技术支持、人才培养，高碳地区向低碳地区购买低碳产品和服务，不同地区共建园区、对口协作等均属于多元化碳补偿的范畴，可以在跨区域之间或者同一行政区内的不同区和街道之间率先尝试。

三　京津冀碳补偿的机制路径

（一）细化区域纵横结合的碳补偿制度

坚持碳补偿力度与财政能力相匹配的原则，以最小的制度成本促进补偿与被补偿地区利益共享。一是设立碳基金，建立"中央—京津冀协同办—地方"的碳补偿基金管理流通机制。由京津冀协同办制定碳补偿资金具体管理办法，统筹用好中央转移支付资金和三地配套资金，避免重复补偿。因碳补偿的利益主体较多，为减少区域间争议，三地需要明确各自重要的碳汇区、碳源区、生态功能区，特别是跨区域的地界应一并纳入统一管理平台，对于存疑问题，由京津冀协同办统一处理。并加强资金的年度监管。二是加大横向碳补偿的研究力度。在财政资金紧缺的情况下，横向碳补偿相对于纵向碳补偿更具有灵活性和可操作性，更适于点对点之间的直接补偿，可缩短制度的运行成本，提高效率。同时，碳补偿的意义不仅在于让过去碳汇地区接受补偿，碳源地区支付补偿，更重要的是要面向碳中和，缩小地区间的差距，实现共同富裕，让绿色低碳成为最普惠的民生福祉。三是横向碳补偿的标准和方法应遵守科学、易操作原则。碳排放涉及不同地区、不同行业，已有研究的碳补偿方法复杂，不易于实际工作推广，可借鉴比较成熟的流域生态补偿和空气质量横向补偿的方法。比如，地区根据经济社会发展水平划分不同小组，制定相应的补偿标准，归类分别补偿；制定静态与动态相结合的指标，根据碳减排的幅度划定补偿和受偿区域等。

（二）积极融入碳市场

把碳补偿逐步纳入市场化是主流趋势，也是重点建设的方面。一是以北京为核心，在林业碳汇和应对气候变化方面发力并逐步拓展到京津冀。在增汇方面，依托通州国家林业碳汇试点区域，研发增加平原地区森林碳汇的新技术、新模式，在全市有条件的地方增加绿地面积，在林业碳汇形成机理、林木生长模型、森林生态系统服务价值评估等方面加大研究投入力度；在减排方面，促进果树、花卉等产业发展中的节能、节水技术运用，推广生物堆肥、废弃物粉碎还林等农业措施；在应对气候变化方面，加强减缓和适应极端天气的能力，做好生态资源保护工作，并把相关技术和管理模式推广到京津冀。这些都是碳补偿的底层基础工作，只有在量上增加碳汇和减少碳排放，才能进行下一步的碳补偿交易建设。二是建立健全碳补偿交易机制。推动林业产权问题的解决，明晰使用权、经营权等；推动符合条件的林业项目、减碳项目纳入交易市场，每个项目种类需要制定明确的方法学，避免与 CCER 重合；要完善碳补偿项目的认证体系，使碳汇或减少的碳排放量实现可量化、可核查、可交易。交易范围优先考虑天津和河北的碳汇、减排、应对气候变化等碳补偿项目。三是引入绿色金融工具，拓展融资渠道，引导资金用于绿色低碳产业的发展。创新绿色金融产品和服务，提高社会资本参与碳补偿建设的积极性。强化政府、企业与银行等金融机构的对接，发挥金融评估作用，在风险可控、商业可持续的前提下，鼓励银行等金融机构推出碳汇质押融资、优惠贷款、发行绿色债券、低碳保险等业务。以低碳融资促进京津冀生态协同一体化建设，把资金优先用于生态涵养区、环京津贫困带的公共基础设施建设，城乡绿色农业建设、文旅建设；推进科技赋能低碳产业，扶持津冀产业承接工作，促进产业绿色内生动力的释放。

（三）强化协同政策、拓展协同领域，增强协同效能

2023 年中央经济工作会议提出，要增强宏观政策取向一致性。加强财政、货币、就业、产业、区域、科技、环保等政策协调配合，把非经济性政策纳入宏观政策取向一致性评估，强化政策统筹，确保同向发力、形成合力。①

一是加强政策协同的合力。京津冀已出台了很多绿色低碳、促进绿色经济增长、生态补偿等涉及经济、环保、科技、民生等方面的政策规划，要防止政策出现"九龙治水"的局面，加大形成政策合力。碳补偿属于生态补偿的一种特殊类型，又与碳税、碳交易等存在交叉，其具体补偿办法不能另起炉灶，要融入现有制度体系去设计、落实。要使碳补偿由"以政府为主"向着"以市场为主、政府为辅"的方向逐渐转变。既要坚持在碳补偿涉及的具体领域重点发力，又要结合降碳、减污、扩绿、增长整体推进，补齐配套政策，切实增强碳补偿制度的政策效能。

二是深化重点领域协同创新和产业协作。一方面，促进生态价值实现、推进绿色交通、低碳出行、能源开发和节约利用仍然是推动碳补偿建设的重要方面，也是强化京津冀协同的重要领域。基于"谁污染、谁付费，谁保护、谁受益"的原则，通过退耕还林、矿山修复等方式开展跨区域的碳补偿。加强碳标签认证，推广绿色农产品认证，让绿色低碳价值转化为价格优势，间接让农户获得经济收益。积极探索京津冀区域内低碳出行碳减排量核算技术规范的完善，推进公转铁、绿色港口、零碳码头建设，新建一批新型能源站，鼓励新能源车使用，推动区域低碳交通的互通互联。另一方面，围绕"六链五群五廊"产业布局，开展绿色低碳的转型配套。新发布的协同愿景中，电力装备、氢能、工业互联网、新能源和智能网联汽车、京张承绿色算力和绿色能源等大部分产业

---

① 《中央经济工作会议在北京举行 习近平发表重要讲话》，https://www.gov.cn/yaowen/liebiao/202312/content_6919834.htm，2023 年 12 月 12 日。

都与绿色低碳息息相关，需要在这些重点产业中实施行业能效"领跑者"制度，培育绿色产业，创建国家级绿色园区，继续推进用能权、碳排放权的交易试点工作，提升碳汇专项行动，助力工业领域率先达峰。

三是增强碳补偿与社会政策协同，以新一轮消费品以旧换新倡导绿色低碳的消费习惯和生活方式。鼓励汽车、家电等传统消费品以旧换新，推动耐用消费品以旧换新，是低碳循环消费模式建设的重要路径，也是提振经济的一剂良方。明确"谁生产、谁负责，谁使用、谁负责"的责任主体原则，利用和发展基于互联网和移动支付的碳普惠平台，让老百姓的低碳消费行为转化为碳积分，兑换消费券、乘车券等便民服务，再反向促进供给和消费的改革，形成双向互动格局。

四　对策建议

碳补偿属于新事物，需要继续探索实际情况，重在以最低的制度成本构建基本制度框架，方便政府操作和市场衔接，需要保持相关制度设计的必要弹性。

（一）建立试点，增强帮扶合作

碳补偿的具体落实既要借鉴生态补偿的有效经验，又要打破藩篱，在发展的过程中依靠改革创新逐步完善，要树立"先立后破"的行动机制。依托城市副中心建设国家绿色发展示范区的契机，在技术创新、建筑、交通、产业、金融、能源、花园城市建设等方面增设碳补偿的应用场景，成功一项拓展一项。要坚持"结对子"的帮扶工作，加强市内中心城区与生态涵养区的帮扶，推动京津冀内部的共商共建共享。

（二）加大数智化建设，助力多元碳补偿方案实现

碳补偿得以实现的基础是行业、社会活动碳排放数据的获取、监

测、报告、核查、互联互通、补偿方法制定、项目智能化管理及相关制度的建立一整套过程。数智化建设可以将数字化、网络化和智能化进行整合，实现数据资源的开发和共享，加速碳补偿方案的形成和落实。数智化技术可以通过物联网、无人机、遥感卫星等设备收集、分析碳源、碳汇数据的动态变化情况，辅助预测未来碳排放趋势和补偿需求。帮助企业科学规划碳补偿项目，帮助政府制定碳补偿政策，提高碳信息的透明度和监督作用，可以降低企业投资低碳行业的风险，增加公众参与碳补偿的积极性，有利于全社会形成绿色低碳的生产生活方式。

（三）加强经济安全性和环境权益的融合性评价

碳补偿需要在经济安全性和公平性的前提下进行，要正确处理好经济发展与绿色低碳之间的平衡关系，厚植经济增长的绿色底色，又不会出现"冒进"行为。命令控制型的碳补偿需要防止某地过度补偿和另一受偿地形成惯性的路径依赖，特别是在财政吃紧的情况下，各地的财政转移支付更要起到从"输血"向"造血"转变的功能。市场型的碳补偿要有机融合到全国环境权益交易市场建设中。当前，碳排放权、用能权、排污权、绿证、绿电等市场交易都在进行，彼此间还有相互掣肘的情形，要打通全国统一大市场，就需要在碳补偿的设计中考虑整体与局部的关系，促进各种市场机制的协同，并发挥最大效益。

参考文献

赵荣钦：《城市系统碳循环及土地调控研究》，南京：南京大学出版社，2012。
蒋惠琴：《碳排放权初始配额分配研究》，博士学位论文，浙江工业大学，2019。

"双碳"目标下北京球场碳排放
评估及零碳建设研究

侯国华[*]

摘　要： 球场系统碳源、碳汇的核算与分析，不仅是高尔夫产业节能减排政策制定的重要依据，也是高尔夫产业碳达峰碳中和研究的一个新的课题。本报告介绍高尔夫球场碳汇贡献、碳源来源与核算体系，采用类比分析法、因子计算法，评估北京高尔夫球场的碳源及碳汇。从碳源、碳汇均衡角度看，北京高尔夫球场陆地植被生态系统的固碳量吸收了场内绝大部分碳排放，净碳排放量为 -1.42 万吨。建议在 2025 年前率先实现电气化，建设低碳高尔夫球场，恢复球场自来水管道供应，避免额外的碳排放，实现碳达峰目标；在 2030 年前全部使用新能源建设零碳高尔夫球场，实现碳中和目标；2050 年实现历史累计碳中和，建设负碳高尔夫球场。

关键词： 北京球场　净碳排放　零碳　碳汇

一　研究背景

2020 年，习近平总书记提出中国二氧化碳排放力争于 2030 年前

＊ 侯国华，博士，天津商业大学讲师。

达到峰值，努力争取 2060 年前实现碳中和。作为中国首都和双奥之城，北京市的节能减排工作取得积极成效，能源利用效率和碳排放强度保持全国省级地区最优水平，具备能源绿色低碳转型的良好基础和条件，有能力、有责任在全国碳达峰碳中和行动中发挥示范引领作用。目前，北京市行政辖区总面积为 1641000 公顷，2020 年碳排放达峰目标即碳排放峰值约为 1.66 亿吨，人均碳排放量约为 7.2 吨。2020 年，北京万元 GDP 二氧化碳排放量仅为 0.41 吨，单位土地面积二氧化碳排放量为 101.16 吨。北京市已进入碳达峰平台期，现阶段碳强度呈现弱脱钩状态，但在温室气体排放总量与强度仍远高于国际大都市的背景下，北京市要在更短时间内实现碳中和任务，面临着巨大挑战。

高尔夫球场碳核算是实现高尔夫产业"2030 年前碳达峰和 2060 年前碳中和"目标的重要支撑，直接关系高尔夫产业双碳目标的有序推进与碳减排效果。从高尔夫产业发展角度，通过减少碳排放与增加碳吸收实现低碳乃至碳中和是当前高尔夫产业的发展目标，对于低碳高尔夫经济的形成以及高尔夫产业的可持续发展具有重要意义。

全球公认以生态建设为主的绿化是减碳与固碳的主要方式。草坪能够储存碳，管理较好的草坪比不管理的草坪可以储存更多的碳，频繁修剪能增强碳汇。与其它草坪相比，球道和高草区频繁修剪，草屑就地还田可以更快更多地把碳固定在土壤中或生物质中。高尔夫球场草坪管理是所有草坪管理当中最精细的，这使高尔夫球场成为独一无二的碳储存场所。

高尔夫球场的经营管理和球场草地维护会造成碳排放。如果从碳中和的角度来看，球场草坪是天然的碳汇植物，不仅是为了运动的需要，而且也是为了增加碳汇的需要。通过浇水施肥可以让草长得更壮实，根扎得更深，同时有助于增强碳汇，因此，应为球场投入水资源和农药化肥。

高尔夫球场碳核算分为两方面内容，即"碳源"和"碳汇"（见图1）。

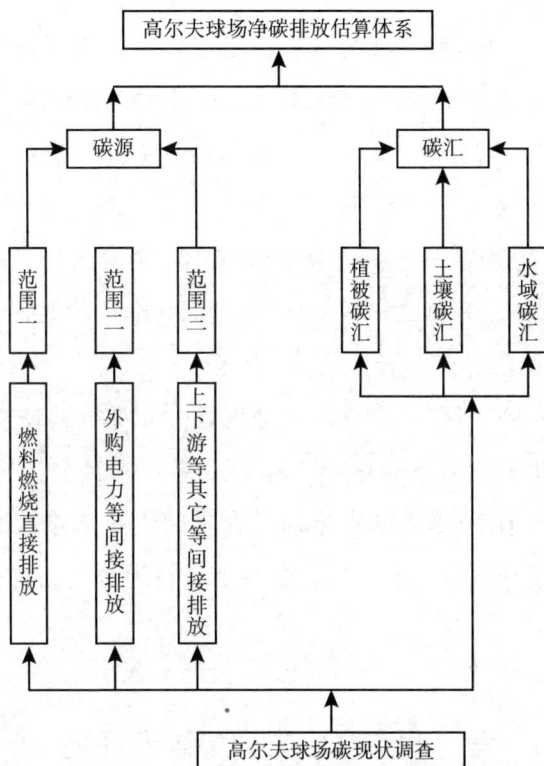

高尔夫球场净碳排放估算体系

碳源　　　　　　　　碳汇

范围一　范围二　范围三　　　植被碳汇　土壤碳汇　水域碳汇

燃料燃烧直接排放　外购电力等间接排放　上下游等其它等间接排放

高尔夫球场碳现状调查

图1　高尔夫球场净碳排放评估框架

二　北京市高尔夫球场基本情况

本报告中的高尔夫球场是指标准高尔夫球场，具备 18 个球洞，绿地面积约为 1200 亩，即 80 公顷，球洞设有发球区（台）、球道、高草区和果岭等功能区域，并具有必要附属建筑物及设施的运动场地，高尔夫球场为主营业务的独立核算单位。本文所使用的数据主要来源：第一，球场参照数据来源于相关研究文献和国际组织的技术评估数据；第二，通过实地调查、电话访谈、微信访谈等获得高尔夫球场能源消耗的第一手数据资料。

自从 2004 年国务院开展清理整治工作以来，全国高尔夫球场总数从原来的 689 个减少到 428 个，绿化总面积约为 35000 公顷。现存的428 个球场分布相对分散。其中，拥有球场最多的省份是广东，约有 70个，第二多的是北京，约有 50 个，第三多的是气候相对较好的海南，约有 40 个，以上为第一梯队，合计约有 160 个；云南、山东、江苏分别约有 30 个球场，为第二梯队，合计约有 90 个；其他省份分别有不到20 家球场，为第三梯队，合计约有 178 个。

北京市自 1986 年第一个高尔夫球场建立以来，球场数量随着经济的发展不断增加，随着清理整治工作的开展，到目前为止，北京市 18洞以上的球场约有 50 家。北京市球场在空间上呈集聚状态，球场主要分布在朝阳区、房山区、昌平区，这些地区在地势上相对平坦，更有利于球场的建造。

三 北京高尔夫球场碳汇评估

国内专家学者利用不同的方法对我国草原的生物量碳库和土壤碳密度进行了估算，我国草原总碳储量大约为 300 亿~400 亿吨，每年固碳量约为 6 亿吨。到 2060 年，林草碳汇达到 15 亿~18 亿吨，对国家碳中和的贡献在 60% 以上。若要如期实现双碳目标，需持续增加草原碳汇。高尔夫球场草坪在生长季节几乎每天都需要修剪，修剪的草屑制成堆肥形成生物质还田，所以，高尔夫球场是一个平衡碳源的天然碳汇库。本报告中一个高尔夫球场的总面积取值 2000 亩，绿化面积取值 1200 亩约 80 公顷，高尔夫球场碳核算数据如表 1 所示。

表 1 高尔夫球场碳核算数据

球场	球场面积			燃油量		用气量（万立方米）	用电量（万千瓦时）	用热量（百万千焦）	用水量（万吨）	垃圾（吨）	客流量（万）	员工数（人）
	总面积（亩）	绿化（亩）	水域（亩）	汽油（升）	柴油（升）							
A	3000	1800	260	8400	9000	7.5	6	17	30	40	4.1	100
B	1500	1050	300	16000	22000	—	35	—	24	—	2.5	200
C	2000	700	60	5000	13000	350	95	—	27	200	1.2	70
平均取值	2167	1183	207	9800	14667	179	45	17	27	120	3	123

根据《2021 中国林草资源及生态状况》报告，我国草原、草地面积为 2.65 亿公顷，植被碳储量为 7.2 亿吨，土壤碳储量为 276.8 亿吨，合计碳储量为 284 亿吨，同比例计算可以得出中国高尔夫球场碳储量约为 3750000 吨，其中，植被碳储量为 95000 吨，土壤碳储量为 3655000 吨。一个球场碳储量约为 8600 吨，其中绿地植被碳储量为 220 吨，土壤碳储量为 8380 吨。

在球场生态系统中，自然植被通过光合作用将大气中的二氧化碳转化为生物质固定下来，部分埋藏在地下或以有机质的形式存储在土壤中。林地、草地、园地等土地利用类型，能够对二氧化碳进行固定。植被光合作用对二氧化碳的吸收计算公式为：

$$E_{吸收} = \sum c_i \times area_i$$

式中，$E_{吸收}$ 表示绿色植被光合作用的碳吸收总量，c_i 表示第 i 种植被的碳吸收系数，$area_i$ 表示第 i 种植被的面积。

草地碳吸收系数为 3.477 吨/（公顷·年），经计算每年高尔夫草地光合作用的碳吸收总量为 12 万吨，单个球场碳吸收量为 278 吨。

单个标准高尔夫球场碳储量估算情况如表 2 所示。

表 2 单个标准高尔夫球场碳储量估算情况

估算视角	碳储量(t)			绿地碳吸收因子	方法参考
	植被	土壤	水域	吨/公顷	
国家草原业视角	220	8380	180	2.717	《2021 中国林草资源及生态状况》
草地行业视角	278	—	180	3.477	王志民、张新林、邱小樱①
高尔夫草坪专业视角	1500		180	18.36	勾玉莹、苏德荣、陈思佳等②

勾玉莹等根据生物量方法、叶面积指数方法和净光合作用法计算的单位面积固碳量为 6.8 克／（米^2·天），以球场绿地面积 80 公顷计，开场营业时间以 9 个月 270 天计，一个高尔夫绿地植被固碳量约为 1500吨，高尔夫球场植被总固碳量约为 655500 吨。

一个标准高尔夫球场植被固碳量为 220~1500 吨，北京 50 个球场植被固碳量为 1.1 万~7.5 万吨，取平均值 4.3 万吨。中国高尔夫球场有 428 个，以 35000 公顷的绿地面积计，植被总碳储量为 10 万~66 万吨。整个高尔夫生态系统的草地生态系统的碳库由植物、土壤和枯落物构成，草地生态系统的总碳储量为以上各部分之和，其中，约 10%储存在地上的植被中，约 90%储存于土壤中。由此可以估算高尔夫球场地上、地下生物碳汇量可达 90 万~594 万吨。

水域碳。水生生态系统是大气 CO_2 的一个巨大的"汇"，主要通过贮存在水体中的生物体有机碳和溶解态有机碳吸收土壤和大气中的 CO_2。高尔夫球场为了增加击球难度和趣味性，设计了多个水障碍。根据 Yan 等人③的估算，碳在水库中的滞留率约为 500g／（m^2·a），折算

---

① 王志民、张新林、邱小樱：《基于碳中和的旅游景区净碳排放估算与低碳景区建设——以镇江"焦山"风景区为例》，《南京师大学报》（自然科学版）2016 年第 4 期。
② 勾玉莹、苏德荣、陈思佳等：《基于生物量的高尔夫球场草坪固碳释氧量分析》，《草原与草坪》2013 年第 2 期。
③ Yan G. A., Liu Y. D., "Aquatic Ecosystems: Carbon Cycle and as Atmospheric CO_2 Sink," *Acta Ecologica Sinica*, 2001.

成 CO_2 为 1.833kg/（m^2 · a），高尔夫球场以 10% 的水域面积计，一个球场水域面积约为 10 万平方米，一个高尔夫球场水生生态系统碳汇为 183.3 吨。土壤和水体碳汇涉及碳通量，仅作碳储量估算，不做碳汇评估。

四 高尔夫球场碳源核算

（一）高尔夫球场碳源核算体系

根据核算对象的不同，高尔夫球场相关企业涉及的碳排放核算包括高尔夫企业组织层面、产品服务层面、项目层面、大型活动层面等，其中，企业组织层面和产品服务层面的碳排放核算是重点。针对企业组织层面，主要的核算方法有温室气体核算体系（The GHG Protocol）和国际标准化组织（ISO）体系。按照排放源类型，分为直接排放和间接排放。为便于描述直接排放与间接排放源，提高透明度，以及为不同类型的机构和不同类型的气候政策与商业目标服务。目前标准的最新版本为修订后的《温室气体核算体系：企业核算与报告标准》。针对温室气体核算设定了三个范围（见表3、图2）。

范围一的直接排放是指化石燃料燃烧产生的 CO_2 排放等，是由高尔夫球场（企业）自身拥有或控制的排放源产生的排放。

表 3 温室气体高尔夫球场企业组织层面核算体系

核算范围	核算内容	排放源	球场排放源	核算用途
范围一	直接温室气体排放	拥有或控制的排放源	汽油燃烧 柴油燃烧 天然气燃烧 土地利用、养护管理等和扣除排放（主要是指 CO_2 和 CH_4 回收利用、固碳产品等）	管理碳排放风险、识别碳减排机会

核算范围	核算内容	排放源	球场排放源	核算用途
范围二	电力产生的间接温室气体排放	电力等生产设施	外购电力 外购热力 外购用水	碳中和科学目标与路径，评估碳中和对于高尔夫可持续发展的价值
范围三	其他间接温室气体排放	价值链上下游各项活动的间接排放，开采和生产采购的原料、运输采购的燃料；以及售出产品和服务的使用	雇员活动 球员活动 垃圾处理	碳排放权交易、碳减排量核证

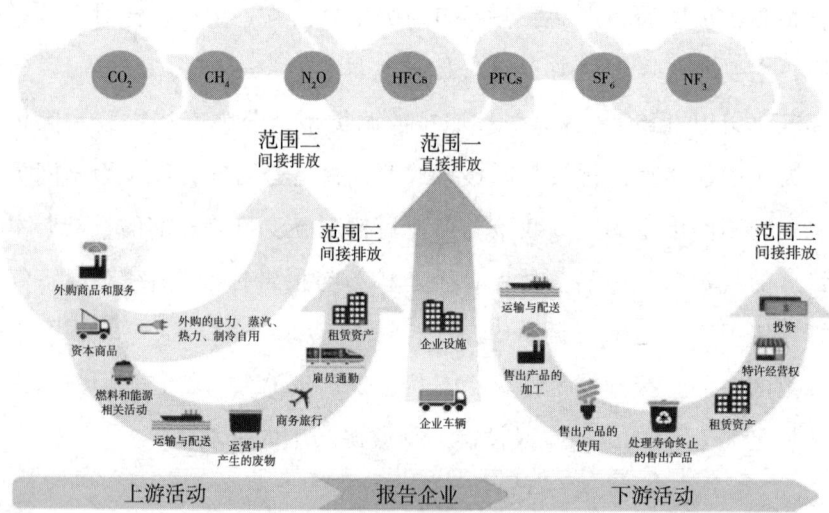

图2　报告企业碳排放范围

范围二的间接排放是指高尔夫球场（企业）外购的电力、热力以及用水等引起的排放，此时实际的排放源是生产企业。

范围三的排放是指覆盖企业价值链上下游的其它间接排放（即价值链上下游15项活动的间接排放）。一家公司的范围一、二、三的排放总量与该公司每种产品的生命周期排放总量相同。

当前，核算高尔夫企业范围一和范围二的排放可参考 ISO 14064-1《温室气体 第一部分 组织层次上对温室气体排放和清除的量化和报告的规范及指南》、《工业企业温室气体排放核算和报告通则》和《温室气体核算体系：企业核算与报告标准》等。高尔夫企业开展范围一和范围二的碳排放核算，可帮助高尔夫企业管理温室气体风险和识别减排机会，支持高尔夫企业公开报告和参与自愿温室气体减排计划，支持高尔夫企业参与碳排放权交易，为早期的自愿减排行动，如"基准线保护"和碳信用行动提供信息。此外，高尔夫企业若要通过低碳供应链机制和生产责任制等方式发挥企业主体责任，带动企业上下游产业链协同开展碳减排工作，则需要考虑企业全价值链的碳排放，即纳入范围三的碳排放，包括上游活动的外购商品和服务、资本商品、燃料和能源相关活动、运输与配送、运营中产生的废物、商务旅行、雇员通勤、租赁资产；下游活动的运输与配送、售出产品的加工、售出产品的使用、处理寿命终止的售出产品、租赁资产、特许经营权、投资。上下游共计15类活动。

三个范围碳排放均可通过调查获取，本文采用因子法和类比分析方法计算，并通过人均碳排放系数和活动碳排放系数折算。

对于高尔夫球场的运营过程，CO_2排放源主要来自以下几个方面。

1. 范围一的燃料燃烧直接排放

固定燃烧源燃烧化石燃料产生排放，如锅炉、灶、干燥机、备用发电机等产生的排放。

移动燃烧源燃烧产生的排放，如交通工具、果岭机、发球台机、剪草机、爬沙机、铺沙机、滚压机、打孔机、拖拉机、农用车等产生的排放。

2. 范围二的外购电力和热力的间接排放

高尔夫球场运营维护中外购电力、热力以及用水的生产过程产生的排放，这些排放是由高尔夫球场运营维护单位（企业）的生产活动需求所产生的，但实际排放源属于电力和热力的生产企业，是高尔夫球场运营维护单位（企业）的经济活动给其他单位（企业）带来的间接排放。

3.范围三的其他排放

范围三的排放是指除范围二排放以外的所有其他间接排放，包括上游范围三排放和下游范围三排放。前者包括原材料异地生产、跨边界交通以及购买的产品和服务产生的排放，后者包括跨边界交通、跨边界废弃物处理和产品使用产生的排放等。鉴于范围三排放核算的复杂性和数据的可获得性等限制因素，本报告只涵盖雇员、球员活动、废弃物处理产生的范围三排放的计算。

（二）高尔夫球场碳源初步核算

经调查，3家高尔夫球场平均消耗汽油9800升，消耗柴油14667升，用电量为45万千瓦时，用热量为1700万千焦，用水量为27万吨，产生垃圾120吨，客流量为3万人，雇员123人。

高尔夫球场碳源排放因子选取如表4所示。经计算，得到高尔夫球场净碳排放与碳指标如表5所示。范围一的汽油、柴油、天然气能源消耗碳排放量分别为28.67吨、45.41吨、3.86吨，小计约为78吨；范围二的外购电力、外购热力和外购用水碳排放量分别为375.90吨、1.75吨、45.36吨，小计为423吨；范围三雇员、球员活动、垃圾处理碳排放量分别为0.72吨、43.42吨和32.40吨，小计为77吨。范围一、范围二、范围三合计约为578吨，排放比例为14%、73%和13%。由此可见高尔夫球场主要的碳排放为外购电力碳排放的375.9吨，约占整个高尔夫球场碳排放的65%。

由此可以计算，北京50个球场碳排放约为2.89万吨，范围一、范围二、范围三分别为0.39万吨、2.12万吨、0.38万吨，各自比例分别为14%、73%和13%；主要为范围二中的外购电力碳排放的1.88万吨，占整个高尔夫球场的65%。

表 4 高尔夫球场碳源排放因子选取

碳源	CO$_2$排放因子单位	CO$_2$排放因子	来源
汽油	吨 CO$_2$/吨	2.925	WBCSD,WRI[1]
柴油	吨 CO$_2$/吨	3.096	WBCSD,WRI
天然气	吨 CO$_2$/万立方米	21.622	WBCSD,WRI
外购电力	吨 CO$_2$/万千瓦时	8.292	WBCSD,WRI
外购热力	吨 CO$_2$/百万千焦	0.103	WBCSD,WRI
外购用水	公斤/吨	0.168	斯维尔绿建碳排放软件[2]
生活垃圾焚烧	吨 CO$_2$/吨垃圾	0.27	WBCSD,WRI
高尔夫活动	公斤/人	1.67	生态环境部官网[3]
雇员	吨 CO$_2$/人	5.8	WBCSD,WRI

表 5 高尔夫球场碳排放与碳指标

单位：吨，%

	碳排放分类	碳排放源	数值	小计	
碳源总量	范围一直接排放	汽油	28.67	78	14
		柴油	45.41		
		天然气	3.86		
	范围二间接排放	外购电力	375.90	423	73
		外购热力	1.75		
		外购用水	45.36		
	范围三其他间接排放	球员活动	43.42	77	13
		雇员	0.72		
		垃圾	32.40		
—	合计	—	—	578	100

---

[1] WBCSD,WRI,"The GHG Protocol for Project Accounting,"2006.

[2] International Organization for Standardization,"ISO 14064－2：2019 Greenhouse Gases—Part 2：Specification with Guidance at the Project Level for Quantification, Monitoring and Reporting of Greenhouse Gas Emission Reductions or Removal Enhancements,"2019.

[3] 《关于发布〈大型活动碳中和实施指南(试行)〉的公告》,中华人民共和国生态环境部官网,2019 年 6 月 14 日。

表 6 高尔夫球场碳排放比率指标

单位：吨

指标	单位 GDP CO_2 排放量	单位土地面积 CO_2 排放量	人均 CO_2 排放量
2005 年全国数值	3.05	5.79	4.27
2020 年北京数值	0.41	101.16	7.2
高尔夫球场	0.19	7.2	0.019

高尔夫球场碳排放比率指标如表 6 所示。本部分针对高尔夫球场提出碳排放效益指标（单位 GDPCO$_2$ 排放量）、碳排放面积指标（单位土地面积 CO_2 排放量）、碳排放球员人均指标（人均 CO_2 排放量）。这三个指标分别为 0.19 吨、7.2 吨、0.019 吨。高尔夫球场单位 GDPCO$_2$ 排放量为全国数值的 6.2%，北京数值的 46%。单位土地面积 CO_2 排放量和全国相比，数值相近，和北京相比，仅为北京市的 7%。据实地调研，北京高尔夫球场仅限制使用再生水进行灌溉，球场建筑红线范围之内已取消自来水管，而生活饮用水则需要购买自来水并使用水罐车进行运输，这种情况可能带来一定碳排放的增加，也可以被视为一种碳泄漏。

碳泄漏的发生主要是因为高尔夫球场为了满足灌溉需求而改变了其水源，从原来的自来水转向了再生水。然而，再生水可能无法满足球场所有用水需求，特别是生活饮用水，因此球场需要额外购买自来水并通过水罐车进行运输。这个过程不仅增加了能源消耗和碳排放，还可能带来其他环境问题，如交通拥堵、空气污染等。碳排放具有负外部性，即排放行为对他人或社会造成了负面影响，但排放者却没有为此承担相应的成本。而碳泄漏则是这一负外部性在国际贸易和气候变化政策领域中的体现。碳泄漏概念在国际贸易和气候变化政策领域也有广泛的应用，指的是一个国家或地区的温室气体减排措施可能导致其他国家或地区的排放量增加。例如，发达国家可能通过将高排放产业转移到发展中国家来降低自身的碳排放量，这会导致发展中国家的排放量增加。

五　北京高尔夫球场净碳排放估算

本报告在总结国内外碳排放核算工作研究进展的基础上，从碳源与碳汇角度开展我国高尔夫球场碳核算工作，得到以下结论（见表7）。

表7　一个标准高尔夫球场净碳排放估算情况表

单位：吨

估算视角	碳吸收	碳排放	净碳排放
国家林业草原行业	220	577	357
草地行业	278	577	299
高尔夫草坪专业	1500	577	-923
均值	860	577	-283

从碳源与碳汇的均衡方面，按照情景一国家林业草原行业视角，高尔夫球场草坪碳吸收220吨，净碳排放357吨；按照情景二草地行业视角，草坪碳吸收278吨，净碳排放299吨；按照情景三高尔夫草坪专业视角，草坪碳吸收1500吨，净碳排放-923吨；高尔夫球场绿地植被碳吸收均值以860吨计，高尔夫球场净碳排放-283吨。北京50个高尔夫球场绿地植被碳吸收均值以4.3万吨计，高尔夫球场净碳排放-1.42万吨。高尔夫球场草坪频繁低修剪、高强度精细管理可以成为一个有效的碳汇，每个球场都能增强自主贡献力度实现双碳目标。

值得注意的是，本报告碳排放估算中相关的核心参数参考了国内外已有调查研究的经验数据，国外的其他行业相关研究成果是否适合高尔夫球场的实际，需要进一步深入的调查。由于数据可获得性，本报告采取微信访谈的方式，代表性有待提高。本报告对高尔夫球场碳排放整体估算的结果偏于保守，主要由于高尔夫球场碳排放涉及许多方面，本报告仅初步估算了燃料燃烧，外购电力、热力和用水碳排放，高尔夫活动，雇员碳排放，垃圾处理等。

六　北京高尔夫球场零碳建设路径

无论是在国际还是在国内，政治、经济还是体育领域，碳排放目标都成为话语权。因此，北京作为我国首都和双奥之城，高尔夫球场需要降低碳排放，从低碳球场建设到净零碳高尔夫球场建设，再到球场产业链碳中和、负碳高尔夫球场建设和最终历史累计碳中和，以符合相关法律法规并履行社会责任。

根据碳中和目标要求，北京高尔夫企业碳排放核算范围中自身运营的碳中和（范围一和范围二）目标的实现时间可以定于 2025 年；建设零碳高尔夫球场的目标时间定于 2030 年；产业链全生命周期碳中和（范围一、范围二、范围三）、建设负碳高尔夫球场、实现历史累积碳中和的实现时间定在 2050 年（见表 8）。

表 8　北京零碳高尔夫球场建设路径

建设时间	建设目标	建设路径
2025 年球场碳达峰	低碳高尔夫球场，球场地理范围内碳中和	碳减排、碳抵消，范围一率先全部实现电气化
2030 年球场碳中和	零碳高尔夫球场，控制供应链碳排放	碳减排、碳移除、碳交易，范围二通过可再生能源的大规模应用或至少购买绿证、绿电等全部使用新能源生产的电力、蒸汽、热力、制冷等
2050 年历史累积碳中和	球场产业链全生命周期碳中和、建设负碳高尔夫球场、历史累计碳中和	碳排放、碳移除、碳交易，具有雄心的高尔夫企业，产业链全生命周期碳中和，实现负碳排放，积极参与 CCER，通过一系列负排放技术（NET）实现这个目标，包括造林和再生林，土壤固碳，生物能的碳捕获和储存（BECCs）以及直接空气碳捕获，完成碳中和历史排放

高尔夫球场实现零碳建设是一个长期且复杂的过程，需要多方面的努力和合作。针对北京高尔夫球场在 2025 年碳达峰、2030 年碳中和、2050 年历史累积碳中和的目标，提出具体的建议和措施。

（一）2025年碳达峰：建设低碳高尔夫球场

高尔夫球场将在 2025 年左右实现球场内作业车辆电气化，恢复球场自来水管道供应，降低额外的碳排放，将范围一和范围二排放降低到接近零排放，球场地理范围内碳达锋。

第一，提高能源利用效率。对现有的高尔夫球场设备和设施进行能效评估，更换或升级高能效的设备，如节能型灌溉系统、电动高尔夫球车等。

第二，初步电气化。在可行的范围内，将燃油驱动的设备逐步替换为电动设备，如电动割草机、电动球车等。这有助于减少化石燃料的使用和相关的碳排放。

第三，优化运营管理。通过智能化、信息化的手段，优化球场的运营管理，减少能源和资源的浪费。

（二）2030年碳中和：建设零碳高尔夫球场

到 2030 年，球场将实现 100% 采用可再生能源，这意味着球场、建筑、场内的全部能源消耗，都将从碳排放发电，转化为绿色能源。

第一，全面电气化。在 2025 年的基础上，进一步扩大电气化的范围，力争实现全场设备的电气化。

第二，使用可再生能源。在球场内安装太阳能光伏板、风力发电设施等，以产生清洁的可再生能源。同时，考虑与周边的可再生能源供应商合作，购买绿色电力。

第三，增加碳汇。通过种植更多的本地植被、优化植被管理等方式，增加球场的碳汇能力，不仅可以吸收更多的二氧化碳，还有助于提升球场的生态环境。

（三）2050年建设负碳高尔夫球场

到 2050 年，球场实现产业链全生命周期碳中和、建设负碳高尔夫球场、历史累积碳中和，将消除球场自建立以来的直接排放或通过用电而排放的所有碳。将通过一系列负排放技术（NET）实现这个目标，包括造林和再生林、土壤固碳、生物能的碳捕获和储存（BECCs）以及直接空气碳捕获。

第一，推广环保理念。向球场的供应商、合作伙伴以及球员等宣传环保理念，鼓励他们采取低碳、环保的生产和消费方式。

第二，优化供应链管理。与供应商合作，优化原材料的采购和运输过程，减少碳排放。同时，考虑使用低碳、可再生的原材料。

第三，废弃物处理与资源化利用。对球场产生的废弃物进行分类处理，可回收的废弃物进行资源化利用，不可回收的废弃物进行无害化处理。

值得注意的是，实现零碳建设不仅需要高尔夫球场的努力，也需要整个社会的支持和配合。只有形成了全社会的共识和合力，才能真正实现"双碳"目标，推动可持续发展和绿色低碳生活方式的实现。

七 研究结论与建议

高尔夫球场固碳增汇途径来源植被固碳、土壤固碳、水域固碳等。经过初步碳核算评估一个标准 18 洞高尔夫球场绿化面积以 1200 亩计，高尔夫球场绿地植被固碳量为 220~1500 吨，均值为 860 吨；水域面积以 200 亩计，碳汇约为 183.3 吨。北京 50 个高尔夫球场绿地植碳汇为 1.1 万~7.5 万吨，均值为 4.3 万吨；水域面积以 200 亩计，碳汇约为 0.9 万吨。

高尔夫球场企业层面的碳排放主要涉及范围一汽油、柴油天然气燃烧直接排放，范围二外购电力、热力、用水排放，范围三高尔夫球场雇员、球员活动排放以及垃圾处理排放。经初步计算，一个高尔夫球场三个范围的排放分别为 78 吨、423 吨、77 吨，合计碳排放 578 吨，高尔夫球场主要的碳排放为范围二中的外购电力碳排放的 375.9 吨，占整个高尔夫球场碳排放的 65%。北京 50 个球场三个范围的排放分别为：0.39 万吨、2.12 万吨、0.38 万吨，合计碳排放 2.89 万吨，高尔夫球场主要的碳排放为范围二中的外购电力碳排放的 1.88 万吨，占整个高尔夫球场碳排放的 65%。

报告提出高尔夫球场碳排放效益指标、碳排放面积指标、碳排放球员人均指标。每服务一个球员产生 19 千克的碳排放。高尔夫球场单位 GDPCO$_2$ 排放量为全国数值的 6.2%，北京数值的 46%，是名副其实的绿色低碳产业。单位土地面积 CO$_2$ 排放量和全国相比，数值相近，和北京市相比，仅为北京市的 7%。北京市可以大力发展高尔夫产业，提高草坪面积，降低单位土地面积碳排放量。从国家林业草原行业和草地行业的调查数据来看，北京高尔夫球场碳排放还没有抵消；从高尔夫草坪专业的角度来考察碳排放和碳吸收的情况，北京高尔夫球场净碳排放为负数。

高尔夫球场实现零碳建设需要从多个方面入手，包括提高能源利用效率、使用清洁能源、增加碳汇、增强人员环保意识、合理规划和管理等。这些措施将有助于高尔夫球场在"双碳"目标下实现可持续发展。北京高尔夫球场 2025 年碳达峰，建设低碳高尔夫球场，范围一率先电气化；2030 年碳中和，建设零碳高尔夫球场，球场将实现 100% 采用可再生能源；2050 年实现球场产业链全生命周期碳中和、建设碳负高尔夫球场、实现历史累积碳中和，新能源自给自足，通过自有光伏、风电、生物基能源供给能源。

从碳排放的角度来看，北京球场使用水罐车运输自来水到球场储水池的过程中，会消耗燃料并产生相应的碳排放。从碳泄漏的角度来看，北京球场生活饮用水需要从外购买并运输，可能导致整体的碳排放量增加。建议恢复球场建筑红线范围内的自来水管道，直接为球场提供生活饮用水，避免使用水罐车进行长距离运输。这样可以减少燃料消耗和相关的碳排放。为了确保自来水仅用于生活用水，不得用于球场灌溉，可以建立相应的监管机制。例如，安装水表和监控系统，对自来水的使用量进行实时监测和管理。同时，加强对球场人员的宣传和教育，提高他们的节水意识和环保意识。

参考文献

刘怡佳：《"双碳"目标下北京碳排放分析》，《科技中国》2022 年第 1 期。

潘竟虎、张永年：《中国能源碳足迹时空格局演化及脱钩效应》，《地理学报》2021 年第 1 期。

王继龙、左晓利、刘觅颖：《北京市碳排放达峰的思考》，《理论与现代化》2017 年第 6 期。

赵兴树、杨梦蝶、孙思源等：《高校校园碳排放核算及碳中和预测——以江南大学为例》，《建设科技》2023 年第 19 期。

周年兴、黄震方、梁艳艳：《庐山风景区碳源、碳汇的测度及均衡》，《生态学报》2013 年第 13 期。

后 记

　　本书以习近平新时代中国特色社会主义思想和总书记视察北京重要讲话精神为指引，贯彻落实首都城市战略定位，加强"四个中心"功能建设，提高"四个服务"水平，紧紧抓住疏解北京非首都功能这个"牛鼻子"，以更大力度培育和发展新质生产力，推动首都高质量发展，高水平建设北京城市副中心，建设现代化首都都市圈，推动京津冀世界级城市群建设，研判2023~2024年首都发展的主要成效、基本现状、重点难点，提出新时代首都高质量发展的对策建议。本书是以北京市社会科学院市情研究所、北京世界城市研究基地的全体研究人员为核心团队成员，由科研机构、高等院校的专家、学者共同撰写完成。本书由北京市社会科学院皮书论丛资助出版。

　　本书分为总报告、科技创新与产业发展、城市治理与社会建设、文化发展、生态建设与绿色发展五大板块，全面分析2023~2024年首都发展取得的辉煌成就、发展现状，并对未来发展进行展望，聚焦北京科技创新、产业发展、超大城市治理、社会建设、文化发展、生态文明建设、绿色低碳发展等领域的现状与存在的难题进行深入探讨，从不同维度提出首都北京培育和发展新质生产力、推动高质量发展的对策建议，为北京市各级政府和有关部门决策提供咨询服务。

　　本书由北京市社会科学院市情研究所所长陆小成研究员任主编，负责总体设计和结构安排、板块汇总及修改等工作；市情研究所何仁伟研究员、刘小敏博士、贾澎博士、徐爽博士任副主编，参与全书总报告撰写、全书文字校对和修改等工作。徐爽博士负责科技创新与产业发展篇编辑修订工作；何仁伟研究员负责城市治理与社会建设篇编辑修订工作；贾澎博士负责文化发展篇编辑修订工作；刘小敏博士负责生态建设与绿色发展篇编辑修订工作。

本书的出版要感谢北京市社会科学院各位院领导，以及各研究所、科研处、智库处及其他职能处室和院外高校科研机构、政府部门的领导、专家、学者对本研究论丛的大力支持。

书中引用和参考了许多专家学者的观点，一并表示感谢，对可能存在的疏忽请专家批评和指正。由于水平和能力有限，不妥之处在所难免，也许还有部分观点值得进一步商榷和论证。敬请城市经济、城市治理、首都发展、京津冀城市群等研究领域，以及经济学、管理学、社会学、文化学、生态学、城市学等学科背景的专家、学者、读者提出批评意见或建议。

2024 年 6 月

Abstract

The year 2023 is the first year to comprehensively implement the spirit of the 20th National Congress of the Communist Party of China, and the year of economic recovery and development after three years of transition from the prevention and control of the COVID − 19. New progress and new achievements have been made in various undertakings in the capital Beijing. 2024 is the 75th anniversary of the founding of New China, the key year to achieve the goals and tasks of the 14th Five Year Plan, and the 10th anniversary of the implementation of the coordinated development strategy of Beijing, Tianjin and Hebei. Beijing is of great significance in accelerating the cultivation and formation of new quality productivity, promoting high-quality development, and accelerating the writing of a new chapter in the capital of Chinese path to modernization. In 2023, the total regional GDP of Beijing increased by 5. 2%, approximately 4. 4 trillion yuan, while the general public budget revenue increased by 8. 2%, exceeding 600 billion yuan. The urban survey unemployment rate was 4. 4%, and the overall consumer price remained stable. The growth of household income was synchronized with economic growth. Multiple indicators such as per capita regional GDP, total labor productivity, and energy consumption and water consumption per 10000 yuan of regional GDP remained at the best level in provincial-level regions across the country. Beijing withstood various tests, and the overall economy rebounded and improved, while the overall social situation remained stable.

Development Report on the Capital of China (2023－2024) is divided into several sections, including technological innovation and industrial development in the capital, urban governance and social construction in the capital, cultural development in the capital, ecological construction in the capital, and green and low-carbon development. The report focuses on analyzing the main achievements, basic status, and key difficulties of the capital's development from 2023－2024, and emphasizes the combination of academic and applied strategy research. Based on a professional perspective, it proposes high-quality development suggestions for the Chinese capital in the new era from different dimensions. Beijing takes the development of the capital as its leadership, with greater efforts to cultivate and form new productive forces, promote high-quality development of the capital, improve the quality of industrial development, accelerate the construction of science and technology innovation centers, accelerate the construction of a consumer center city, and improve the level of opening up to the outside world; Promote the refined governance of mega cities, enhance the happiness of the people, and fully safeguard social public safety; Strengthen the construction of spiritual civilization in the capital, promote the creative transformation and innovative development of culture, and promote the prosperous development of the capital culture; Continuously fighting the battle to defend the blue sky, significant achievements have been made in urban and rural water environment governance, and new breakthroughs have been made in the construction of garden cities. The main challenges and development challenges faced by Beijing are: insufficient capacity for technological innovation supply, and the need to improve industrial competitiveness; The level of refined urban governance needs to be improved, and there are many shortcomings and weaknesses in areas such as education, healthcare, and elderly care; Public cultural services need to be innovated, and the competitiveness of the cultural industry needs to be consolidated; The issue of environmental governance remains prominent, and the task of regional atmospheric governance remains arduous.

Looking ahead to the future, Beijing should empower new productive forces with technological innovation, create a high-level talent highland, empower industrial development with the digital economy, highlight the innovation resource agglomeration advantages of the international science and technology innovation center, vigorously develop high-precision and cutting-edge industries, vigorously develop the lifestyle service industry to drive consumption upgrading, and promote the high-quality development of the Daxing International Airport Airport Economic Zone. We should innovate the urban governance model to effectively guarantee and improve people's livelihood. Facing the low fertility background, we should strengthen the investigation of marriage and childbearing status of registered residence registered population and floating population in Beijing and formulate targeted innovative policies, promote high-quality population development, strengthen the management of community workers, enable the disabled and mentally retarded elderly to provide service security with scientific and technological innovation for the elderly, and promote the construction of an international consumer center city and a "city of food". We should promote the core socialist values, promote creative transformation and innovative development in the cultural field, seek cultural development through cultural inheritance, promote the construction of the Beijing Museum City, build a modern cultural industry system with distinctive characteristics in the capital, and assist in the development of ice and snow sports culture. We should strengthen innovation in ecological and environmental protection technology, promote the green, low-carbon and intelligent transformation of energy, continue to improve environmental quality, improve the ecological product value evaluation mechanism and the Beijing Tianjin Hebei carbon compensation mechanism, promote high-quality development of forest cities throughout the region, and comprehensively promote the construction of a beautiful Beijing.

Keywords: Capital of China; High-quality Development; New Quality Productivity; Technological Innovation; Urban Governance; Cultural Development; Green Development

Contents

General Report

Abstract: 2023 is the first year of fully implementing the spirit of the 20th National Congress of the Communist Party of China, and new progress and achievements have been made in various undertakings in the capital city of Beijing. 2024 marks the 75th anniversary of the founding of New China, the key year to achieve the goals and tasks of the 14th Five-Year Plan, and the 10th anniversary of the implementation of the coordinated development strategy of Beijing, Tianjin, and Hebei. Beijing is of great significance in accelerating the cultivation and formation of new quality productivity, promoting high-quality development, and writing a new chapter in the capital's path to Chinese modernization. In 2023, Beijing, led by the capital's development, has made greater efforts to cultivate and form new productive forces and promote high-quality development. The city has achieved remarkable accomplishments in various fields such as science and technology, economy, urban governance, society, culture, and ecology. Beijing aims to improve the quality of industrial development, accelerate the construction of a science and technology innovation center, build a consumer center city, and enhance its level of openness to the outside world. The city also promotes refined governance of megacities, enhances the happiness of its residents, and fully safeguards public safety. Additionally, Beijing strengthens the construction of spiritual civilization, promotes the creative transformation and innovative development of culture, and fosters the prosperous development of capital culture. The city continuously fights the battle to defend the blue sky, achieves significant results in urban and rural water environment governance, and makes breakthroughs in garden city construction. The main challenges and development issues Beijing faces include an insufficient capacity for technological innovation supply and a need to improve industrial competitiveness. The level of refined urban governance needs enhancement, and there are several shortcomings in areas such as education, healthcare, and elderly care. Public cultural services require innovation, and the competitiveness of the cultural industry needs consolidation. Environmental governance issues remain prominent, and regional atmospheric governance tasks are still arduous. Looking ahead, Beijing should empower new productive forces with technological innovation, create a high-level talent highland, and drive industrial development with the digital economy. The city should highlight the advantages of technological innovation centers and vigorously develop high-precision and cutting-edge industries. Furthermore, Beijing should innovate urban governance models, effectively ensure the improvement of people's livelihoods, and build a comprehensive framework for security and emergency response. Promoting core socialist values, fostering creative transformation and innovative development in the cultural field, and seeking cultural development through cultural inheritance are essential. Additionally, strengthening innovation in ecological and environmental protection technology, promoting green, low-carbon, and intelligent energy transformation, and continuing to improve environmental quality is crucial for comprehensively promoting the construction of a beautiful Beijing.

Keywords: Capital of China; High-quality Development; Technological Innovation, Urban Governance, Cultural Inheritance, Ecological and Environmental Protection

Technological Innovation and Industrial Development

Analysis of the Development and Prospects of Beijing International

Science and Technology Innovation Center（2023－2024）

Xu Shuang / 45

Abstract: The development of the Beijing International Science and Technology Innovation Center in 2023 marks a significant advancement in Beijing's expedition of science and technology innovation. The construction of the Beijing International Science and Technology Innovation Center is not only of great significance to China's scientific and technological development but will also have a profound impact on global scientific and technological innovation. With its advanced research facilities and technological platforms, the Beijing International Science and Technology Innovation Center has become an important base for China's researchers to carry out innovative research. Analyze the construction status of the Beijing International Science and Technology Innovation Center in 2023 and make a forecast assessment and outlook for 2024 in terms of infrastructure construction, scientific research team building, innovation capacity enhancement, and transformation of scientific and technological achievements. Looking back to 2023, Beijing as an international science and technology innovation center has achieved remarkable results in infrastructure, scientific research team, innovation capacity, and transformation of scientific and technological achievements. In terms of infrastructure, advanced laboratories, and science and technology parks have been built, and supporting facilities have been improved. In terms of research teams, strength is enhanced through the introduction and training of talents. In terms of innovation capacity, R&D investment has increased and policy support has created a favorable environment. On the transformation of scientific and technological achievements, incubation platforms are built and the integration of science and technology with industry is promoted. Looking ahead to 2024, Beijing will strengthen infrastructure intelligence, expand the introduction of internationalized talents, support cutting-edge scientific and technological research, improve the innovation mechanism, promote the commercialization of scientific and technological achievements, consolidate its position as an international science and technology innovation center, and help the country's scientific and technological development.

Keywords: International Science and Technology Innovation Center; Research Platform; Scientific and Technological Innovation; Scientific and Technological Achievements Transformation

Economic Status and Prospects of Beijing (2023-2024)

Hou Yuwei / 60

Abstract: Facing the complex global situation and the double pressure of domestic post-epidemic recovery and transition to new from old economic energy, Beijing achieved a year-on-year increase of 5.2% in GDP in 2023. Proved that the capital's high-quality development has gained new achievements. In 2024, the economy of Beijing is still faced with the problems of increasing downward pressure of global economy, insufficient demand, the slow development of new growth drives and so on. It should further stimulate market vitality and promote the accelerated recovery of consumption;

accelerate the upgrading of industrial structure and stimulate the transition to new from old economic energy; continue to promote scientific and technological innovation and optimize the structure of investment to serve the real economy.

Keywords: Economy of Beijing; State of Development; Conversion of Old and New Kinetic Energy

Beijing's Business Services: 2023 Status and 5-Year Outlook

Huang Jiangsong, Gao Zeling / 76

Abstract: The business service industry is an essential component of economic development. By the end of 2023, the output value of Beijing's business service industry had reached 271.0 billion yuan, accounting for 6.19% of the city's regional gross product. This paper reviews the operation of Beijing's business service industry from six aspects: output value, business income, operating units, employees, foreign capital absorption, and energy consumption, and uses the grey model to predict the development trend of the industry over the next five years. Since 2010, Beijing's business service industry has experienced significant growth. However, the outbreak of the COVID-19 pandemic in 2020 had a short-term impact on the industry, causing a sharp decline in output value, but the industry quickly demonstrated its recovery capabilities. Regional development is noticeably uneven, with Chaoyang District leading in the number of legal entities and business income, while Yanqing District lags behind. The business service industry shows strong performance in job absorption, but the per capita output value and wage level are relatively low. Moreover, the industry's attractiveness to foreign investment continues to increase, and improvements in energy consumption efficiency and the increased use of low-carbon and environmentally friendly energy further highlight the progress made by Beijing's business service industry in sustainable development. The forecasted output values for Beijing's business service industry from 2024 to 2028 are: 288. 29 billion yuan, 300. 86 billion yuan, 313. 98 billion yuan, 327. 66 billion yuan, and 341. 94 billion yuan, respectively. Over the next five years, the growth momentum of Beijing's business service industry is expected to remain stable, with an average growth rate of 4. 46%.

Keywords: Beijing; Business Service Industry; Grey Forecasting Model

Study on Consumption Upgrading Driven by Living Service Industry in Beijing

Bo Fan / 94

Abstract: Life service industry is also known as consumer service industry, improving the quality and efficiency of the living service industry will play a driving role in upgrading the consumption structure. During the 14th Five-Year Plan period, Beijing has issued a plan for the development of the modern service industry, focusing on improving the quality of the life service industry in the fields of home economics, childcare, elderly care, and education, mainly providing guidance from the aspects of planning guidance, spatial layout, and policy preferences. At present, Beijing has boosted the life service industry from the aspects of digital upgrading, energy conservation and emission reduction, and building a night economy to drive consumption upgrading. However, the challenges are reflected in the lagging upgrade of the supply-side structure, the low degree of organization and the unreasonable spatial layout. In the future, the development of Beijing's life service industry should adhere to the direction of data intelligence, green, and diversification, and promote from the aspects of cultivating agglomeration advantages, expanding new business forms of "Internet + service industry", integrating network resources, and strengthening standardized management.

Keywords: Life Service Industry; Consumption Upgrading; Beijing

Research on Strategies for of the Beijing Daxing
International Airport Economic Zone

Tang Xin , Tian Lei / 106

Abstract: The Beijing Daxing International Airport Economic Zone plays an important role in the Capital's development, and promoting its high-quality development is of great significance for creating a new source of growth for the country. The main factors currently limiting its high-quality development include the need to optimize the airport's transportation business structure, the need to improve the overall development level of the park's industries, the need to strengthen policy innovation for investment and trade facilitation, and the need to improve the coordination and development mechanism between Daxing and Langfang. To promote the high-quality development of the airport economic zone, we need to enhance the aviation hub function, attract aviation resources to gather; build a distinctive airport industrial system, optimize the industrial structure and layout; promote investment and trade facilitation, create a powerful open highland with strong radiating power; improve the management system and mechanism, promote regional coordinated development.

Keywords: Airport Economic Zone; High Quality Development; Industrial System; Investment and Trade

Study on the High Quality Development Path of Urban Agriculture in Mega City of Beijing

Fang Fang / 120

Abstract: Exploring the development laws of urban agriculture in mega cities from a green and low-carbon perspective is of great significance for promoting urban-rural integration and rural industrial revitalization, and achieving high-quality development of urban agriculture. This study first reviews the development process and evolutionary stages of urban agriculture in China, and then taking Beijing and Shanghai as cases, analyzes the characteristics and functional positioning of urban agriculture development of mega cities, reveals the path of urban agriculture in promoting urban-rural integration and industrial revitalization, and finally proposes the strategic direction and optimization path for the development of urban agriculture in mega cities in the new era. The research result shows that urban agriculture has roughly gone through three stages: initial development, rapid development, and steady improvement, and has dominant functions in production, ecology, society, culture, and education. The scale and proportion of urban agricultural production in Beijing and Shanghai are showing a downward trend, and the fiscal budget expenditures for agriculture and rural areas are fluctuating; urban agriculture promotes the integrated development of primary, secondary, and tertiary industries in rural areas by demonstrating and leading of agricultural modernization; urban agriculture supports the high-quality development of urban agriculture and rural industries revitalization through the introduction of various agricultural supportive policies. In response to the strategic demand for high-quality development of urban agriculture in the new era, mega city needs to strengthen the connection between different plans, Optimize the spatial layout of the urban system, enhance the value chain of urban agricultural industry chain, explore distinctive paths for urban agricultural development, and increase policy support, improve agricultural policy support and guarantee mechanisms.

Keywords: Mega City; Urban Agriculture; High-quality Development of Agriculture; Urban-rural Integration Development; Green and Low-carbon

Urban Governance and Social Construction

Research on the Governance and High Quality Development of Beijing's Megacities from the Perspective of Functional Evolution

Ren Chao, *Pu Hongzheng* / 139

Abstract: The governance and high-quality development of Beijing, a mega city, is an important part of building an internationally leading harmonious and livable city. Based on the perspective of functional evolution, this article provides a detailed retrospective analysis of Beijing's urban positioning and spatial changes, exploring the historical and spatial factors that influence Beijing's high-quality development. The challenges faced by Beijing's mega city governance and high-quality development include the overlap and entanglement of traditional cultural space, industrial cultural space, and international exchange space in urban development; the proportion of urban public spaces is low, and public spaces lack ecological and sustainable sustainability; And the governance dilemma in social public services; lack of experience in mega city governance. In the new journey, efforts should be made to Strengthen top-level design; organically integrate and inherit traditional cultural space, industrial cultural space, and international exchange space; Optimize urban spatial layout, tap and activate existing public space resources; Promote multi-party participation, establish cross departmental coordination mechanisms, effectively improve the governance level of super large-scale cities, and promote high-quality development of Beijing.

Keywords: Beijing's Urban Functional Positioning; Spatial Transformation; Governance of Mega Cities; High-quality Development

Problems and Countermeasures of the Management

  of Community Workers in Beijing

Abstract: The community worker corps has been tempered and proven during the three-year epidemic response. The current enhancement of benefits and the high proportion of community workers recruited in recent years represent a prime opportunity to strengthen the management and development of the team. Addressing issues in team management such as the difficulty in quantifying performance assessments, the ambiguity of rewards and punishments, the operability of the relevent system is not strong, the widespread occurrence of uncompensated overtime, and the weakness of professional training, this paper proposes a "one axis, two wings" strategy for enhancing the management and development of the team, this strategy centers on standardizing and innovating the foundational systems of team management as the main axis, with the incentive system for evaluation, rewards, and punishments as the driving wing, and professional training and practical exercises to elevate professional standards as the capability wing.

Keywords: Grassroots Governance; Community Workers; Beijing

Research on Beijing's Policies for Elderly Care Services

  Empowered by Science and Technology Innovation

Abstract: Beijing has entered into a stage of moderate aging, characterized by a large and rapidly growing elderly population, a noticeable trend towards higher average ages, and an increasing number of disabled and dementia-afflicted individuals. This demographic shift has resulted in a heavy burden on care services, with escalating demands for healthcare resources, inadequate nursing services, and a lack of technological solutions becoming increasingly apparent. To address these challenges, it is recommended to leverage the capital's advantages in scientific and technological innovation to focus on the emerging field of "aging technology". In order to empower the healthy aging industry for disabled and dementia-afflicted elderly through innovative aging technologies, Beijing can plan the establishment of an Aging Technology Innovation Park, develop the aging technology industry, promote high-quality development in Beijing's eldercare sector.

Keywords: Aging Population; Scientific and Technological Innovation; Elderly Care Service

Research on Beijing's Construction of "Gourmet Capital"

in the Context of an International Consumption Center City

Zhao Yaping / 177

Abstract: By 2025, Beijing should basically become an international consumption center city, and the development goal of "One city, one capital, one place, two standards and four business cards" has been clearly defined. Among them, "City" refers to the creation of a gourmet capital which gathers all of the global flavors of the international foods. Taking Beijing as the research object, this paper discusses the construction path and system of "Gourmet Capital", which can promote the high-quality development of Beijing's culture, tourism, commerce, catering and other industries, and it is of great significance to promote the construction of Beijing as an international tourist destination, a world-class tourist city, an international consumption center and even the development of the Beijing — Jianjin — Hebei global city cluster. At present, there are some problems in Beijing's construction of "Gourmet Capital", such as the misplacement of ideas, the absence of management and the mismatch of industries. We should attach importance to market activation and innovation support.

Keywords: International Consumption Center City; Gourmet Capital; Food Tourism; Catering Industry

Cultural Development

To Promote the Research of Urban Culture Construction in Beijing Guided by Cultural Thought of Xi Jinping

Jia Peng / 197

Abstract: Cultural Thought of Xi Jinping is very important theoretical achievement on the basis of "Two Combinations". And it is the theoretical guideline and action guide of construction of socialist culture with Chinese characteristics in the new era and urban cultural construction of Beijing. We must advance urban cultural construction of Beijing and construction of national cultural center guided by Cultural Thought of Xi Jinping. We should adhere to the core socialist values, implement sustainable development strategies of urban construction, and promote the second combination.

Keywords: Urban Cultural Construction; National Cultural Center; Beijing

The Construction Effect and Development Path

of Beijing Museum City

Yu Shuping / 210

Abstract: The construction of Beijing Museum City has attracted wide attention since it was proposed in 2020. This report reviews the achievements and existing problems of the construction of Beijing Museum City in the past four years from two dimensions of theoretical research and practice, and looks forward to the development path of the construction: Increase the intensity of theoretical research and build research-oriented museums; Strengthen top-level design and improve policy support system; Implement high-level promotion and orderly promote the construction of museum city; Improve the system and mechanism to stimulate the internal vitality and creativity; Multiple measures should be taken to increase the number of museums; Deepening cultural tourism integration mode; Enhance the museum's international communication ability and international communication level.

Keywords: Beijing; Museum City; Beijing Culture

Accelerating the Improvement of the Capital's

Distinctive Modern Cultural Industry System

Tian Lei / 227

Abstract: The modern cultural industry system is a new framework for industrial development that adapts to technological changes and demand upgrades. It exhibits the unique systemic, modern, and integrated characteristics of the new economy in terms of industrial structure, industrial elements, and industrial functions. At present, the cultural industry in Beijing has entered a stage of high-quality development. Based on the strategic positioning of the capital city, we will focus on addressing key challenges and accelerating the development of a distinctive modern cultural industry system. This includes expediting the integration of industrial chains to consolidate and strengthen advantageous industrial clusters. We will also accelerate the digital transformation of traditional cultural industries to stimulate innovation within the sector. Furthermore, efforts will be made to promote synergy among innovative and creative elements, facilitating the vigorous development of new cultural business models. Additionally, we aim to advance "breaking through boundaries" in cultural integration and expand and extend the cultural industry chain. Improving spatial resource allocation efficiency is another priority in order to facilitate high-quality development within Beijing's cultural industry, better meeting people's new expectations for spiritual and cultural life.

Keywords: Capital Distinctive; Modern Cultural Industry System; Cultural Development

Analysis of the Development Status and Situation of Winter Sports Culture in the Capital (2023—2024)

Chen Shouzhu, Ji Tao / 247

Abstract: The successful hosting of the Winter Olympics in Beijing has brought fresh impetus to the development of ice and snow sports culture in Beijing in 2022. This article reviews the overall situation of winter sports activities in the capital in 2023, and explores the achievements of ice and snow sports in promoting national fitness, enhancing urban image, and promoting economic growth in the capital region. Based on the data and trends in 2023, which analyzes the challenges and opportunities faced by the development of ice and snow sports culture in the capital. Actively propose specific policy suggestions and development plans for the development of ice and snow sports culture in the capital, which provides theoretical and practical guidance for the sustainable development of ice and snow sports culture in the capital, and promotes the widespread popularization and sustained healthy development of ice and snow sports in the capital region.

Keywords: Sports Culture; Winter Sports; Beijing

Ecological Construction and Green Development

The Investigation Report of Beijing Promotes the High-quality

Development of Comprehensive Forest City Construction

Lin Zhen, *Zang Teng and Cui Shiyu* / 261

Abstract: Beijing Forest City construction adds green undertone and developing quality to Beijing Eco-civilization construction. This report systematically reviews the connotation and significance of Forest City construction, focusing on the progress and experience of comprehensive forest city construction in Beijing as a super-large city. It analyzes the problems that may arise during the operation and maintenance period of Forest City construction, such as the need to strengthen organizational management, enhance public education, as well as deepen ecological welfare. Meanwhile, it also proposes systematic strategies and suggestions to enhance ecological, economic, and social benefits of the construction, such as strengthening the colorization of greening, broadening the pathways for transforming Two Mountains Theory and enhancing the building of an ecological cultural system. The purpose of this report is to provide intellectual support for the capital to take the lead in realizing the Modernization of harmonious coexistence between human beings and nature.

Keywords: "Beautiful Beijing"; Forest City; Harmonious Coexistence between Human Beings and Nature

Realizing the Value of Ecological Products: A Case Study

of Beijing's Water Resources   *Liu Xiaomin* / 275

Abstract: The realization of ecological product value is a critical approach for China to implement the theory that "lucid waters and lush mountains are invaluable assets," as well as a significant measure for Beijing to promote high-quality development prioritizing ecology, conservation, and green, low-carbon practices. Starting from the fundamental concepts of natural resources, this report outlines the theoretical framework and developmental trajectory of ecological product value, using Beijing's water resources as an example. By applying fuzzy mathematics methods, the comprehensive value of Beijing's water resource ecological products is assessed. The study finds that: In 2022, the value of Beijing's water resources falls between grades 3 and 4, indicating a moderately high level, with the total value estimated at approximately 472.6 billion yuan; This value contrasts significantly with the roughly 6.9 − 8 billion yuan estimated from the current pricing of water resources, indicating that the true value of water resources has not been adequately reflected; To realize the value of ecological products such as water resources, it is necessary to further improve mechanisms for the realization of ecological product values, primarily by promoting market-based ecological compensation, establishing an ecological protection fund system, accelerating the construction of trading platforms for ecological assets and ecological products, and improve the system of compensation and comprehensive compensation for ecological damage.

Keywords: Natural Resources; Valuation of Ecosystem Products; Water Resources

Research on the Problems and Countermeasures of Digital
Industry Empowering Beijing's Green Development

Dong Lili / 297

Abstract: Green development provides strategic guidance for the construction of ecological civilization in China. At this stage, it is a critical stage in the construction of ecological civilization in China. It is necessary to speed up the structural adjustment of industry, energy, transportation and land use, and continue to promote green development. As a new factor of production, data has gradually become a key force to reshape the economic and social structure and reorganize other factor resources. The development of the digital industry can not only promote the green transformation of traditional industries, but also promote cross-industry green technology collaboration and improve the production efficiency and governance efficiency of the whole society. Under the "dual carbon" goal, the deep integration of digital industry and green economic transformation has become the core strategy to promote high-quality development. As a global benchmark city for the digital economy, Beijing has unique advantages in promoting the green development of the digital industry. Specifically, it can further contribute to Beijing's green development by realizing the low-carbon development of the digital industry itself, using digitalization to promote the reduction and efficiency increase of traditional industries, promoting the industrialization of cutting-edge digital technologies, and building a pilot demonstration zone for digital transformation in the Beijing-Tianjin-Hebei region.

Keywords: Digital Industry; Digital Economy; Green Development; Beijing

Experience and Suggestions for Promoting Green

and High-quality Development in Miyun District

He Renwei / 308

Abstract: Promoting green and high-quality development through ecological civilization construction is a major historical issue facing the new stage of development. As an important water source protection area and ecological conservation area in the capital, Miyun District shoulders the important political responsibility of ensuring drinking water safety and building ecological barriers in the capital. Based on the analysis of the main practices of green and high-quality development in Miyun District, the following three experiences and inspirations are obtained: firstly, based on functional positioning, leveraging strengths and avoiding weaknesses, and selecting development paths tailored to local conditions; Secondly, we must adhere to the guidance of Party building and attach importance to reform and innovation; The third is to build policy mechanisms and promote the transformation of "two mountains". And propose countermeasures and suggestions for deepening green and high-quality development from improving ecological compensation policies, planning the development of ecological industries, and creating and promoting the construction of ecological special zones.

Keywords: Miyun Reservoir; Ecological Civilization; The Transformation of "Two Mountains"; Green and High-quality Development

Design and Mechanism Study of Carbon Compensation

Framework in Beijing Tianjin Hebei Region

Chen Nan / 327

Abstract: Carbon compensation is an important component of ecological compensation and has a promoting effect on building an environmental rights trading market. This report summarizes the current situation of carbon compensation in the Beijing Tianjin Hebei region, and constructs a framework for regional carbon compensation from the perspectives of carbon quota distribution, command and control carbon compensation, market-oriented carbon compensation, and diversified carbon compensation. It proposes mechanisms to refine the carbon compensation system for vertical and horizontal fiscal transfer payments, actively integrate into the carbon market, strengthen collaborative policies, expand collaborative fields, and enhance collaborative efficiency. This report suggests establishing pilot programs to enhance assistance cooperation; Increase digital and intelligent construction to improve diversified carbon compensation schemes; Strengthen the integration evaluation of economic security and environmental rights.

Keywords: Beijing-Tianjin-Hebei Region; Carbon Compensation; Ecological Compensation; Environmental Rights and Interests Trading Market

Carbon Emission Assessment and Zero Carbon Construction
of Beijing Golf Courses Under the Carbon Emissions
peak and Carbon Neutrality Targets

Hou Guohua / 339

Abstract: The accounting and analysis of carbon sources and sinks in the golf course system is not only an important basis for formulating energy-saving and emission reduction policies in the golf industry, but also a new research topic in the study of golf carbon peak and carbon neutrality. Introduce the carbon contribution, sources, and accounting system of golf courses, and evaluate the carbon sources and sinks of Beijing golf courses using analogy analysis and factor calculation methods. From the perspective of carbon source and carbon sink balance, the carbon sequestration of the terrestrial vegetation ecosystem of Beijing Golf Course has absorbed the vast majority of carbon emissions within the course, with a net carbon emission of−14200 tons. It is recommended to take the lead in promoting the electrification construction of low-carbon golf courses before 2025, restoring the supply of course water pipelines, avoiding additional carbon emissions, and achieving the carbon peak goal; By 2030, fully utilize new energy to build zero carbon golf courses and achieve carbon neutrality goals; Accumulate carbon neutrality in the history of 2050, increase the degree of independent contribution, use all the new energy produced by oneself, and build a negative carbon golf course.

Keywords: Beijing Golf Courses; Net Carbon Emissions; Zero carbon; Carbon Sink

图书在版编目（CIP）数据

中国首都发展报告 . 2023~2024／陆小成主编；何
仁伟等副主编. --北京：社会科学文献出版社，2024.
7. --ISBN 978-7-5228-3929-5

Ⅰ . F127. 1

中国国家版本馆 CIP 数据核字第 20246L3G69 号

中国首都发展报告（2023~2024）

主　　编／陆小成
副 主 编／何仁伟　刘小敏　贾　澎　徐　爽

出 版 人／冀祥德
责任编辑／张铭晏
责任印制／王京美

出　　版／社会科学文献出版社·皮书分社 （010）59367127
　　　　　地址：北京市北三环中路甲 29 号院华龙大厦　邮编：100029
　　　　　网址：www. ssap. com. cn
发　　行／社会科学文献出版社 （010）59367028
印　　装／三河市龙林印务有限公司

规　　格／开 本：787mm×1092mm　1/16
　　　　　印 张：24. 75　字 数：336 千字
版　　次／2024 年 7 月第 1 版　2024 年 7 月第 1 次印刷
书　　号／ISBN 978-7-5228-3929-5
定　　价／98. 00 元

读者服务电话：4008918866